KB133485

동네책방

운영의 모든 것

책방 운영, 1인 자영업자, 과세/비과세 세무, 지원사업,

도서관 납품, 세무신고, 북 큐레이션, 교육 관련,

독서모임, 강좌 운영 등 동네책방 운영에 관련된

모든 실무에 관한 것을 알려주는 단 하나의 책

- 목 차 -

들어가기

- 새롭게 책방 이야기를 담다 / 10

- 독서 문화의 변화 / 15
- 사람들은 책을 잘 읽지 않는다, 그러나 책과 책방에 대한 관심은 많다 / 21
- 다양하고 특색 있는 동네책방 / 28

에피소드 1부 : 1인 가게

01 동네책방 탐방의 시작 / 44

02 가게 계약하기 / 51

03 사업자 등록 그리고 업태와 품목 / 59

04 책방 이름 짓기 그리고 로고와 간판 /71

05 상표권 등록하기 / 77

06 인테리어 공사에서 고려할 것은? / 84

07 결제 시스템, 무엇으로 할 것인가? / 93

08 지도 앱에 내 가게 등록하기 / 109

09 카페와 함께 운영하기 / 116

10 결제, 판매, 재고, 회원 관리 / 125

에피소드 2부 : 책방 운영하기

11 책은 어디에서 공급받나? / 136

12 독립출판물 거래 시 고려사항 / 146

13 나만의 책 큐레이션 / 156

14 책방에 어울리는 굿즈, 나만의 굿즈 / 162

15 독서 모임을 한다는 것 / 168

16 다양한 강좌를 시작하다 1 : 자체 운영 강좌 / 176

17 다양한 강좌를 시작하다 2 : 지원사업을 활용한 강좌 / 183

18 와인모임, 즐거움을 찾는 시간 / 188

19 책 쓰기 모임 그리고 1인 출판 과정 배우기 / 194

20 동네책방과 지원사업 / 199

21 도서관 납품에 관해 / 207

22 구독서비스 : 책 구독 서비스를 제공하는 동네책방 / 215

23 언택트 시대에 책방이 할 수 있는 것 / 218

에피소드 3부 : 책방과 사업을 지속하기 위한 것

24 책방지기가 할 수 있는 강의 / 230

25 사업자 교육 및 정보는 어디에서 배울 수 있나? / 237

26 책방 운영에 관해서는 어디에서 배울 수 있나? / 248

27 대외 활동에 관한 고려사항 / 256

28 의사 결정하기 : 잘 모르는 일을 결정할 때 / 266

29 세무신고에 관한 이야기 / 273

30 세무신고 직접 하기 : 홈택스에서 세무 신고하는 방법 / 285

31 공인인증서 그리고 홈택스와 정부24에서 필요 서류 발급하기 / 303

32 인터넷에서 판매하기 / 309

33 책방에서 할 수 있는 다양한 사업? 책인감의 미래? / 319

별첨 : 창업 준비 리스트(책방&카페 겸업 기준) / 329

"책을 소개할 때는 감성적 마인드로,
책방을 운영할 때는 비즈니스 마인드로..."

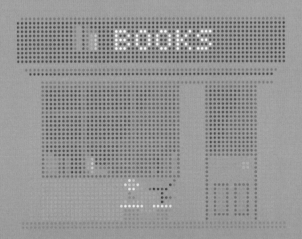

현대인은 책을 잘 읽지 않는다. 그러나 책과 책방에 관한 관심은 많다.

동네책방은 어떻게 운영해야 하는가? 책만 팔아서는 지속적인 운영이 쉽지 않다. 그런데도 책과 책방에 관한 관심은 많다. 책과 책방에 관한 관심을 어떻게 지속 가능한 책방 수익에 연결할 수 있을까? 그 고뇌를 시작해 보자.

들어가기

- 새롭게 책방이야기를 담다 / 10

- 독서 문화의 변화 / 15
- 사람들은 책을 잘 읽지 않는다, 그러나 책과 책방에 대한 관심은 많다 / 21
- 다양하고 특색 있는 동네책방 / 28

✏️ 새롭게 책방 이야기를 담다

2018년 1월, 18년 동안 다니던 회사를 그만두고 '동네책방&카페' 책인감을 열었다.

쉽지 않은 결정이었다. 대기업이라는 시스템 속에서는 내가 맡은 일만 잘하면 됐는데, 개인 사업자는 많은 것을 직접 챙겨야 하고, 소상공인의 성공이 쉽지 않은 시대에 창업을 한 것이다. 게다가 수익 내기 쉽지 않다는 책방을 선택했으니 어려움은 이미 예견됐다. 맨땅에서 나 홀로 장애물을 헤쳐나가야 하는 1인 사업자가 시작된 것이다.

그러나 다른 한편으로 설레는 마음도 있었다. 그때는 정확히 몰랐지만, SBS 〈불타는 청춘〉에 나왔던 김경란 아나운서의 말 속에서 나의 당시 마음을 들여다 볼 수 있다. 김경란은 안정적인 방송국 소속 아나운서에서 프리랜서를 선택할 때 '예측 가능한 안정감 vs 불안정한 설렘'이라는 것으로 비교했다. 나도 회사를 계속 다니는 것과 1인 책방을 창업하는 것을 비교하면, '당장은 안정감이 있지만, 미래에 대한 희망이 없다고 생각했던 회사 vs 불안하고 힘든 일이지만 즐거움과 미래에 대한 기대가 있는 자영업' 중에 선택한 것이라고, 내가 다니던 회사가 외적 환경 변화로 인해 어려움이 있었지만 그래도 '안정감' 있는 회사 생활이었다. 그러나 회사에서는 나의 미래에 대한 '설렘'을 찾을 수 없었다.

억지로 하는 회사 생활을 접고, 더 늦기 전에 1인 가게 창업, 내가 좋아하는 책을 주제로 다양한 도전을 해보고 싶었다.

"좋은 책들을 추천하는 책방이자, 책 읽기 좋은 카페, 책을 주제로 다양한 강연과 모임이 있고, 나도 책을 쓰는 다양한 활동"을 해보고 싶었다.

책인감을 오픈하고, 첫 1년간 좌충우돌하며 책방지기의 삶을 살았다. 그 경험을 바탕으로 〈책방 운영을 중심으로 1인 가게 운영의 모든 것〉이라는 책을 2019년 3월에 출간했다. 나는 글을 쓰는 데 있어 문학적 재능이 있거나, 재밌게 들려주는 능력은 부족하다(아니 부족하다고 생각한다). 그러나 회사 시절부터 내 업무를 매뉴얼로 만들어 후배들을 가르치는 일은 잘 했었다. 특히 새로운 업무를 맡을 때마다 그 업무에 필요한 과정을 익히고, 시스템 사용 요령을 엑셀과 워드를 사용해서 업무 매뉴얼로 만드는 것은 익숙했다. 그렇게 책방&카페를 준비하면서 경험한 것을 유형별로 정리하고, 인터넷이나 시스템(홈택스, 정부24, 특허청 등) 실무 사용법을 문서(엑셀, 워드, 파워포인트)로 정리해왔다. 책방에 관한 일뿐만 아니라 카페 운영에 필요한 일, 출판에 관한 일, 세무신고를 직접하고, 지원사업과 도서관 납품에서 경험한 것들을 하나하나 정리해 왔다.

그런 과정을 통해 만든 첫 책 〈책방 운영을 중심으로 1인 가게 운영의 모든 것〉은 텀블벅을 통해 2019년 1월에 게시했고, 220명이 후원에 참여하여 성공적인 펀딩이 됐다. 3월에 1,000부를 인쇄해서 후원자에게 배송하고 남은 책들을 동네책방에서만 판매하다가 2020년 3월 교보문고, 예스24, 알라딘에서도 판매하기 시작했다. 그러다 1쇄 재고가 소진된 2021년 7월에 인터 넷 서점에서는 책을 절판했다(동네책방 재고를 포함해 2021년 말까지 잔량 을 판매).

2쇄를 찍을까 고민했지만, 출간 이후 3년의 시간이 흐르며 내가 경험한 것들이 늘어났고, 책방지기 혹은 책방운영을 꿈꾸는 이들에게 들려주고 싶은 이야기가 더 많아지면서 새롭게 쓰는 것이 낫겠다고 생각해서 〈동네책방 운 영의 모든 것〉이라는 책으로 다시 나오게 된 것이다.

현대인들이 점점 책을 읽지 않고, 종이 책 판매는 줄어드는 데 비해 전자 책, 오디오 북 판매 비중은 늘어나고, 책을 사는 사람도 오프라인 서점보다 온라인 서점 이용이 늘어나고 있다. 그럼에도 불구하고 책방을 오픈하고 싶 어 하는 사람은 꾸준하게 늘고 있다. 그러나 동네책방 사업을 시작하는 이들 에게 실무적인 도움을 줄 수 있는 책은 찾기가 쉽지않다. 책방에 관한 책은 대부분 에세이로 쓰여져서 많은 감명을 받기도 하지만 막상 책방을 운영하 는 데 있어 필요한 실무적인 업무를 알기는 어렵다. 그 덕에 실무를 주로 다 룬 내 책 〈책방 운영을 중심으로 1인 가게 운영의 모든 것〉이 책방을 오픈하 는 이들에게 많은 사랑을 받았다. 특히 처음 사업을 시작하는 이들에게는 막 연했던 책방 운영에 구체적인 실행 방법을 알려주는 책이었다.

첫 책에서는 미처 담지 못한 부분도 많은데 특히 세무와 지원사업에 관한 이야기이다. 책방 세무는 사실 '면세상품'인 책만 취급하면 어렵지 않다. 그런 데 수익을 위해 문구도 취급하고, 카페, 북스테이도 운영하면서 '면세'와 '과

12

세'를 함께 취급함에 따라 생기는 고려사항이 조금 복잡해진다. 더구나 동네 책방은 매출이 적은 경우가 많아서 세무사에게 의뢰하지 않고, 홈택스를 통해 직접 세무를 신고하다가 어려움을 겪는 경우가 많다. 납품이나 지원사업을 진행하면서 필요한 세무 업무도 있다. 특히 책방은 영리를 추구하는 (개인)사업자이면서도 '문화공공재'인 책을 취급함으로써 지원사업에 응모할 기회가 많은데 지원사업을 운영하면 사업자로서 혹은 문화공간으로서 고려해야 할 사항이 늘어날뿐만 아니라 정산 과정에서 발생하는 관리 업무도 늘어난다.

사실 많은 책방지기들이 "책"만 팔기를 희망한다. 그러나 지속가능한 수익을 위해서는 책뿐만 아니라 다양한 방법으로 수익을 창출하기 위해 무척이나 많은 노력을 기울여야 한다. 지원사업이나 문화 프로그램을 운영하고, 도서관 납품을 관리하고 독서를 통해 책을 추천하고, 모임도 준비해야 한다.

이 책은 전국 동네책방 160개소를 다닌 경험과 책방 오픈을 준비한 과정, 4년간 동네책방과 카페 운영을 통해 경험한 것들을 중심으로 실무 매뉴얼과 에피소드를 담았다. 1인 가게 운영자로서 책방에 관한 모든 일은 내가 경험한 것을 바탕으로 작성했다. 오픈을 준비하며 작성한 각종 분석자료, 책방에서 진행한 다양한 독서 모임을 주관했던 경험, 다양한 강좌를 준비하고 진행하는 과정, 세무신고, 납품 관련 분석 등 직접 경험한 것들과 다른 책방의 사례를 분석하고 정리했다. 특히 책방 오픈 3개월 후부터 지금까지 〈책방 운영 실무 강좌〉를 진행하면서 꾸준하게 책방 운영에 필요한 실무 부분을 다듬어 가고 있다. '한겨레교육센터', '경기서점학교', '한국서점조합연합회 서점학교'

등에서는 책방 운영 실무와 책방 세무 강의를 하고 있다. 그 덕에 새롭게 동네책방을 오픈하는 책방지기들 사이에서 많이 알려진 사람이 되어 책방을 방문할 때 예상치 못한 환대를 받기도 한다.

동네책방은 수익을 내기 어려운 환경에서 시작하는 일이다. 이 책이 그런 이들에게 수익 창출의 방법을 알려줄수는 없지만, 적어도 복합공간으로서 책방을 운영하는데 필요한 다양한 일들이 어떻게 일어나는지 혹은 해결해 나가는지 방법을 알려주는 길라잡이가 되었으면 한다. 동네책방을 좋아하고 관심 있는 이들에게도 이 책이 '동.네.책.방.'을 이해하는 데 자그마한 도움이 되고, 동네책방을 찾는 사람들이 많아졌으면 하는 바람이다.

오늘도 전국의 수많은 책방지기들이 책생태계의 모세혈관으로서 동네책방의 역할에 충실하고자 노력하고 있다. 그런 동네책방 지기들과 함께 재미있고 즐거운 책방을 만들고 싶다.

2022년 3월 책人감 책방지기 이철재

🖊 독서 문화의 변화

2년마다 발표하는 국민독서실태 조사에 따르면, 우리나라 성인 연간 독서량은 '종이책 + 전자책 + 오디오북'을 합해 2019년 7.5권에서 2021년 4.5권으로 줄어들었다. 특히 종이책만 놓고 보면, 2008년 11.9권 이후 매년 줄어들고 있는데, 최근에는 하락 폭이 더 늘어나고 있다. 2019년 연간 성인 독서량은 종이책 6.1권, 전자책 1.2권, 오디오북 0.2권이었으나, 2021년은 종이책 2.7권, 전자책 1.5권, 오디오북 0.3권으로 전자책과 오디오북은 조금씩 늘고 있지만, 반면 종이책 독서량은 급격하게 줄어들고 있다.

학생의 독서량 감소 폭은 상대적으로 덜하다. 학생 전체 독서량(종이책 + 전자책)은 2011년 28.1권, 2013년 39.5권, 2015년 35.6권, 2017년 34.3권, 2019년 38.8권, 2021년 33.0권으로 나타나고 있다.

성인과 학생 모두 최근 최근 조사에서 코로나 19의 영향이 독서량 감소에 영향을 미친 것으로 보인다. 학생들은 초, 중학생 때는 부모의 영향으로 독서량이 많지만, 고등학생 때는 대폭 줄어든 후에는 성인이 되어서도 다시 늘어나지 않고 있다.

왜 이렇게 독서하는 사람들이 줄어들고 있을까? 책 읽기를 어렵게 하는

〈 그래프 _ 독서실태조사 2021에서 발췌 : 성인 연간 독서량〉

구분	2011년	2013년	2015년	2017년	2019년	2021년
성인(종이+전자책)	11.3	10.2	9.9	9.4	7.3	4.2
성인(종이+전자책+오디오북)					7.5	4.5
학생전체	28.1	39.5	35.6	34.3	41.0	34.4
고등학생	17.9	15.0	12.8	12.5	12.5	12.6
중학생	19.7	29.8	25.2	23.9	25.5	23.5
초등학생	48.6	73.7	78.4	75.7	86.9	66.6

※ 2011~2017년 종이책+전자책 독서량

〈표 _ 독서실태조사 2021에서 발췌 : 성인 및 학생 연간 독서량〉

요인에는 일이 많은 한국사회의 특성도 있지만, 스마트폰으로 게임, SNS, 음악을 이용하는 사람이 증가하고, 특히 유튜브를 비롯한 동영상 플랫폼 이용자들이 늘면서 책 읽는 시간과 독서량이 점점 줄어들고 있다. (•독서문화 실태조사에서 인용)

현대인은 스마트폰과 태블릿 등 인터넷 사용의 일상화, OTT 방송이나 IP TV 등 다양한 미디어와 수많은 SNS 활동에 노출되어 '책 읽는 시간'이 줄어들고 있다. 게다가 다양한 경로를 통해 들어오는 수많은 정보로 인해 우리는 이미지, 짧은 동영상, 단문의 글에 점점 익숙해지고. 장문의 텍스트로 읽는 독서량이 줄어들고 있다. 정보의 홍수 속에서 내가 보고 있는 글을 읽어야 할지, 이 그림을 자세히 봐야 할지, 저 동영상을 플레이해야 할지를 결정하는 것은 순간의 판단으로 정해지고 있다. 스마트폰 화면에서 제공되는 글과 사진, 영상 중에 클릭하게 하는 것은 극히 일부에 불과할 뿐이다.

스마트폰을 통해 기사를 보거나 SNS에 링크된 정보를 보더라도 제목만 보거나 카드 뉴스처럼 짧은 글이 조합된 이미지를 보는 데에만 익숙해지면서 현대인은 긴 호흡으로 읽어야 하는 장문의 글이나, 맥락을 이해해야 하는 책 읽기를 어려워하고, 책 읽는 사람이 점점 줄어들고 있다.

우리나라에서 판매되는 책 유형을 보면, 철학이나 역사 등 깊은 사색을 해야 하는 책보다 글이 적은 에세이 책이 많이 판매되고 있다. 소설에서도 장편보다는 단편 소설집의 비중이 높고, 엽편 소설과 같은 2~3페이지 혹은

2,000자 이내의 짧은 소설이 유행하기도 한다.

일부 다독가들은 아직도 많은 책을 읽고, 어려운 주제를 다룬 책을 읽고, 소설이나 그림책을 찾아다니며 읽거나 시집을 읽고 낭독회를 다니며 시 쓰기를 좋아하기도 하지만, 어떤 독자는 자기계발 부류의 책만 좋아하는 이들도 있고, 철학이나 과학 등의 특정 분야의 책만 좋아하는 이들도 있다. 물론 독서에서 꼭 어떤 책을 읽어야 한다는 정답은 없다. 그러나 책방 운영자의 처지에서는 어떤 책을 판매할지 선택해야 하므로 독자들이 찾는 책, 좋아하는 책을 이해하고 있어야 한다. 많은 동네책방 지기들은 자신이 좋아하는 분야의 책만 책장에서 판매하고 싶어 한다. 나도 내가 좋아하는 책을 판매하는 것이 가장 즐거운 일이지만 책방 운영자로서 책방의 정체성을 살리기 위한 책 구성과 함께 독자와 손님들이 자주 찾는 책을 이해하고 책 큐레이션에 반영할 수 있는 지혜가 필요하다.

최근에는 동네마다 작은 도서관이 늘어나고 있는데 기존 구립도서관이나 정보도서관 같은 대형 공공도서관 외에도 동네 단위에 작은 도서관이 새로 생기거나 증축하는 경우가 많아지고 있다. 특히 동마다 있는 주민센터는 신축 혹은 리뉴얼할 때 작은 도서관이 신설되거나 확장하고, 새롭게 '행복발전소'나 '지혜의 숲', '숲속작은도서관', '기적의 도서관'이란 이름의 작은 도서관이 생겨나고 있다. 이는 지역 주민에게는 무척 반가운 일이기도 하지만 책방의 처지에서 보면 책을 판매하는 기회를 상실하는 계기가 되기도 한다. 공공혹은 학교 도서관이 늘어나는 것은 책을 사서 보는 것보다 빌려보거나, 도서관에서 무료로 볼 수 있는 여건이 늘어나는 것으로 동네책방의 책 판매가 줄어드는 환경을 만들기도 한다.

중고 책 판매 시장의 성장도 '새 책'을 판매하는 책방에는 판매 기회의 감소로 이어지고 있다. 작가는 글을 쓰고, 출판사는 책을 만들고, 책방은 책을 판매하고, 독자는 이를 소비해야 건강한 독서 생태계가 만들어지는데 중고 책 시장의 성장은 이에 반하는 환경을 조성하기도 한다. 물론 중고 책 시장이 자원 순환의 측면에서 보면 긍정적인 역할을 하고 있다. 그러나 책은 단순히 텍스트만 있는 상품이 아니라 지적, 문화적 자산을 가진 문화상품이다. 책이 출간되면 어느 정도 판매가 된 후에 중고 책 시장에 유통되어야 함에도 1쇄가 나오고 2쇄, 3쇄를 발행하기 전부터 중고 책 시장에서 쉽게 유통된다면 출판사도 추가 인쇄가 어려워지고 작가나 출판사, 책방이 정상적인 판매를 통해 이익을 얻는 데 어려움을 겪게 된다. 이것이 과연 옳은 것일까? 이런 환경에서 좋은 책이 나올 수 있을까? 결국, 독서생태계를 해치는 악순환이 될 수도 있다.

작은 도서관이 많아지면 책을 사는 것보다 빌려보는 문화가 늘어나고, 중고 책(특히 나온 지 얼마 안 된 책) 시장이 활성화될수록 새 책 판매 시장은 점점 위축될 것이다. 책방은 책을 판매하지 못하고, 출판사와 작가도 책 판매에 따른 수익을 적정하게 가져갈 수 없다는 문제가 생긴다. 좋은 책을 만들고 판매하기 위해서는 작가에게 정당한 저작권료가 제공되어야 하고, 출판사나 서점에도 적정한 마진이 보장되어야 지속적인 운영을 할 수 있다. 이런 건강한 독서생태계가 만들어져야 하지만 현실은 그리 녹록지 않다.

   이런 환경 속에서 책방을 운영한다는 것은 쉽지 않은 길을 선택하는 것이 분명하다. 현대인이 책을 점점 읽지 않고, 종이책보다 전자책이나 오디오북 시장이 늘어나고, 책을 사는 것보다 빌려 읽고, 새 책을 사는 것보다 중고책을 사는 시대에 어떻게 책방에서 "종이책"을 팔고 책방을 운영할 것인가를 깊이 고민해야 한다.

✏️ 사람들은 책을 잘 읽지 않는다.
그러나 책과 책방에 대한 관심은 많다

현대인은 점점 책을 읽지 않는다. 그나마 전자책과 오디오책 시장이 커지면서 종이책 시장은 더욱 줄어들고, 종이책을 사는 사람들은 온라인 구매가 늘어나고, 공공도서관에서 빌려 읽기도 쉬워지고 있다.

그럼에도 불구하고, 책과 책방에 관한 관심은 점점 늘어나고 있다.

코엑스에 가면 '별마당 도서관'이 있는데 대형 서가에는 (기증된) 수만권의 책이 있고, 사람들은 그곳을 이정표 삼아 만남의 장소로 이용하면서 코엑스 몰 전체가 활성화되었다는 이야기는 많이 알려져 있다. 지자체에서는 현대식으로 잘 갖춘 대형 도서관을 새롭게 만들거나, 주민센터를 리모델링할 때 작은 도서관을 증축하여 만들고 있다. 회사, 구청, 은행, 지하철역 등 다양한 곳에서는 책을 무료로 볼 수 있는 공간이 생겨나기도 한다.

가장 트렌드와 수익에 민감한 대형 쇼핑몰에도 서점이 입점하는 경우가 있다. 단지 자본의 효율성만 생각하면 매출과 수익률이 높지 않은 서점이 비싼 임대료의 대형 쇼핑몰에 입점하는 것이 선뜻 이해되지 않지만, 롯데백화점 잠실점이나, 부산 본점, 현대백화점 판교점이나 송도 아울렛, 동대문 아울렛, 신세계 백화점 강남점, 의정부, 김해점, 이마트 월계점 등 다양한 쇼핑몰에도 서점이 꾸준하게 입점하고 있다.

〈사진 _ 코엑스 별마당도서관〉

왜 오프라인 유통망에 서점이 입점하는 것일까?

이는 대형 백화점이나 쇼핑몰에서 입점 매장만 늘리는 것으로는 고객을 끌어들이기 어렵기 때문이다. 고객이 체험할 수 있는 서점 같은 체험형 매장을 입점시키면서 유통점 전체의 집객 효과를 늘릴 수 있기 때문이다.

롯데백화점 잠실점은 기존에 있던 교보문고가 2020년 리뉴얼 통해 새롭게 문을 열었다. 1,100평 규모의 매장에서는 책 추천 서비스나 테마형 독서 공간 등을 통해 체험 기능을 강조했다고 한다. 이곳에는 동네책방 중 '책 처방 프로그램'으로 유명한 〈사적인서점〉이 입점해서 '1대1 책 처방 프로그램'을 1년간 제공했다(2020년 7월 ~ 2021년 6월). 2020년 5월에 리뉴얼을 마친 이마트 월계점도 〈아크앤북〉을 2층에 입점시켰다. 〈아크앤북〉은 독특한 테마에 따라 책을 분류하고, 널찍한 공간을 활용해 전시 판매하고 있는데, 200여 평의 2층 중앙 공간을 서점인 아크앤북이 운영하고 있다는 것이 요즘 서점을 바라보는 시각이 아닐까 한다.

최근 몇 년 사이에는 동네서점 열풍으로 전국에 개성 있는 동네서점이 많이 생겨나고 있고, 이를 찾아다니는 사람도 늘어나고 있다. '트레바리'라는 독서 모임은 비교적 비싼 회비에도 많은 인기를 얻고, 만화 카페나 북 카페처럼 책을 접할 수 있는 공간은 더 늘어나고 있다. 일본의 경우 도심 속 '책방 스테이'(책방을 테마로 한 캡슐 숙소) 공간이 늘어나기도 하고, 우리나라도 책을 소재로 한 '북 스테이' 공간이 지속해서 생겨나고 있다.

현대인이 종이책을 읽는 독서량은 점점 줄어들고 있지만, 책을 주제로 한 다양한 공간은 계속 늘어나고 있다.

그렇다면 동네책방은 어떻게 운영해야 할까?

이제 동네책방은 단순하게 종이책을 판매하는 공간으로만 운영해서는 수익 내기 어려운 것이 현실이다. 단행본으로 불리는 일반 도서를 판매하는 책방이라면, 대형 서점이나 지역의 중형서점에 비해 보유한 책이 적은 만큼 동네책방의 경쟁력은 낮을 수밖에 없다.

그럼에도 불구하고 동네책방이 가진 강점은 무엇일까?

'그 (동네)책방' 만의 독특한 큐레이션을 통해 독자의 관심을 끌 수 있다. 독립출판물만 취급하거나, 음악 관련 책만 취급하거나, 추리 소설만 전문으로 하거나, 문학 중심으로 운영하거나, 사진집 위주로 운영하거나, 시집전문점으로 운영하는 등 다른 서점이 갖지 않은 특색을 만들어 틈새시장을 찾는 방법이 있다. 이런 독특한 큐레이션은 독자와 손님에게 '그 책방'만의 특색으로 어필할 수 있다. 그러나 꼭 독특한 주제의 큐레이션만을 고집할 필요는 없다. 일반 독자들이 좋아하는 대중적인 책을 위주로 취급하더라도 그 책방만의 '디스플레이' 혹은 책방 자체의 '디자인' 요소가 독자들에게 어필할 수 있기 때문이다. 사람들은 책뿐 아니라 공간으로서 책방에 대한 관심도 많다. 작은 공간이지만 책이 주는 아늑하고, 편안한 공간으로서 역할도 매우 중요하다. 책이 있는 카페, 책이 있는 바, 공연이 있는 책방, 강연이 있는 책방, 독서 모임이 있는 책방 등 다양한 공간을 만들어 갈 수 있는 곳이 동네책방이기도 하다.

책방이 할 수 있는 것에는 책과 관련한 다양한 문화 활동이 있다. 요즘은 도서관, 구청이나 주민센터, 백화점 등에서도 많은 문화 활동을 하고 있지만, 이와는 다른 감성의 문화 활동이 동네책방에서 이루어지고 있다. 작가와의 만남, 강연, 북 토크, 드로잉 수업, 글쓰기 모임, 독서 모임, 영화 모임 등 다양한 활동을 통해 동네책방 만의 문화로 사람들을 모으는 곳이 많아지고 있다.

책인감은 책을 판매하는 동네책방이면서 카페도 함께 운영하고, 여러 강좌와 모임을 통해 사람이 모이는 곳으로 만들고 있다. 독서 모임과 책 쓰기 모임 외에도 책방 운영 실무 강좌, 크라우드 펀딩 강좌, 심야책방, 금요와인, 과학 독서 모임, 타로&문학상담실, 발굴 문학 등 책방지기가 진행하거나, 지원사업을 통해 작가나 예술인들과 함께 다양한 프로그램을 진행해 왔다. 이런 강좌와 모임은 아직 확실한 수익 모델로 만들지는 못하지만 꾸준하게 운영하면서 책방을 알리는 역할뿐 아니라 '이 책방'만이 가진 정체성으로 나타내고 있으며, 앞으로 수익에도 기여할 것으로 예상한다.

서 울 동 네 책 방

전
국
동
네
책
방

✏️ 다양하고 특색 있는 동네책방

나는 동네책방에 가는 것을 좋아한다. 책인감을 오픈하기 전에도 60여 곳의 동네책방을 다녔고, 오픈 후에는 2022년 2월까지 80여 곳의 동네책방을 더 방문해서 160곳 정도의 동네책방을 방문했다. 그중에 지금은 없어진 책방도 있고, 여전히 잘 운영되고 있는 곳도 있고, 이사하며 계속 운영하는 곳도 있다.

처음 동네책방을 다니게 된 계기는 KBS에서 방영한 [TV 책을 보다] 100회 특집 〈나의 아름다운 작은 책방〉 편을 보게 된 후였다. 여행을 좋아하고, 책방도 좋아하게 된 나에게 동네책방은 여행 테마로서 좋은 주제였기 때문이다. 동네책방에 가면 그 책방의 분위기와 인테리어, 서가 구성, 책방지기의 운영 방식을 알아가는 것이 마냥 좋았다. 특히 책방지기와 나누는 책과 책방에 관한 이야기는 나의 즐거운 취미 생활이기도 했다.

여기서는 내가 방문했던 책방 중에서 책방을 준비하는 이들에게 꼭 소개하고 싶은 책방을 골라서 소개하려 한다. 물론 모든 동네책방이 다 개성 있고, 다양한 방식의 운영을 통해 배울 것이 많지만, 내가 다녀온 곳을 중심으로 소개하고자 한다.

미스터리 유니온(서울 마포구 염리동)

서대문구 대현동에 있는 〈미스터리 유니온〉은 이름에서 알 수 있듯이 '추리 소설'만 판매하는 책방이다. 해외 독립서점과 비교하여 우리나라에는 특정 분야만 다루는 책방이 많지 않은데 〈미스터리 유니온〉은 그중에서 돋보이는 책방 중 한 곳이다. 비교적 좁고 길쭉한 공간에 책이 가득하고, 서가에는 오직 추리 소설이라는 테마에 집중되어 있다. 그래서 추리 소설에서는 그 어느 대형 서점보다 더 잘 갖춰진 서가가 있는 책방이다. 약 2~3천 권의 추리 소설을 보유하고 있는 미스터리유니온은 동네책방 책 큐레이션의 한 가능성을 보여준다.

부쿠(서울 종로구 인사동)

'책 읽어주는 남자' 전승환이 운영하는 책방 〈부쿠〉는 성북동에서 비교적 큰 건물에서 카페와 베이커리 그리고 책방이 함께 있는 공간이었다. 북매니저가 책을 소개하는 방식, 큐레이션 센스 그리고 감성이 넘쳐나는 셀럽 책방이었지만, 책 판매보다는 분위기 좋은 카페로 음료와 베이커리 매출이 많은 공간이었다. 그런데 2019년 10월 성북동에서 현재의 종로구 인사동으로 이전 후 책방 중심으로 운영하면서 책 판매가 늘어나고, 큐레이션이 더욱 빛나는 곳이 되었다. (인사동 '안녕 인사동' 상가 4층)

전승환 대표는 2012년부터 '책 읽어주는 남자'를 통해 좋은 글을 나누는 일로 시작해 팟캐스트, 네이버 오디오 클립 등에서 책과 좋은 글을 소개하는 활동가이자 여러 편의 에세이를 출간한 베스트셀러 작가이다. (저서 '나에게 고맙다', '행복해지는 연습을 해요', '내가 원하는 것을 나도 모를 때', '당신이 내 이름을 불러준 순간' 등).

북 매니저가 큐레이션 한 부쿠의 서가는 손님들의 마음을 사로잡는 전시와 추천 소개 글, 포장 등 어느 하나 부족한 것이 없고, 배우고 싶은 게 많은 책방이다.

북티크 홍대점(서울 마포구 서교동)

북티크는 나와 인연이 많은 책방이다. 개인적으로 북티크 대표와 대화를 나눈 것은 조금이지만, [TV 책을 보다]에서 2016년 1월에 방영한 100회 특집 '나의 아름다운 작은 책방'에서 패널로 출연한 〈북티크〉〈숲속작은책방〉 〈퇴근길 책한잔〉 책방지기 중 한명으로 알게되면서 동네책방을 다녀봐야겠다고 생각했다. 그중 가장 먼저 방문한 곳이 〈북티크〉이었다. 강남구 논현역에 있던 콜라보 서점 〈북티크 논현점〉은 책과 문화와 독자가 함께 만나는 공간을 지향하면서 만든 곳으로 출판계에 종사했던 박종원 대표가 만든 책방이다. 카페와 공연과 전시가 함께 하는 책방이었고, 심야책방을 본격적으로 알린 곳이기도 했다. 그 심야책방은 정말로 심야에 밤샘(한 달에 두 번 금요일 밤 10시 ~ 다음날 오전 6시까지)하며 책을 읽는 곳이었다. 나도 두 번 정도 참여했는데, 한 번은 방송 촬영이 있어서, 나는 심야책방 참여자로 방송에 나오기도 했다.

책방을 다니며 '책방 방문 시 1책 이상 구매'를 원칙으로 했는데 처음 산 책이 체코 작가 카렐 차페크의 '왼쪽 주머니에서 나온 이야기'라는 소설집이었고, 두 번째 방문 때 '오른쪽 주머니에서 나온 이야기'였다.

북티크는 당시에 가장 핫한 동네책방 중 하나로서 〈북티크 논현점〉 외에 〈북티크 서교점〉까지 확장을 했지만, 2018년 1월에 논현점을 폐점하고, 6월에 서교점을 폐점하게 됐다. 이후 강릉으로 이전을 준비했으나 무산되었고, 오프라인 책방 없이 온라인에서 독서 모임을 진행하는 등의 독서문화 활동에 전념하다 가구 회사인 까사미아의 후원으로 카사미아 매장 옆에 〈북티크 홍대점〉을 2019년 11월에 오픈하여 다시 왕성한 활동을 펼치고 있다.

사적인서점(서울 마포구 성산동)

〈사적인 서점〉은 운영 초기에 마포구 창전동에서 건물 4층에 입점하여 2016년부터 2년간 운영했다. 정지혜 대표는 오랫동안 편집자와 서점 매니저로 일한 경험을 살려 '한 사람을 위한 큐레이션 책방'을 운영했다. 특히 '책 처방 프로그램'이 많은 이들의 관심과 사랑을 받아왔다. 책 처방 프로그램은 고객과 일대일 상담 후 맞춤형 책을 골라 배송하는 서점의 메인 프로그램이다. 예약제로 운영했으며, 고객과 차를 마시며 책에 관한 상담 후, 일주일 뒤에 처방한 책을 보내는 주는 프로그램이다. 당시에는 토요일에 '오픈 데이'를 통해 일반 책방처럼 방문할 수 있었으나, 이후에는 예약제로만 운영하고 있다. 그뿐 아니라 국제도서전에서는 '책 약국' 운영을 통해 치유의 책으로 블라인드 북(키워드만 표기)을 판매하는 활동을 했다. 창전동 매장을 2018

년 9월 22일까지 운영하고, 6개월 정도의 공백기를 후에 군산 〈마리서사〉에서 책방 운영 대행을 맡기도 했다. 2020년 7월 롯데백화점 잠실점이 리뉴얼하면서 함께 리뉴얼한 교보문고 잠실점 내에 〈사적인 서점 시즌 2〉를 오픈하여 1년간 책 처방 프로그램을 운영했고, 2021년 하반기부터는 〈사적인 서점 시즌 3〉으로 마포구 성산동에서 다시 책방 공간을 오픈하여 예약제로 운영하고 있다. 저서로 '사적인 서점이지만 공공연하게'(2018년 9월)가 고, 최근에는 기업은행 광고 '생각부터 다르네요' 편에도 출연했다.

스토리지북앤필름(서울 용산구 용산동2가)

용산 해방촌 언덕에 있는 독립출판물 전문 서점이다. 필름카메라도 함께 판매하고 있으며 사진, 출판 관련 강좌도 열리는 곳이다. 〈스토리지북앤필름〉은 〈유어마인드〉, 〈헬로인디북스〉 등과 더불어 독립출판물 업계에서 중추적인 역할을 하는 곳이다. 개업 초기부터 독립출판물만 판매하면서 10여 년째 운영하고 있으며, 용산구 해방촌에 있는 매장 외에도 인터넷 판매를 통해 독립출판물 판매량이 가장 많은 책방 중 한 곳이다. 독립출판물 축제인 '서울 퍼블리셔스 테이블' 행사를 〈다시서점〉, 〈헬로우인디북스〉와 함께 매년 주관하고 있다. '서울 퍼블리셔스 테이블 2021'은 2021년 12월 3일~5일까지 디뮤지엄 성수에서 진행했는데, 〈유어마인드〉에서 주관하는 '언리미티드 에디션'과 더불어 독립출판물 업계에서 가장 중요한 행사이다.

스토리지북앤필름 강남점도 운영중인데 강남구 역삼동 '일상비일상의 틈' 3층에 있다.

지금의세상(서울 동작구 사당동)

　2018년 오픈한 〈지금의 세상〉은 동네책방의 다양성을 보여주는 새로운 유형의 책방이다. '지금에서 만나는 다섯 개의 세상'이란 주제로 다섯 가지 주제의 책을 각각 5권씩 선정하여 총 25종의 책만 전시하고, 판매하는 책방이다(주문할 수 있는 책은 대부분 가능하지만, 책방에서 전시하고 있는 책은 오직 25종). 현대인은 너무 많은 책의 홍수 속에서 선택의 어려움을 겪고 있다. 지금의 세상에서는 책 판매 종류는 적지만 알찬 구성이 오히려 선택을 잘할 수 있게 하고, 그 25권은 멈춰진 것이 아니라 늘 새롭게 변화한다. 지금의 세상은 내부 인테리어, 테이블과 서가 구성, 블라인드 북, 독서 모임, 와인 모임, 라이브 방송 등에서 새롭고 다양한 시도를 많이 하고, 골목에 있는 상인들과 연계한 다양한 동네 프로젝트를 시도하고 있는 동네책방이다.

최인아책방(서울 강남구 역삼동)

　책방 이름이기도 한 최인아 공동대표는 광고회사 제일기획 부사장 출신이다. 서울 강남에 있는 이곳은 꽤 큰 규모의 공간이다. 고급스러운 벽돌 외장으로 마감된 건물의 4층에 있는 〈최인아책방〉은 천정이 높고 벽면 가득한 서가의 웅장함이 있다. 중앙 공간에는 많은 책과 카페 테이블이 놓여 있고, 중이층 공간에서는 이런 넓은 공간을 내려다보면서 책을 읽을 수 있는 편안한 의자와 테이블이 있다. 최인아 책방은 다양한 프로그램을 운영하는 것으로 유명하다. 비교적 잘 알려진 강사가 참여하는 강연과 강좌가 있고, 5층 야외 공간에서는 음악 공연을 하기도 한다. 최인아 책방의 또 다른 장점은 책 큐레이션이 좋다는 것이다. 주인장이 읽은 책이나, 유명 인사의 추천 책을 큐레이션한 서가를 보면 수준 높은 책뿐 아니라, 보면 볼수록 읽고 싶은 책들을 눈에 잘 띄게 전시하고 있다. 특히 대표의 마케팅 경력 때문인지, 다양한 기획이 돋보이기도 하고, 기업 등에 책 큐레이션 서비스도 제공하고 있다.

3층은 〈혼자의 서재〉라는 이름의 책방을 확장했다. 이곳은 동네책방의 또 다른 방향성을 제시하는 공간이다. 〈혼자의 서재〉에는 대기업 회장실에 있을법한 편안하고 고급스러운 1인용 소파와 의자들이 있으며, 시간제로 운영하고 있다. 시간당 이용료가 비싼 편이지만 강남이라는 특수성과 고급 서비스도 동네책방에서 제공하는 것이 가능하다고 보여주고 있다. 회원권은 보험사 VIP 회원에 제공하는 등 고급 마케팅 활동에도 강점이 있다.

꿈틀책방(경기 김포시)

김포시에는 이숙희 대표가 운영하는 〈꿈틀책방〉이 있다. 2016년에 김포시에 처음으로 만들어진 동네책방으로 영어 그림책 강사이자 어린이도서연구회 회원인 책방지기가 영어 그림책과 우리말 동화책, 책방지기가 선정한 단행본 책들을 채워가는 책방이다. 이름에서 느껴지듯이 조금씩 그리고 천천히 꿈틀대며 운영한다고 하는데, 육아를 병행하면서도 독서 토론과 서

평, 원서 읽기 같은 독서 모임을 비롯한 작가 번개나 인문학 특강 같은 워크숍을 통해 꾸준히 활동하고 있다.

특히 지역 주민들의 절대적인 지원을 받고 있는데, 선결제를 통해 실질적인 도움을 주고 있는 회원이 많은 것도 특징이다. 2021년 말 기준으로 김포시에는 6~7개소의 동네책방이 생겨서 활기를 띠고 있는데 〈꿈틀책방〉이 구심점 역할을 하고 있다.

▨ 완벽한날들(강원 속초시)

속초시에는 잘 알려진 세 책방이 있다. 3대째 운영하는 〈동아서점〉은 60년 넘게 운영하고 있으며, 〈문우당서림〉도 1984년에 오픈하여 40년 가까이 운영하는 동네책방으로 두 책방은 규모가 큰 중형 서점이기도 하다. 그에 비해 〈완벽한날들〉은 2017년에 오픈하여 책방과 카페 그리고 게스트하우스를 부부가 함께 운영하는 비교적 작은 책방이다. 책방 이름은 메리 올리버의 '완벽한 날들'에서 따왔다. 약 30평 정도의 바닥 면적에 1층은 책방과 카페, 전시공간이 있으며, 2층은 게스트하우스로 3개의 방(1인실, 2인실, 6인실)이 있다. 비교적 한적한 골목에 위치한 〈완벽한날들〉은 서가에서 책을 구입하고, 차 한 잔 마시며 여유롭게 책 읽기 좋은 공간이다. 한쪽 벽면에는 속초 환경 운동에 관한 작품이나 그림책 원화 등 비교적 다양한 전시를 진행하고 있다.

게스트하우스는 방이 많지 않아서 주말 예약이 쉽지는 않다. 6인실 도미토리는 여성 전용이라 남성의 경우 1인실이나, 2인실만 예약할 수 있다(나는 2017년 가을, 일요일 오전에 춘천 마라톤을 뛰고, 저녁에 〈완벽한날들〉 1인실에서 묵은 적이 있다). 속초나 양양을 여행하며 조용한 공간을 좋아하고, 책을 좋아하는 이들에게 꼭 추천하고 싶은 책방이기도 하다.

단비책방(세종특별자치시)

행정 도시 특별법에 의해 지정된 세종특별자치시는 도심을 조금만 벗어나면 숲이 많다. 전의면 비암사길을 따라가다 보면 〈단비책방〉이 있다. '나만 알고 싶은 숲속 작은 책방'이라고 소개하는 단비책방은 비암사라는 삼국시대에 창건된 작은 사찰 인근에 8가구로 구성된 전원주택 중 하나이다. 부부가 전원주택을 건축하면서 한쪽에 작은 책방과 카페 그리고 다락방 숙소가 있는 공간을 만들어 운영하고 있다. 숲속 책방이라고 하지만 책방이 숲에 둘러싸여 있는 것은 아니다. 산속에 있는 공동 전원주택에 있는 곳이기 때문에 대중교통은 다소 불편하고, 차로 가는 것이 좋지만 많은 이들이 여행 중에 혹은 힐링을 위해 이곳을 찾고 있다.

높이 솟은 오각형 모양의 건물 외관과 내부의 높은 천정고가 인상적이기도 하지만, 특히 다락방은 가족이나 친구들이 함께 힐링하며 머무르기 좋은 북 스테이 공간이다. 시골 책방임에도 독립서적을 많이 취급하는 큐레이션을 하고 있다. 부부의 책 사랑과 여유로운 마음이 책방을 찾는 이들에게도 힐링을 주는 공간이 아닐까 한다. (주말 북스테이는 거의 1년 가까이 예약되어 있다고 한다. 가족 혹인 지인들과 함께 조용한 여행을 가고 싶다면 예약하자)

숲속작은책방(충북 괴산군)

　지역 도서관을 운영하던 김병록-백창화 부부가 전원주택에서 만든 최초의 '가정식 책방'이다. 처음에는 전원주택단지의 공용 공간에 도서관을 만들 계획이었으나 무산되면서 부부가 사는 전원주택 거실 공간을 개조해서 책방을 만들었다. 동네책방에 관한 책 중에 가장 유명한 '작은 책방, 우리 책 좀 팝니다'(2017년)를 내기도 했는데, 전국의 동네책방지기에게 많은 영감을 준 책이기도 하다.

　또한 전국의 많은 책방운영자가 방문하고 싶은 책방으로 손꼽는 곳이기도 하다. 책방 입구에는 방문 시 책을 꼭 사야 한다는 의무감을 주기도 하고, 이를 정착화하는 노력을 하고 있다(사진만 찍고 가는 사람들을 방지하기 위해서). 전원주택이기 때문에 넓은 정원은 책 읽기 좋은 공간이자 시골을 체험하는 공간이기도 하다. 다락방 중 하나는 북 스테이 할 수 있는 공간으로 만들었고, 다른 하나는 팝업 책을 비롯한 부부가 전 세계를 돌며 모은 책과 관련된 상품들을 전시하는 공간으로 만들었다. 전국적으로 인기 있는 책방으로 단체 방문객도 많고, '나만의 나무 책꽂이' 만들기 같은 체험할 수 있는 프로그램도 있다. 2021년에는 부부가 살던 방도 책을 위한 전시 공간으로 꾸미고 다른 집에 월세를 얻어서 산다고 하니 부부의 책 사랑이 놀랍다.

　2021년 5월에는 백창화가 쓴 '숲속책방 천일야화'라는 책을 통해 책 덕후 이야기를 들려주고 있다.

▦ 밤수지맨드라미(제주시 우도)

　제주 우도 섬에는 〈밤수지맨드라미〉라는 동네책방이 있다. 아기자기한 외관의 책방은 카페를 겸하고 있는데, 부부가 육지에서 내려와 차린 책방이다. 처음 책방을 만들면서 직접 건축하는 데 1년이 걸렸다고 한다. 느리지만 하나하나 직접 만든 정성이 책방 내외부에 고스란히 담겨 있다. 책방 이름인 〈밤수지맨드라미〉는 산호과의 명칭인데 책방 상호로 써서 산호를 잘 모르는 이들에게 궁금증을 자아내기도 하고, 이름만 들어도 아름답게 느껴진다. 제주에서도 관광객들이 주로 가는 섬에 책방을 열었는데, 여행객이 머물기에도 좋고, 드립 커피 전문 카페를 겸하고 있어 차 한 잔 마시며, 바다를 바라보는 여행 속 여유를 느끼는 공간이 되기도 한다. 제주를 자주 찾는 나는 관광을 목적으로 우도에 잘 가지 않는데, 책방이 생겨서 가야 할 이유가 생겼다. 다음 제주 여행에서는 우도에 하루 머물며 밤수지맨드라미 책방에서 몇 시간이고 힐링의 시간을 보내고 싶다.

▦ 소리소문(제주시 한경면)

　〈소리소문〉 책방은 부부가 운영하는 책방이다. 처음 운영하던 책방은 제주 가옥을 개조한 책방으로 돌담길을 따라 들어가면 짙은 녹색의 간판과 주황색 의자가 먼저 눈에 띄었다. 집 안으로 들어가면 오로지 책에 집중한 공간을 만날 수 있다. 옛 가옥의 구조로 되어 있으면서 방으로 쓰였던 공간은 책장과 테이블 위엔 책이 주인공으로 전시되어 있었다. 들어오는 길에 보인 큰 창이 있는 방에는 책을 편하게 읽을 수 있는 의자와 테이블이 있어, 찾아온 손님을 따뜻하게 맞이했다.

책방지기는 서울과 진주에서 서점 원으로 일한 경력도 있지만 정말 책을 사랑하는 마음으로 책방을 운영하고 있다는 것을 느낄 수 있다. 두 부부의 이야기에는 많은 사연이 있다. 결혼 2개월 차에 아내가 희귀 척추암 판정을 받고, 치료보다 세계 여행을 선택하고는 7개월간 세계 여행을 떠난 이야기를 2015년에 책으로 냈다. 〈오늘이 마지막은 아닐 거야〉는 부부의 이야기이자, 책을 사랑하고, 여행을 사랑한 이들의 이야기이다.

기존 매장은 서귀포시에 있었으나 임대료 문제로 2021년 가을에 제주시 한경면으로 이전하여 새롭게 운영하고 있다.

책방무사(서귀포시)

책방 운영자는 가수이자, 작가, 영화감독 등 다양한 타이틀을 가진 요조이다. 서울 종로구 가회동에서 〈책방무사〉를 약 3년간 운영했으며, 2017년에 제주도로 내려가서 운영 중이다. 책방무사는 서울 가회동 시절부터 기존 간판을 두고, 작은 〈책방무사〉 간판을 달고 있다. 서울 가회동에서는 '진미용실'이란 이전 간판을 그대로 뒀고(지금은 책방 비화림이 그 자리에서 운영한다), 제주에서는 '(한)아름상회'라는 간판을 그대로 사용하고 있다. 오래된 것을 좋아해서일까? 필름카메라를 전시하고 필름을 판매하기도 한다.

책방무사의 큐레이션에는 페미니즘이나 제주에 관한 책 그리고 독립서적을 주로 판매하고 있다. 내가 특히 책방무사를 서울에 있을 때부터 좋아하던 이유는 연예인이라는 유명세를 전혀 내세우지 않으면서도 동네 주민들과 잘 어울리는 편안한 책방으로 운영하는 모습을 봐왔기 때문이다. 제주 책방무사는 안쪽 공간을 확장해서 세련된 카페와 전시 공간이 생겼다. 나는 책방 공간을 더 좋아하지만, 이제는 카페가 중심이 되는 공간이다. 그렇지만 책방무사의 서가는 오래도록 '요조'스러운 북 큐레이션을 유지했으면 하는 바람이다.

2021년 말에는 〈책방무사 서울점〉을 마포구 서교동에 오픈해서, 서울과 제주 두 곳에서 책방을 운영하고 있다.

이 외에도 전국에 수많은 동네책방이 있다. 퍼니플랜 동네서점 트렌드에 따르면 2021년 말 기준 745개의 운영 중인 동네서점이 있다고 한다. 내가 방문했던 동네책방도 160개소 정도 된다. 더 많은 동네책방을 소개하고 싶은 마음이 간절하지만, 지면의 한계로 일부만 소개해야 했다.

내가 가본 동네책방 중에 '책방운영'에 참고하면 좋을 것 같은 책방을 위주로 소개했다. 개인적인 선호에 따라 더 좋아하는 책방도 많지만, 그곳들은 생략한다. 나는 동네책방을 가는 것만으로도 힘이 되고 힐링이 된다. 여러분도 전국의 다양한 동네책방을 여행하며 책방마다 들려주는 다양한 이야기에 귀를 기울여 보는 건 어떨까?

"책을 소개할 때는 감성적 마인드로...

책을 거래할 때는 비즈니스 마인드로... "

책을 소개하고 책방을 운영하는 책방지기에게 감성은 너무나 소중하다. 그러나 책방도 사업이니 거래, 세무, 가게 운영에서는 비즈니스적인 접근이 필요하다. 사업 운영자로서 세무신고, 거래조건, 정산 등에 있어서 어떻게 관리할지 생각해 봐야 한다.

에피소드 1부 : 1인 가게

01 동네책방 탐방의 시작 / 44

02 가게 계약하기 / 51

03 사업자 등록 그리고 업태와 품목 / 59

04 책방 이름 짓기 그리고 로고와 간판 /71

05 상표권 등록하기 / 77

06 인테리어 공사에서 고려할 것은? / 84

07 결제 시스템, 무엇으로 할 것인가? / 93

08 지도 앱에 내 가게 등록하기 / 109

09 카페와 함께 운영하기 / 116

10 결제, 판매, 재고, 회원 관리 / 125

① 동네책방 탐방의 시작

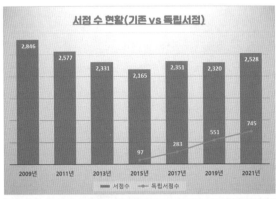

구분	2009년	2011년	2013년	2015년	2017년	2019년	2021년
서점수	2,846	2,577	2,331	2,165	2,351	2,320	2,528
독립서점수				97	283	551	745

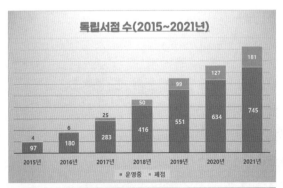

구 분	2015년	2016년	2017년	2018년	2019년	2020년	2021년
운영중	97	180	283	416	551	634	745
폐점	4	6	25	50	99	127	181

〈표 _ 서점수 현황 & 독립서점 수 : 출처 서점편람 & 퍼니플랜 '동네서점 현황'〉

몇 년 사이 전국에 동네책방이 많이 생기고 있다. 통계에 따르면 전국 서점 수 현황은 2009년 2,846개소에서 2015년 2,165개소로 줄었다가 2021년에는 2,528개소로 다시 늘어나고 있다. 통계 적용 기준의 차이도 있는데 참고서를 판매하던 기존 서점은 줄어들고 있으나 동네에 생겨나는 작은 동네책방을 비롯해서 카페나 북스테이를 겸업하는 새로운 복합공간으로서 동네책방이 늘어났기 때문이다. 2년마다 통계조사 하는 '서점 편람'에서도 이를 반영하여, 2015년부터 기타서점으로 분류하던 동네책방을 2021년부터 서점 수에 통합하여 반영하면서 전체 서점 수가 다시 늘어난 것이다. 동네책방 개소는 퍼니플랜에서 매년 조사해서 발표하는 '동네서점 현황'이 가장 잘 반영하고 있는데, 2015년 97개소에서 2021년 745개로 늘어난 것으로 나타난다.

전통적인 서점은 줄어들고 있는데, 새로운 형태의 동네책방은 늘어나고 있다. 책을 점점 읽지 않는 시대에 종이책을 판매하는 서점이 어려움을 겪을 수밖에 없는 환경이지만 책방을 하고 싶은 사람들의 욕구는 늘어나기 때문이다. 아울러 동네책방은 기존 서점처럼 책만 판매하는 곳보다, 다양한 문화 프로그램이 있고, 카페나 북스테이를 병행하고, 공연이나 강연이 펼쳐지는 문화사랑방으로 거듭나고 있다.

18년간 직장생활만 하던 내가 동네책방을 차리게 된 이유는 무엇일까?

첫째, 독서에 관한 '인식의 전환'이다. 나는 독서를 그리 많이 하지 않았다. 소위 대기업을 다니며, 영업과 유통 관리 업무를 맡은 사무직이었다. 책

〈사진 _ TV 책을 보다 첫회 강연(위), 100회 특집(아래)〉

보다는 회사생활, 사회생활에 필요한 정보를 얻는 것에 집중하는 편이었다. 책 한 권 읽는 독서보다 필요한 정보를 인터넷 검색으로 찾는 것에 익숙해서 블로그나 팟캐스트 등에서 정보를 얻었다. 책 요약 서비스인 '매경독서클럽' 유료 회원을 8년간 유지하며 10페이지 내외로 요약된 자료를 받아서 읽어보는 것에 익숙했었다.

직장생활 10여 년이 지나고 30대 후반이 돼서 독서를 다시 생각하기 시작했다. 사고력을 키우고, 좀 더 깊은 지식이나 교양을 쌓기 위해 독서가 필요하다고 생각했고, 2011년부터 본격적인 독서를 시작했다. 그전에는 일 년에 2~3권 정도의 책을 읽었는데, 2011년부터 일 년에 50권 내외의 책을 읽기 시작했다. 젊었을 때 부족했던 독서를 따라잡으려는 욕심에 두꺼운 책도 마다하지 않고, 인문 교양 도서를 비롯해 철학, 심리학, 역사 등 다양한 분야의 책을 읽으며 특히 교양을 쌓는 데 집중하기 시작했다.

그러던 중에 2013년 시작한 KBS 〈TV 책을 보다〉는 나의 독서 방향에 많은 변화를 준 계기가 됐다. 이전에는 잘 읽지 않았던 소설이나 사회의 다양한 측면을 바라보는 책을 소개했던 방송 덕에 나의 독서는 선택 폭이 늘어나기 시작했다.

〈TV 책을 보다〉가 내 인생에 또 다른 큰 영향을 미치게 된 것이 바로 100회 특집 '나의 아름다운 작은 책방' 편이다. 방송에서는 '책과 사람을 이어주는 작은 책방'에 관한 이야기를 다뤘는데, 소설가 황석영과 동네책방을 운영하는 운영자들이 나왔다. 충북 괴산 〈숲속작은책방〉 김병록, 강남구 〈북티크〉 박종원, 마포구 〈퇴근길책한잔〉 김종현이 그들이었다. 방송에서는 우리나라 작은 책방과 외국의 작은 책방을 소개하고 책방에 관한 이야기를 나누었다. 방송을 본 후에 작은 책방에 관한 관심이 생겼다. 그래서 방송에 나온 강남구 논현동 〈북티크 논현점〉을 방문해서 책 한 권, 커피 한 잔을 시작으로 전국 동네책방 60여 곳을 방문하고 동네책방 '책인감'을 오픈하게 된 계기가 됐다. (2022년 2월까지 약 160개 동네책방을 다녔고, 지금도 가장 좋아하는 취미 중 하나가 동네책방에 가는 것이다)

내가 사는 서울 도봉구 인근에는 동네책방이 많지 않았지만, 서울 곳곳에 독특한 동네책방이 많았고, 주말이면 여기저기 책방을 다니기 시작했다.

특히 서가와 공간에서 개성 있는 책방에 가는 것을 좋아했다.

서울에서는 강남구 〈최인아책방〉, 강동구 〈순정책방〉, 노원구 〈51페이지〉, 〈더숲〉, 마포구 〈가가77페이지〉, 〈땡스북스〉, 〈책방서로〉, 〈카페창비〉, 〈이후북스〉, 〈북바이북상암〉, 〈세렌북피티〉, 서대문구 〈미스터리유니온〉, 〈유어마인드〉, 〈책바〉, 용산구 〈고요서사〉, 〈스토리지북앤필름〉, 〈별책부록〉, 종로구 〈책방무사〉, 〈길담서원〉, 〈서촌그책방〉, 〈더북소사이어티〉, 〈오프투얼론〉 등의 책방에 갔다.

지방에서는 인천 〈국자와주걱〉, 수원 〈브로콜리숲〉, 파주 〈북하우스〉, 속초 〈동아서점〉, 〈완벽한날들〉, 괴산 〈숲속작은책방〉, 순천 〈심다〉, 통영 〈봄날의책방〉, 제주 〈라바북스〉, 〈소심한책방〉, 〈밤수지맨드라미〉, 〈딜다책방〉, 〈만춘서점〉, 〈아베끄〉 등의 책방에 갔다.

책인감을 오픈하기 전에는 그저 동네책방을 좋아하는 손님으로서 기회가 될 때마다 책방 인테리어를 구경하는 것이 좋았고, 책방에서 책 한 권 사고 책방지기와 대화 나누는 것을 좋아했다. 사실 책방 오픈을 생각하고 이야기 나눈 것은 아니었다. 회사 시절에도 대리점을 방문하면 대표자와 대화를 나누던 습관이 있어 그저 내가 좋아하는 책과 책방에 관한 이야기를 나누는 것이 좋았다.

그 당시 책방 중 두 곳의 책방을 자주 갔다. 하나는 집에서 가까운 노원구 공릉동에 있는 〈51페이지〉와 마포구 합정동에 있던 〈세렌북피티〉였다. 51페이지는 가끔 퇴근길에 들려 차 한 잔 마시며 책을 읽곤 했다. 51페이지 대표는 남자 사장으로 회사 생활(비즈니스 리뷰)을 했던 경험이 있어서 나랑 얘기가 잘 통했고, 동네서점&카페로 운영하고, 맥주도 팔고, 북 큐레이션도 나랑 잘 맞는 곳이었다. 특히 민음사와 기획한 동네서점 에디션이 큰 반향을 일으키기도 했다. 나중에 51페이지를 인수해서 책인감을 오픈한 계기가 되기도 했지만, 이는 첫 방문 후 1년여 지난 시점에서의 일이었다.

다른 한 곳은 세렌북피티라는 여성 사장이 운영한 카페&서점이었다. 책방을 오픈하기 전부터 페이스북을 팔로우하며 알고 있었는데(책을 잘 추천해서 팔로우했다) 어느 날 동네서점&카페를 연다 해서, 오픈 초기부터 자주 들렀다. 광화문에서 차로 출퇴근하던 시절이라 퇴근 후에는 차가 막히지 않는 코스로 들르기에 좋았지만, 무엇보다 책방 오픈 초기부터 실제 운영에 관한 이야기를 많이 나눌 수 있어서 좋았다. 특히 독특한 인테리어가 좋았는데, 알파벳 BOOK 모양의 책장이나, 책장 사이에 있는 골방 공간 등 인테리어가 좋았다. 비록 운영 기간은 짧았지만(약 1년) 여러 번 방문을 통해 내 책방 운영에 관한 아이디어도 얻었고, 나중에 책인감 오픈을 준비할 때는 상담 도움을 받기도 했다.

책방을 오픈하기 전에는 주로 주말이나 퇴근 후 책방을 방문하니 차로 갈 수 있는 수도권을 중심으로 다니고, 제주를 자주 가니 제주의 책방을 많이 다녔다. 책방 주인과 책에 관한 이야기나 운영에 관한 이야기를 많이 나누었다. 책방 오픈을 생각하지 않았지만, 책방 오픈을 준비할 때 많은 도움이 되기도 했다. 책인감을 오픈한 2018년 1월부터는 주말에 일하고, 월요일 휴무(2020년 가을부터 월화 휴무)라 다른 책방에 갈 기회가 많지 않았다. 그러다 전국동네책방네트워크(책방넷) 활동을 하면서 총회나 모임 등을 통해 틈을 내서 그 지역 동네책방에 가고, 월/화 쉬는 날에는 영업중인 동네책방을 찾아다니며 2022년 2월까지 160개소의 책방을 다녔다. (그사이 없어진 곳도 40여 개소나 된다)

지금도 가장 좋아하는 취미는 책방에 다니는 것이다. 내가 쉬는 날에는 가까운 다른 책방에 가고, 여행을 가면 그곳에 있는 동네책방을 찾는다. 나는 동네책방만의 다양한 운영 방식과 스토리가 있는 '동.네.책.방.' 공간을 사랑한다.

② 가게 계약하기

    사업자등록을 신청하기 위해서는 자가나 임대 등 사업할 공간이 있어야 한다. 요즘은 온라인상에서만 영업하기 위해 집을 사업장으로 신청하기도 하고, 배달 전문 음식점 중 일부는 공유주방을 이용하기도 하지만, 책방은 책을 전시할 '물리적인 공간이' 필요하다.

    사람은 태어나면 주민등록을 하듯 사업자는 사업자등록을 통해 세무서에 사업 신고를 해야 한다.

    처음 사업을 시작할 때 가장 중요하면서도 어려운 것이 가게 계약이다. 일반적으로 사업에서 가장 많은 돈이 들어가며, 계약한 후에는 바꾸기 쉽지 않고, 장소를 옮기려 해도 비용과 고객 관리에 어려움이 생기기 때문에 첫 계약에 신중한 판단이 필요하다. 사업자는 가게를 계약한 후에 사업자등록증 발급과 영업신고증 신청이 가능하니 오픈 일정을 준비할 때 이를 참고해야 한다.

    가게 계약에 앞서, 내가 임대 혹은 매입할 후보지에 관해 상권 분석 및 입지 분석이 필요하다. 이는 책방뿐 아니라 어떤 사업장을 운영하든 그 공간이 내가 운영할 사업 목적에 적당한 장소인지, 임대료는 적당한지 조사하고, 적합한 공간을 찾아야 한다. 자가 매장에서 운영할 경우, 사업하기에 적당한

〈사진 _ 소상공인마당, 소상공인시장진흥공단에서 상권분석 이용이 가능하다〉

지에 관해서만 판단하면 되지만(모든 자영업자가 부러워하는 조건), 이 경우에도 상권 및 입지 분석은 꼭 해볼 것을 권한다.

상권 분석과 입지 분석에 있어 '소상공인마당', '소상공인시장진흥공단' 홈페이지에서 제공하는 '상권정보(https://sg.sbiz.or.kr)' 서비스를 이용할 수 있다. 회원가입 후 무료 이용이 가능하고, 내가 원하는 업종과 동 단위 입지를 입력하면 〈간편상권보고서〉와 〈상권분석 보고서〉, 〈입지분석〉 보고서를 받을 수 있다.

　상권 분석 앱에서 조회할 업종을 선택하려고 하면 '서점'이나 '책방'은 찾을 수 없다. 비슷한 업종으로 '서적, 신문 및 잡지류'를 소매업을 선택할 수 있으며, 내가 원하는 '동' 단위를 선택하면 상권 현황, 상세 분석 등의 자료를 제공한다. 이를 〈간단상권보고서〉로 다운받을 수 있고, 자세한 상권 분석을 선택하면 '상권 분석'과 '입지 분석'을 자세하게 받을 수 있다. 이런 상권 보고서는 인구수부터 유동인구, 상권내 유사 업종의 매출 현황 등을 아는 기본 자료가 되지만, 실제 내가 원하는 공간을 판단하는 연관성을 찾기는 쉽지 않다. 다만 상권에서 어떤 요소를 봐야하고, 어떤 고려사항 있는지 판단하는데 도움이 될 수 있다.

　나는 책인감 시작하기 전에 운영하고 있던 동네책방&카페 '51페이지'를 1년여 동안 여러 차례 방문했고, 집과 가까워서 지역 상권에 관해 어느 정도 안다고 생각했기에 자세한 분석 없이 인수를 결정했다. 그러나 이는 결코 좋은 방법이 아니다. 사실은 많은 후회를 하기도 했다. 내가 좀 더 상권과 입지를 보는 눈이 있었으면 하는 생각을 하지만, 다른 한편으로 내가 다른 곳에 책방을 냈으면 과연 잘 됐을까? 라는 생각도 한다.

　나의 선택에서는 분석의 순서가 바뀌었으나, 지금의 매장을 운영하면서 느꼈던 상권 및 입지 분석에 관해 이야기하고자 한다.

　우선 상권 및 입지가 어떤 것인지 알아보자. 상권이라 하면, 내가 영업을 하면서 '고객을 모을 수 있는 영역이나 혹은 공간'이라 할 수 있는데, 업종이나 영업 형태에 따라 상권의 범위는 매우 다르게 나타난다. 주 타깃 고객층이 지나가는 사람이라면 가게 앞 유동 인구가 많아야 좋은 입지이지만, 전문 분야 혹은 SNS를 통해 홍보하는 분야라고 하면 가게 앞 유동 인구가 많은 것보다 찾아오기 편리한 곳이 좋은 입지가 될 수 있다.

첫 사업으로 가게를 차린다면(그 장소에서 내가 하는 업종이 처음 생긴 것이라면), 내가 아무리 가게를 잘 꾸미고 좋은 서비스를 제공하더라도 초기 방문객이 많지 않을 것이다. 특히 노출이 잘 안 되는 골목 안쪽에 있는 가게라면 개업 효과도 미미하고, 찾아오는 고객이 많지 않을 수 있다. 이는 가게 운영에 있어 매우 중요하면서도 어려움을 겪는 요인이 되기도 한다. 특히 도심에서 책방을 운영하면 경쟁이 치열하고 상대적으로 경쟁자가 많아서 내 가게를 알리는 게 쉽지 않다. 사실 부동산은 '발품을 팔아야 한다'라는 것을 알면서도 실제로는 많은 사업자가 가게 입지를 분석적으로 보지 않고, 감에 의존하는 경우가 많다. 이를 개선할 방법을 생각해보자.

내가 책인감이란 공간을 운영하면서 느꼈던 점은 이 가게가 '경춘선 숲길 공원'에서도 가장 중심(일명 공트럴파크)에 있어 노출은 매우 잘 되는 곳이지만 2층이고, 출입구가 다세대 주택형으로 안쪽에 있는 폐쇄형 계단으로 되어 있어서 고객 유치에 어려움이 많다. 건물은 2016년에 신축된 건물로 특색있는 외형으로 인해 상권 내에서 비교적 눈에 잘 띄지만, 3~5층은 주거로 이용되고, 2층의 창은 이중으로 되어 있어 밖에서 보면 매장 안은 잘 보이지 않는다. 1층에 비해 2층이 당연히 월세가 저렴하지만(1층은 8평형 매장이고, 2층은 25평인데 월세가 비슷한 수준이다), 손님이 올라와야 하는 영업 공간으로서는 아쉬움이 있는 구조이다.

만약 내가 투자를 더 할 수 있다면 2층 이중 창을 떼어내고 벽을 헐어서 통유리로 바꾸고, 1층 가게 입구도 바깥으로 옮기고 싶다.

책인감을 운영하며 또 하나 아쉬운 점은 '경춘선 숲길 공원'으로 조성된 철길을 따라 양쪽에 주택, 원룸, 상가가 형성되어 있는데 책인감이 위치한 곳은 단이 높아서 공원을 걷다가 책방에 오려면 계단을 올라가야 하고, 1차로인 차도는 인도가 따로 없어서 산책길에서 바로 접근하는 데 불편하다는 점이다. 건너편은 비교적 넓은 도로와 거주자 주차 공간, 잔디밭 공간 등이 있어서 공원을 걷는 사람들이 제한 없이(같은 높이로 유모차를 끌고 다니는 사람도 접근하기 쉽다) 손쉽게 접근할 수 있을 뿐 아니라 야외 테이블을 놓고 영업하기에도 좋다.

경춘선숲길공원에서 바로 보이는 곳인지 혹은 안쪽 도로에 있는가도 중요한 요인이다. 메인 도로와 비교 시 이면 도로는 유동 인구가 적기 때문이다. 지하철역이나, 버스 정류장에서 얼마나 떨어져 있는가도 찾아오는 사람에게는 중요한 요소이다.

이처럼 좋은 상권에 좋은 입지를 저렴하게 찾기는 쉽지 않다. 나도 처음 시작하는 사업이라 입지 분석을 세밀하게 하지 않고 계약을 했기에 후회하는 부분이 있다. 그래서 신규로 사업을 시작하는 사람들에게는 가능하면 시간이 걸리더라도 많은 곳을 현장 방문하고, 특히 유동 인구 분석을 권한다.

유동 인구를 분석하는 방법은 다양하지만, 내가 권하는 방법은 주중 오후와 저녁, 주말 오후와 저녁에 2~3시간 정도 유동 인구와 방문 고객 수를 확인하라고 한다. 기존 매장이 있다면 사업주에게 물어볼 수도 있지만, 정확하지도 않고 자칫 왜곡된 정보를 줄 수도 있기 때문이다. 적어도 내가 운영할 가게라면 그 앞을 얼마나 많은 사람이 지나고, 그중에 어떤 사람이 내 가게에 들어올 수 있을지를 판단할 수 있는 근거가 있어야 한다. 주중과 주말에 적어도 2~3시간씩은 지켜보면서 가게 앞을 지나가는 사람들과 가게 안으로 들어오는 사람들이 얼마나 될 수 있는지 파악해야 한다. 특히 낮과 저녁, 주중과 주말에 유동 인구가 확연하게 차이 나는 상권도 많으니 꼭 이를 구분해서 파악해야 한다. 기존 가게 인수가 아닌 새로운 가게를 여는 것이라고 하면 비슷한 업종의 가게에 방문하는 사람들이 얼마나 되는지 파악하는 것도 도움이 된다.

▷ 상권 및 입지 분석 시 고려 사항

- 이미 상가가 형성된 상권 vs 앞으로 형성될 상권
- 유동 인구 : 주간 vs 야간, 평일 vs 주말 ※ 2~3시간 이상 관찰
- 상권 분석 앱 활용(소상공인마당) vs 직접 방문 분석
- 1층 vs 지하 vs 2층 이상
- 인근에 비슷한 업종이 생겨도 내가 경쟁력을 유지할 수 있는가?
- 중심 상권(도로) vs 이면 상권(도로)
- 임대인에 대한 정보(건물주를 잘 만나야 한다)

상권 및 입지 분석을 통해 원하는 곳에 적당한 물건이 나오면 계약을 해야 한다. 나는 책방을 인수하기로 확정하고, 기존 매장인 〈51페이지〉를 운영하던 대표와 '상가건물 임대차 권리금 계약'을 맺었다. 51페이지는 2016년 7월 22일부터 2018년 7월 21일까지 2년간 임대차 계약을 맺고 있었고, 나와 권리금 계약을 맺은 시기는 2017년 12월 16일이었다. 기존 51페이지가 운영했던 장비와 인테리어를 대부분 그대로 사용하기로 했기 때문에 권리금 계약에서 상당 부분을 인정해 주었다. 이는 시설 권리금에 대한 것으로 기존 운영자가 투자한 전기, 바닥, 페인트 공사뿐 아니라 가구, 냉난방기, TV를 비롯한 시설 투자에 대한 비용을 인정해준 것이다. 거기에 기존 51페이지가 책방&카페로 운영하면서 꽤 많은 활동을 통해 고객층을 갖고 있었기에 영업권에 대해서도 일부 비용을 인정했다. 내가 인수하면서 51페이지 고객에게 인수 사실과 책인감을 소개하는 안내 문자를 발송하기로 했고, SNS를 통해 가게 인수를 홍보하는 조건도 들어가 있었다. 기존 운영자의 인스타그램 계정은 인수하지 않고(개인 계정을 인수할 수 있는지는 알아보지 않았다) 내가 새로운 상호의 〈책인감〉이란 인스타 계정을 만들고, 기존 51페이지 계정에는 이를 공지하는 것으로 했다.

권리금 계약은 이렇게 시설권리금과 영업권리금을 인정하고 계약을 맺는 것이다. 권리금 액수에 대한 적정성 여부는 본인이 판단할 부분이나, 일반적으로 좋은 입지에 있는 곳은 영업권리금(시설+바닥)이 있어 계약에서 중요한 역할을 한다. 무조건 권리금을 주지 않는 것만이 좋은 것은 아니다.

좋은 입지를 찾아서 가능하면 권리금은 최소화하여 계약하는 것이 필요하다. 권리금을 알아보기 위해서는 내가 계약할 곳의 부동산 한 곳에서만 알아보는 것은 좋지 않다. 여러 부동산에서 권리금 시세를 함께 알아보는 것이 과도한 권리금 지급을 막는 방법의 하나이다.

권리금 계약은 임차인 당사자 간 계약으로 건물주는 관여하지 않는 것이 보통이다. 그러나 실제 거래 단계에서 건물주가 다음 임차인에게 보증금이나 임대료를 올리는 경우가 많아, 건물주와 신규 임차계약에 관해 사전에 협의하는 것이 필요하다.

권리금 계약이 완료되면 건물주(임대인)와 상가 임대차 계약을 맺어야한다. 상가 임대차 계약은 일반적으로 부동산을 통해 계약하기 때문에 당사자 간 합의하면 계약에 어려움이 없다. 상가 임대차 계약 보호 기간은 10년으로 일정한 인상률(연 5%)을 초과하지 않게 되어 있다.

그러나 임대차계약에서 법적인 기준인 연간 임대료 인상 한도 5%는 현실과 다른 경우도 있다. 건물 관리비나 주차비 인상 등을 통해 편법 인상을 하는 경우도 있다. (동네책방은 2년을 넘기는 곳은 성공적인 운영이라 할 수 있으니,,,, 꿈같은 이야기 같지만 10년 이상 운영할 책방은 이점도 알아야 한다) 그래서 좋은 임대인(건물주)을 만나는 것이 상가 운영에 있어 매우 중요한 요인이 되기도 한다.

임대차계약으로 영업 공간이 확보되면 사업자등록과 영업신고를 할 수 있다.

③ 사업자등록 그리고 업태와 품목

사업자등록증이란 사업을 하는 데 있어 신분증과 같다. 개인이 아닌 사업의 주체로서 주민등록 신고처럼 사업자등록을 통해 사업자로서 신분을 부여받는 것이다. 사업자등록은 개인으로서 할 수도 있고, 법인으로 할 수도 있지만 대부분 소상공인은 개인사업자로서 시작한다.

'사업자등록'을 처음 신청한다면 취급할 품목에 따라 과세사업자나 면세사업자를 정하고, 과세사업자라면 규모에 따라 간이과세자나 일반과세자로 등록하게 된다. 기본적으로 사업을 진행할 공간이 있어야 하므로 자가일 경우 부동산등기부등본, 임대매장의 경우 임대계약서 사본이 있어야 한다. (만약 다른 사업자의 영업장을 인수하는 경우, 기존 사업자가 폐업해야 신규 등록 신청이 가능하다)

사업을 영위할 업태와 품목에 따라 필요한 서류를 준비해야 한다. 사업자등록증에는 업태와 품목이 표시되는데, 업태란 "판매하는 방법"에 따른 분류라고 할 수 있고, 품목이란 "무엇을 판매하는가"에 따른 분류이다. 업태와 품목의 분류에 따라 사전에 인허가를 받아야 하는 경우도 있다.

예를 들면 책을 판매하는 책방을 등록하려면 업태는 '소매', 품목은 '책'이나 '서적'으로 등록하는 데 이는 인허가가 필요하지 않고, 신청만 하면 된다. 그러나 카페를 병행하고자 한다면 카페 등록을 위해 업태에 '음식점업'

을 넣어야 하는데 이는 허가사항이다. 카페를 비롯한 음식점업을 신청하려면 '영업신고증'을 발급받아야 하며, 구청 위생과에서 신청할 수 있다. '영업신고증' 발급을 위해서는 위생교육을 수료하고, 건강검진 검사를 통해 건강검진확인서(보건증)도 사전에 발급받아야 한다. 영업장의 면적에 따라 일정 규모 이상(1층 300㎡ 이상, 2층 이상 100㎡ 이상, 지하층 66㎡ 이상일 경우)은 '소방시설완비증명서'를 갖춰야 하는 소방법 적용 대상이 된다.

만약 맥주 등 술을 팔기 위해서는 주류 허가도 받아야 하는데 이는 음식점업 중에서도 '일반음식점'으로 등록해야 하며, 술을 판매하지 않는다면 '간이휴게음식점'으로 등록하면 된다.

책인감은 책을 판매하는 소매업 등록 외에도 도매업과 카페, 술을 판매하는 주류신고까지 했다. 건물주와는 2017년 12월 23일 임대차 계약을 맺었는데 최초 계약 기간은 2018년 1월 22일부터 2년으로 했다. 계약을 맺은 2017년 12월에는 기존 사업자가 영업하고 있었기에 51페이지는 2018년 1

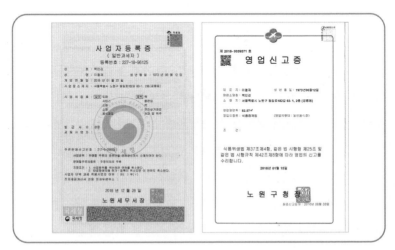

월 20일까지 운영 후 폐쇄하는 것으로 했다. 매장을 그대로 인수하여 인테리어 작업 없이 간판만 변경해서 하기로 했기 때문에 2018년 1월 27일을 영업 개시일로 결정했다. 당시에 개업 일정까지 시간이 많지 않았을뿐더러 기존 사업자가 영업하는 중에 사업자등록을 신청해야 하는 상황이었고, 사업자등록증이 있어야 카드단말기 신청 등 개업에 필요한 사항을 준비할 수 있었다.

우선 기존 사업자에게 2017년 12월 말에 사업자 폐쇄 예정 신고를 하게 했다. 그래야 내가 사업자 등록 (예정) 신청을 할 수 있기 때문이다. 그리고 카페 영업을 위해서는 음식점업을 사업자등록 종목에 추가해야 하는데 이를 위해 구청 위생과에 '영업신고증'을 신청해야 했다. 영업신고증 신청 시 필요 서류는 위생교육 수료증과 보건소에서 발급하는 건강검진확인서(보건증) 등을 준비해야 했다.

위생교육은 '한국휴게음식업중앙회'나 '한국외식업중앙회'란 단체의 지부에서 6시간 교육을 수료해야 수료증을 발급해 주는데 인터넷으로 교육을 수료 할 수 있다. 나는 회사 재직 중에 신청했기에 인터넷 수강 후 수료증을 발급받았다(2만여 원 비용 발생). 건강검진확인서는 각 지역에 있는 보건소에서 건강검진 후 발급하는데 특히 보건증 수령은 해당 보건소에 직접 방문해야 받을 수 있기에 회사 근처에 있는 종로보건소에서 신청했다. (※ 2020년 이후 코로나 19로 인해 보건소는 코로나 상황 대응으로 보건증 발급 업무를 하지 않는 경우가 많다. 일반 병원에서도 보건증 발급이 가능하니, 보건증 발급이 가능한 병원을 조회해서 방문하면 되는데 보건소 대비 비용이

늘어난다)

  영업신고증 발급에 필요한 서류를 갖고 구청 위생과에서 신청했는데 문제가 발생했다. 영업신고증은 사업자등록 폐쇄 신청과 상관없어서 기존 운영자에게 영업신고증이 발급되어 있으면 신규 신청은 안 된다는 것이다. 영업신고증은 직접적인 위생과 관련이 있어 영업하는 그 날까지 영업신고증이 있어야 하고 미리 폐쇄 예정 신고를 할 수도 없는 상황이었다. 그래서 방법을 확인해보니, 영업신고증을 신규로 발급받지 않고 인수하는 것이 가능했다. 영업신고증 인수가 비용도 저렴하지만, 1월 22일 이전에 인수하는 것이 가능했고(단, 위생 점검이 나왔을 때는 내가 주체가 되지만, 기존 매장이 1월 중에는 행사 위주로만 열고 있어서 위생 점검 문제는 없을 것으로 예상), 기존 운영자의 위임장과 인감증명서만 있으면 바로 신청과 발급이 가능했기 때문이다. 51페이지 대표에게 필요한 서류를 받아서 영업신고증 인수를 바로 완료할 수 있었다. 구청 위생과에서 이를 처리하는데 한 시간 정도 걸렸다. 책인감은 기존 영업장을 인수하는 것이기 때문에 실사도 필요하지 않았으나, 신규로 하는 경우 며칠 더 걸릴 수 있다.

  영업신고증 발급 후 세무서에서 사업자등록 신청을 1월 12일에 했다. 앞서도 말한 바와 같이 임대차 계약을 1월 22일에 개시하는 것으로 했기 때문에 사업자등록증에는 1월 22일로 영업 개시일이 표기되었으며, 일반과세자(간이과세자가 아닌)로 등록하여 업태에 도매(책과 굿즈 도매를 위해), 소매(책, 굿즈), 음식점업(카페)을 표기하고, 종목에 책(도매), 책(소매), 커피와 맥주(음식점업)로 등록했다.

아울러 술 판매 가능한 일반음식점(간이휴게음식점은 술 판매 불가) 등록으로 주류 판매 면허 번호도 포함된 사업자등록증을 발급받았다.

2018년 12월에는 인터넷 판매를 위해 '소매-전자상거래업'을 추가로 등록하고, 출판사 등록을 통해 '서비스-출판업'을 업태와 품목에 추가했다. 네이버 스마트스토어(구:스토어팜)나 인터넷 홈페이지에서 판매하기 위해서는 사업자등록증에 전자상거래업을 추가해야 한다. 전자상거래업 등록을 위해서는 은행에서 '구매안전서비스' 발급받아야 한다. 이는 모든 은행이 발급하지 않고, 국민은행, 기업은행, 농협과 우체국에서 발급할 수 있다. 네이버 스마트스토어 등의 오픈 마켓 신청 시 이를 통해 '구매안전서비스 이용 확인증'을 발급받을 수 있으며, 구청에서 통신판매업 신고증을 발급받아야 전자상거래업 등록이 가능하다.

책인감에서 등록한 업태와 품목은 '도매-책', '서비스-출판업', '소매-책', '소매-전자상거래업', '음식점업-커피 및 맥주' 이상 5개를 등록했다. 이중 사전 허가를 받아야 하는 '출판업', '전자상거래업(통신판매업)', '음식점업(식품접객업_일반음식점업)'은 등록할 때 그리고 매년 1월에 등록면허세를 내야 한다. 면허 종류에 따라 등록면허세는 각각 다르며, 책인감에서 등록한

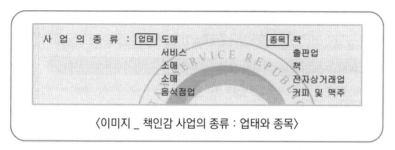

〈이미지 _ 책인감 사업의 종류 : 업태와 종목〉

등록면허세는 '출판업' 2.7만 원, '식품접객업(일반음식점업)' 2.7만 원, '통신 판매업' 4만 원을 매년 1월에 납부하고 있다(2021년 기준).

업태와 품목은 사업자가 실제 영업하는 범위를 포함하고 있어야 한다. 책인감 사업자등록증에는 시각디자인 포스터 제작이나 배너, 현수막 디자인 업무도 필요에 따라 직접 진행하는 경우가 있어 종목에 '시각 디자인'을 2022년 2월에 추가했다.

사업자등록증 신고나 변경은 세무서에 방문해서 할 수도 있고, 홈택스를 통해 직접 할 수도 있다. 사업자등록증에는 실제 사업에서 지속하는 영업, 활동 분야가 표기된 것이 올바른 것이다. 일회성 영업이나 활동이 아니면 가능한 업태와 품목에 표기할 필요가 있다.

2021년에 바뀐 세무 중 알아야 하는 것은?

세무 기준은 계속 바뀌기 때문에 세무신고에 앞서 바뀐 사항을 점검해야 한다. 코로나로 인해 소상공인의 부담을 줄여주기 위해 간이과세자 기준 매출을 4,800만 원에서 8,000만 원으로 상향하고, 세무에서는 2021년 7월부터 적용하기 시작했다. 즉 간이과세자로 등록된 사업자는 2020년 연 매출이 7,000만 원이어도 일반과세자로 전환하지 않게 되어 부가세 신고 시 간이과세자로 적용된다는 것이다.

그런데 한 가지 고려할 사항은 연 매출 4,800만 원 ~ 8,000만 원인 간이

구 분	일반과세자	간이과세자
적용대상	제한 없음 (원칙)	1년간 매출액 8,000만원 미만 ※ 2021년 7월 변경(기존 4,800만원) ※ 간이과세 배제 업종/지역은 불가
매출세액	공급가액 x 10%(세율)	공급대가 x 업종별 부가가치율 X 10%[세율]
세금계산서 발급	발급의무 있음	기준매출 4,800만원 미만_발급 불가 기준매출 4,800~8,000만원_발급 의미 있음 (21년 7월부터 적용)
매입세액 공제	전액 공제	매입세액 x 업종별부가가치율
납부세액 (환급)	환급 가능	환급 없음

〈표 _ 일반과세자와 간이과세자 비교〉

과세자는 일반과세자와 동일하게 세금계산서 발행 의무가 생긴다. 다만 부가세 신고 시 간이과세자처럼 과세 혜택을 받고, 1년에 한 번만 부가세 신고하면 된다.

그러면 책방과 어떤 연관성이 있을까?

책방이 면세사업자라면 해당 사항이 없다. 책인감처럼 카페를 병행하면서 일반과세자로 등록한 경우에도 바뀐 것이 없다. 그러나 문구나, 디자인, 카페, 북 스테이 등을 위해 간이과세자로 등록한 경우에는 매출 규모에 따라 세금계산서를 발행할 수 있게 된다. 특히 도서관 납품에서 기존 간이과세자는 책 외에 마크(MARC) 작업을 포함하여 납품 시 기존에는 과세품인 마크 작업에 대해 부가세가 있는 세금계산서 발행이 불가능해서 업무 처리에 어려움이 있었으나, 연 매출 4,800만 원 ~ 8,000만 원인 간이과세자의 경우에는 일반과세자로 변경 없이 세금계산서 발행이 가능해진 것이다.

연 매출 4,800만 원 미만인 간이과세자는 이전과 동일하게 세금계산서 발행이 불가하여 마크 작업 업체에게 세금계산서 발행을 맡기는 방식으로 진행해야 한다.

카페나 공방 등 소규모 자영업자에 부가세는 큰 부담이다. 그래서 변경된 기준에 따라 간이과세자의 부담이 줄어들었지만, 세금계산서 발행에서 차이점을 알아두는 것이 사업을 운영하는 데 도움이 된다.

구분	일반과세자	간이과세자		면세사업자
		연 4,800만원 미만	연 4,800만원 ~ 8천만원	
적용대상	제한 없음 (원칙)	연간 매출액 4,800만원 미만 -> 8,000만원 미만 (21년 7월부터 전환 가능) ※간이과세 배제 업종/지역은 일반사업자만 가능		면세상품만 취급 (매출액 기준 X)
세금계산서 발행	가능	불가	가능('21.7월부터)	불가
계산서 발행	가능	가능	가능	가능

〈표 _ 일반/간이과세자, 면세사업자 세금계산서, 계산서 비교 발행 기준〉

동네책방 운영의 모든 것 TIP

1. 사업자등록 신청 시 고려사항

- 과세사업자 vs 면세사업자 (과세품 vs 면세품 차이)

1) 대부분 상품이나 서비스는 구매할 때 10%의 부가가치세(부가세)를 포함하고 있다. 이는 국가에서 상품이나 서비스를 구매하는 이에게 세금(부가세)을 부과하기 위함이다.
2) 국가에서는 책을 비롯한 일부 품목에는 부가세 10%가 면제되는 (부가세) 면세상품을 지정해 놓고 있다. 대표적인 면세상품으로는 1차 농수산물(가공하지 않은 농수산물_쌀, 생선, 정육, 꽃 등), 교육/의료/도서비 등이 있으며, 책(도서)도 면세상품이다.
3) 면세상품만 판매하는 사업자를 면세사업자라고 하며, 면세사업자는 부가세 신고(연 2회, 1월/7월)를 면제받기 위해서 매년 초에 〈사업장현황신고서〉를 제출해야 한다.

- 일반과세자 vs 간이과세자

1) 과세사업자는 매출 규모에 따라 일반과세자와 간이과세자로 나뉜다. 연 매출 기준 8천만 원(2021년부터 연 매출 4,800만 원에서 8,000만 원으로 변경) 이상인 경우 일반과세자로, 그 이하면 간이과세자로 나뉜다.
2) 처음 등록하는 과세사업자라면 일반적으로 '간이과세사업자'로 등록하

는 것이 유리하다. 간이과세사업자는 부가세 매출세액 부담이 적고, 세무 신고가 간편하다. 하지만 임대료가 높은 상권의 경우 간이과세사업자 등록이 제한되기도 하며, 인테리어 등 초기투자 금액이 많아 부가세 환급이 예상되면 일반사업자로 시작하는 것이 유리한 때도 있다. 책만 판매한다면 면세사업자 등록을 권한다.

3) 면세품인 책만 파는 것이 아니라 카페를 같이 하거나, 문구류나 디자인 소품 등 과세상품을 함께 팔 때는 과세사업자(일반과세자 or 간이과세자)로 등록하고, 업태와 품목에 과세와 면세를 포함한 혼합사업자로 등록해야 한다(과세사업자로 등록하되 품목에 면세상품인 책을 포함하는 것이다).

4) 책인감은 처음 시작할 때부터 책방과 카페를 함께 운영했기에 과세사업자(일반과세자)로 등록하고, 업태와 품목에는 책 소매뿐 아니라 도매도 고려해서 '도매-책', '소매-책', '음식점업-커피 및 맥주'를 등록했다. 간이과세자 등록도 가능했지만, 잘 몰라서 일반과세자로 등록했다. 그러나 도서 납품과 지원사업 관련해서 세금계산서 발행이 필요해졌으며, 임대료도 초기에는 세금계산서 발행 없이 월세를 냈지만, 나중에 건물주 요청으로 세금계산서 발행으로 부가세 포함하여 월세를 냈다. 결국, 일반과세자로 등록이 필요했다.

- 신규 등록 vs 인수 : 기존 사업자등록증을 인수하면 채권 이전 관계가 명확해야 하니 인수보다는 신규로 등록할 것을 권한다.

1) 기존 사업자가 있는 경우 같은 주소에 신규 사업자를 낼 수 없다.

(특별한 경우가 아니면 1개 사업장에 1개 사업자만 가능하다)

2) 기존 사업자를 폐쇄하고, 내가 새로운 사업자등록을 하려면 시간이 소요되는데 이때 카드단말기(POS) 신청 등을 준비하는 데 지연될 수 있다. 이 경우 기존 사업자가 폐쇄 예정 신고를 하면, 내가 사업자등록증을 미리 발급받을 수 있다(사업자등록증 개업일보다 먼저 발행이 가능하다).

2. 영업신고증이란

- 음료나 술을 판매하려면 영업신고증이 있어야 한다. 영업신고증은 음식점업을 하기 위해 필요한 기본 신고 서류이다.
- 영업신고증 신청은 지역 시청/군청/구청(보건소) 위생과에서 한다.
- 준비 서류 : 위생교육 수료증, 건축물관리대장, 식품영업신고신청서, 가스(LPG) 검사 필증, 소방시설완비증명서(해당 시), 보건증(건강진단결과서), 신분증, 도장 등
- 음식점업에서는 두 가지 유형이 있다. 술 판매가 금지된 휴게음식점과 술 판매를 할 수 있는 일반음식점
  1) 휴게음식점 (술 판매 금지 : 커피, 햄버거, 치킨, 피자, 김밥 등)
  2) 일반음식점 (술 판매 허용 : 일반식당, 고깃집, 호프집 등)
- 소방법 적용 대상 여부 확인해야 한다. 일반/휴게음식점의 경우 영업장 면적에 따라 '소방시설완비증명서(1층은 300㎡ 이상, 지하는 66㎡ 이상, 2층 이상 점포는 100㎡ 이상 면적 시 필요)'이 필요한지 점검해야 한다. 대상인 경우 관할 소방관의 실사를 통해 일정 요건을 갖추어야 발급받을

수 있다.

- 영업신고증은 사업자등록과 달리 폐쇄 예정이 불가하다. 즉, 이전 사업장에서 신고한 영업신고증이 있으면, 내가 신규 등록이 안 되기 때문에 시간을 두고 등록하거나 혹은 기존 영업신고증을 인수하는 것을 권한다. 영업신고증 인수를 하는 것이 시간과 비용이 절약되고 간편하게 신청할 수 있다.

- 보건증(건강진단결과서) 신청은 보건소에서 신청 가능하며 1년 이내에 갱신해야 한다.

- 위생교육은 '한국휴게음식업중앙회'나 '한국외식업중앙회' 각 지부에서 6시간 교육을 수강하고(인터넷으로 수강 가능), 소정의 시험을 치러야 수료증이 나온다. 위생교육은 연 1회 수료해야 한다.

책방 이름 짓기 그리고 로고와 간판

책방 이름은 책방의 운영 방향이나 시인성(보기 좋은), 불리기 쉬운 음, 독특한 문장 등 다양한 측면을 고려하는 것이 좋다. 책방을 준비하면서 〈책방쉼표〉, 〈책방앤드(&)〉, 〈책人감〉 세 개를 최종 후보로 했었다. 〈책방쉼표〉는 힐링이 되는 책방, 쉴 수 있는 공간으로서 의미가 좋았으나, 비슷한 이름의 책방이 있어서 제외했고, 〈책방앤드(&)〉도 비슷한 이름은 있었으나, 내가 책방을 운영하고자 하는 방향을 설명하기에 좋아서 마지막까지 많이 고민했다. 〈책방앤드(&)〉라고 하면 책을 파는 서점이자 '그리고(&)' 책 읽기 좋은 카페, '그리고(&)' 강연도 있고, '그리고(&)' 공연도 하고, '그리고(&)' 다양한 모임을 하고 등등 '그리고(&)'를 넣어서 책방 운영의 확장성을 설명하고 싶었다. 마지막 후보 〈책人감〉은 회사 후배가 제안한 상호로 단어 자체의 시인성이 좋았고, 특히 사람 '人'자로 인해 시인성과 의미성에서 느낌이 좋았다. 게다가 중의적 의미로서 "여기가 그 책인감?" 등의 언어유희도 가능해서 장점이 많은 이름이었다. 나는 사실 〈책방앤드(&)〉을 조금 더 좋아했다. 그러나 내 생각만으로 이름을 짓는 거 보다 첫 사업을 시작하는 데 있어 가능하면 다른 사람에게도 조언을 듣고 싶었다.

개인 인스타를 통해 상호에 대한 지인들의 의견을 물었다. 최종 결과는 〈책人감〉이 조금 더 많은 표를 받았고, 최종 상호로 〈책人감〉을 확정했다.

가게 이름을 정하는 것은 매우 중요하다. 요즘처럼 SNS 활동이 많은 시대에 가게 이름뿐 아니라 가게 안에 있는 인테리어, 로고, 문장 등을 찍은 사진은 사람들의 호기심을 자극하거나, 기대감을 불러오기도 한다. 그래서 가게 이름을 정할 때는 불리기 쉬운 이름이나 시인성만 생각하지 않기를 권한다. 이름에 스토리텔링(이야기)이 담겨 있다면 사람들이 그 이야기를 전달할수 있지 않을까?

특히, 인상 깊었던 책방 이름으로 책방서로는 가게 전면 유리에 걸려 있던 '서로가 서로에게'란 네온 글자가 좋았다. 제주 우도의 밤수지맨드라미 책방은 이름 자체가 궁금증을 자아내기도 한다.

〈이미지 _ 책인감 로고〉

〈사진 _ 다양한 책방 이름과 간판〉

📖 간판 이야기

책인감은 노원구 공릉동에 있는 경춘선숲길공원가에 있다. 경춘선숲길은 전체 길이가 6.5㎞인데 공릉역과 과학기술대학교 정문의 중간부터 태릉입구역으로 가는 약 700m 구간에 카페와 베이커리, 음식점 등이 밀집되어 있고 공트럴파크라는 별칭으로 불리고 있다.

숲길이 조성된 초기(2016년)에는 공원 가에 6개 정도의 카페만 있었는데 지금은(2022년 2월) 카페, 음식점, 베이커리 등이 곳곳에 신규로 입점하고 있어, 60~70여 개 정도가 경춘선숲길가 뿐 아니라 골목 안쪽에도 카페가 들어오고 있다. 대부분 카페는 비교적 작은 규모로 프랜차이즈는 거의 없고, 개인 카페가 들어오고 있다.

책인감이 있는 건물은 2016년 신축된 5층짜리 건물로 짙은 회색 외관을 갖고 있다. 상권 내에서도 중심에 있고 눈에 띄는 외관을 갖고 있다. 내가 들어갈 당시(2018년 1월)에는 1층에 편의점이 있었으나 2018년 7월에 '플라잉볼 에그팩토리 공릉점'이라는 음식점(피자, 파스타, 햄버거 등)으로 바뀌었고, 2021년 12월에는 '웅파이'라는 작은 규모의 프랜차이즈 가게가 들어왔다. 책인감은 2층에 있고, 3층은 원룸 4~5층은 자가 주택이다.

건물 전면인 입구 위에 책방 간판을 사용할 수 있어서 간판의 위치는 좋았다. 책방 상호와 로고가 확정되었고, 개업에 맞추어 기존 간판을 대체하는 책인감 간판 제작에 들어갔다. 간판 디자인과 제작 의뢰는 다니던 회사에서 디자인을 담당하는 후배가 도와줬다. 로고의 기본 배경색은 진한 회색계열을 썼는데, 고급스러운 색깔로 건물의 외벽 색(회색)과도 잘 맞아 보였다. 기본적인 제작 방향은 먼저 있던 51페이지 간판보다 좀 더 크게 제작하되 조명은 LED를 활용한 간접조명 방식을 적용했다. 직사각형 모양의 간판을 로고 모양대로 책 아이콘과 글자를 LED로 비추고, 간판을 벽에서 약간 떨어지게 설치하고, 간접 조명 방식으로 LED를 배치해서 벽 쪽을 비추었다. 간판과 더불어 창문 위에 설치한 어닝 천막도 책인감 로고에 맞추어 교체했다.

간판을 설치하고 나니, 확실히 이전보다 시인성이 좋아졌다. 특히 야간에는 밝게 비추는 간판 LED 조명으로 공원을 걷는 사람들에게 노출이 잘 되었다. 그런데 시인성은 좋아졌으나, 책인감이라는 상호에서 책에 연관성 있는 것 같지만, 음료를 파는 카페로 인식이 잘 안 되었다(카페는 수익을 위해 운영상 꼭 필요했다). 또한 1층 입구가 연립주택의 입구 구조로 안쪽에 있고, 현관 조명은 동작 감지 방식이라 사람이 오지 않을 때는 어두웠다. 그래서 공원을 지나가는 사람들을 유인하는 요인이 약했다.

책방을 미리 찾아보고 오는 사람에게는 건물 구조나, 이런 입구의 단점이 장애가 되지는 않았으나 지나가다 들려서 차 한잔하려는 사람에게는 유인 요인이 약했다.

〈사진 _ 책인감 간판〉

그래서 오픈한지 몇 개월 후에 두 가지를 추가했다. 하나는 1층 현관에 책방&카페임을 표시하는 배너와 전시대를 추가했다. 카페를 나타내기 위해 실내 좌석과 판매하고 있는 음료와 굿즈 사진이 있는 배너를 만들고, 판매하는 음료와 맥주 빈 병을 놓고, 카페임을 강조했다. 가게 안에 있던 대형 스마트 TV를 영업시간 중에는 현관 앞에 놓고, 내부 공간을 소개하는 사진이나, 추천 책과 프로그램(강좌와 모임)을 소개하는 사진이나 영상을 틀어 놓았다 (대형 스마트 TV를 종일 틀어놓으니 고장 나서 대형 TV는 강의 PPT용으로 활용하고, 작은 모니터를 현관 앞에 두고 사진과 영상을 틀어 놓고 있다).

또 하나는 네온 간판을 추가했다. 책인감이 무엇을 하는 공간인지 모르는 사람이 많았고, 서점으로만 인식되면 다수의 사람은 올라오는데 약간은 꺼리는 마음을 갖기 때문이다. 그래서 2층 창문에 색감 있는 아트네온으로 만든 '책', '카페' 간판을 설치했다. 아트네온의 화려한 색상(분홍, 보라 등)으로 인해 낮에도 시인성이 좋았고 무엇보다 '책'과 '카페'에 대해 명확한 인식을 심어줄 수가 있었다. 1층 입구에도 아트 네온으로 '서점&카페'로 만들어 설치했다. 추가로 현관 앞을 밝게 비추기 위해 LED 조명을 설치해서 현관을 밝게 비추었다. 이로 인해 1층 현관은 훨씬 밝은 공간으로 인식되어 오는 사람에게 조금이나마 거리낌을 없애 주었다.

두 가지 보완을 통해 기존 간판과 현관보다 시인성도 좋아졌고, 공원 이용객들에게 2층의 카페&책 공간을 인식시키는 데도 성공하였다. 물론 인식되었다고 해서 책인감으로 방문 고객들이 갑자기 늘지는 않았다. 그러나 전보다는 노출이 증가했음을 알 수 있었다.

다른 책방이나 카페를 보면, 최근 트렌드는 화려하지 않고 은근하게 분위기를 내는 곳도 많다. 책인감도 그런 방법을 쓸 수도 있으나, 내 경우는 조금 더 시인성을 중심으로 생각했다. 물론 이는 선택의 문제이다. 나는 기존의 책방&카페를 인수했지만, 지역 사람에게 책방&카페로서 인식되지 않고 있었다. 또한 제한된 임대 기간에 가게를 알리기 위한 효과적인 방안이 더 있을 것이다. 간판이나, 외관을 비롯하여 인테리어나 운영상의 부분도 종합해야 한다. 앞으로도 책인감의 노출 확대를 위한 시도는 지속할 것이다.

⑤ 상표권 등록하기

가게 이름을 정하고, 로고 작업과 간판 설치하면서 '〈책인감〉'을 상표권 등록했다.

사실 가게 이름을 상표등록 하는 것이 꼭 해야 할 일은 아니다. 서점은 다른 업종에 비해 경쟁자가 많지 않아 상호가 중복되는 경우도 적다. 그래서 상표권 분쟁이 일어날 가능성이 작다. 서점 분야가 수익을 내기 쉽지 않고, 책인감이 사업적으로 대박 나서 상표권 분쟁이 생겨날 가능성도 크지 않다고 생각했지만, 마음 한편에서는 내 책방이 멋지게 성공할 것이라는 가능성을 생각하고 책인감을 단순한 책방이 아닌 복합문화공간으로써 성공적인 운영이 될 수 있다는 기대와 내가 개발하는 프로그램이나, 굿즈에 상표 보호가 있어야 한다고 생각했다.

회사 시절 마케팅 직원의 도움으로 상표권 등록에 관한 정보를 얻을 수

〈사진 _ 키프리스 특허정보검색서비스〉

있었다. 특히, 상표권 분야를 몰랐지만 사실 필요한 사항을 어느 정도 알면 그리 어렵지 않다. 회사 동료는 이미 등록되었거나 상표등록 진행 중인 상표의 검색 방법부터, 등록 절차 방법을 알려줬다. 그래서 책방 오픈 전에 〈책인감〉 상표 등록을 직접 특허청에 신청했다. 상표 등록은 신청 후 별다른 이견 사항을 발견하지 않으면 8개월에서 10개월 후에 등록이 확정된다. 책인감 상표는 2018년 1월에 신청 후, 9월이 돼서 상표등록이 확정됐다. 등록비를 완납하면 상표권 등록이 완료되고 10년간 보호받을 수 있다(신청 기간에 따라 5년, 10년 단위로 가능).

상표권 등록에 관한 절차를 알아보자.

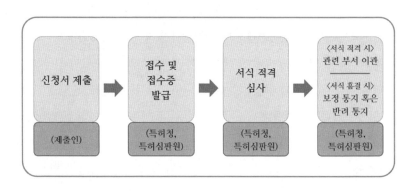

상표권 등록 이란

상표권이란 기업이나 재화, 서비스 이름과 로고 등을 타인이 허가 없이 사용할 수 없도록 법으로서 보호하는 제도이다. 상호와 상표는 다르다. 상표는 삼성이나 엘지, 현대그룹 하면 떠오르는 로고를 등록해서 다른 사업자가 유사한 상표를 사용하지 못하게 하는 것이다. 상호는 책방 이름으로 상호 자체가 상표가 되지는 않는다. 그러나 상호를 쓸 때 내가 등록한 상표(로고)와 유사하게 쓴다면 유사 정도에 따라 이를 쓸 수 없게 할 수 있다.

상표권 등록은 분야별로 등록하는 것으로 모든 분야에 적용되는 것은 아니다. 상표권은 'NICE 분류'라는 방식에 따라 적용되는데, 상품류에 따라 공업용, 과학용 화학제를 비롯한 페인트, 표백제 등 34류가 있고, 서비스 분류로는 광고업, 보험업, 통신업 등 11류로 총 45류가 있다.

상표 등록은 45류 모두를 등록할 수 있다. 그러나 삼성이나 현대 같은 대기업은 45류 모두에 등록하지만, 개인사업자는 필요한 분야에만 등록하

<상표출원공고 40-2018-0053528>

(190) 대한민국특허청(KR) (260) 출원공고번호 40-2018-0053528
출원공고상표공보 (442) 출원공고일자 2018년05월31일

(511) 상품분류 11판 35 43
(210) 출원번호 40-2018-0007129
(220) 출원일자 2018년01월17일
(731) 출원인
이철제
서울특별시
담당심사관 : 양정화

(511) 지정상품(업무)

제 35 류
상품전시업, 제품 판촉업, 상품 및 서비스 판촉대행업, 상품견본배포업.

제 43 류
식음료제공서비스업, 차/커피/코코아/탄산음료/파일주스음료 접대업, 카페서비스업, 커피전문점업, 커피숍업, 카페 및 레스토랑서비스업.

(571) 상표에 대한 설명
책인감(책人감). 서점이면서 사람이 모여서 강연, 토론을 하고, 커피와 차를 마시는 공간

【상표견본】

IIINIIIIN 책人감
BOOK & CAFE

〈사진 _ 상표권 출원공고 예〉

는 것이 일반적이다. 책인감은 책방과 카페로서 운영하고 있기 때문에 책방으로서는 문방구 판매대행업과 서적 구매대행업을 세부 코드로 한 '35류 광고, 기업관리업'으로 등록 신청했고, 카페로는 음식료품 제공서비스업인 '43류'로 신청했다.

> **[책인감 상표 등록 신청 분야]**
> - 제35류(서점업에 해당) : 상품전시업, 제품판촉업, 상품 및 서비스 판촉대행업, 상품견본배포업
> - 제43류(카페에 해당) : 식음료제공서비스업, 차/커피/코코아/탄산음료/과일주스음료 접대업, 카페서비스업, 커피전문점업, 커피숍업, 카페 및 레스토랑서비스업

상표권 등록 검색

상표 등록을 신청하기에 앞서 해당 상표가 등록되어 있는지 확인해야 한다. 회사 동료가 이를 확인했다고 했으나, 직접 사이트를 통해 등록 여부를 확인했다. 상표권 등록 여부는 [특허정보넷 키프리스 www.kipris.or.kr]를 통해 누구나 확인할 수가 있다.

키프리스 사이트에서는 상표뿐 아니라 특허실용신안, 디자인, 심판, KPA, 해외 특허, 해외 상표, 해외 디자인 등을 검색할 수 있다. 검색창에 '책인감'을 입력하고 검색해보면, 현재 등록된 상품분류 및 상표권등록 진행 상황을 알 수 있다.

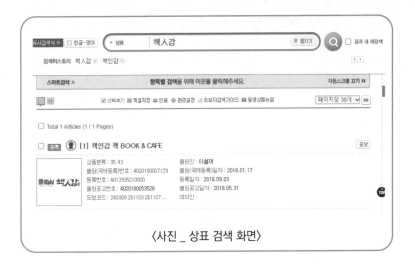

<사진 _ 상표 검색 화면>

상표출원 신청을 처음 신청하는 경우에는 먼저 [특허고객번호부여] 받아야 한다. [특허고객번호부여] 신청서 양식은 특허로(www.patent.go.kr)에서 '특허고객등록' 코너 접속 후 '특허고객번호부여신청서'를 작성하여 온라인으로 제출할 수 있다. 특허청(www.kipo.go.kr)에서도 '민원서식'에서 '특허고객번호부여신청서'를 다운로드받아 작성 후 직접 방문 접수하거나 우편으로 신청할 수 있다.

신청서 제출을 위해서는 제출인 정보와 인감 혹은 서명의 사진 파일이 있어야 하고, 변리사 등 대리인을 통하는 경우 대리인 정보를 입력해야 한다. 제출 서류에는 [주민등록초본], [인감증명서] 등이 있다. 상표 등록은 개인이 할 수도 있고, 사업자가 할 수도 있는데 나는 책인감이란 사업자의 상호를 등록하기 때문에 사업자등록을 마치고 개인사업자로 등록했다.

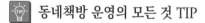 **동네책방 운영의 모든 것 TIP**

1. 상표권 등록 방법

 1) 변리사를 통해

 2) 온라인 대행업체 이용

 3) 직접 등록

   상표권 등록을 누구나 할 수 있다. 비교적 간단한 분야라면 직접 하는
 것도 좋지만 복잡하거나 법률적 도움이 필요하다면 변리사나 대행업체
 를 통해서 진행하는 것도 좋다. 대행업체에 따라 다르지만 몇십 만 원 이
 내의 비용으로 상표등록 대행이 가능하다(SNS에서는 상표권 등록 대행
 을 몇만 원에 해준다고 광고한다).

2. 상표등록 절차

 상표 등록 가능 점검 - 상표 출원 - 상표 심사 - 상표 등록
 (일정은 대략 8~10개월 소요. 사안에 따라 다르다)

3. 상표권 등록 필요 서류

 - 개인사업자로서 상표권 등록이 필수는 아니나 오랫동안 안정적인 가
   게 운영을 계획하거나, 내 상호를 타인이 사용할 수 있다고 우려되거
   나, 타인이 먼저 상표권을 등록해서 내가 내 상호를 쓸 수 없는 것이

우려된다면 상표권 등록을 권한다(상표권 미등록으로 인해 법적 다툼의 빌미를 제공하기도 한다).

- 상표권 등록 기간은 5년 혹은 10년으로 신청 가능하며 연장 시 등록비용이 추가된다.
- 상표권은 몇 개의 분야(류)에 신청했는가에 따라 비용이 부과된다. 분야(류)당 신청 비용은 5만 6천 원, 10년 기간으로 등록 확정시(약 8개월 ~ 1년 소요) 20만 원 정도의 등록비용이 발생한다. 등록 만기 시 연장 신청할 수 있으며, 등록 비용은 매번 발생한다. 신규 등록 과정에서 문제(유사 상호, 디자인 등)가 발생하면 추가 비용이 발생할 수 있고, 등록 확정에 오랜 시간이 걸릴 수 있다.
- 책인감으로 신청한 상표권 분야는 서점으로 제35류, 카페로는 제43류 두 개 분야에 신청했다.
- 상표가 이미 등록되었는지 혹은 출원 중인지 검색하려면 특허정보넷 키프리스(www.kipris.or.kr)에서 확인할 수 있다.

⑥ 인테리어 공사에서 고려할 것은?

인테리어 공사

처음 가게를 시작하거나, 기존 가게를 리모델링한다면 인테리어를 어느 정도 수준으로 진행할지 정해야 한다. 향후 운영 계획에 따라 바닥 공사를 비롯한 벽면, 천장, 전기, 화장실, 주방, 가구 배치를 비롯한 외부(외벽)와 간판까지 어떻게 해야 할지 정해야 한다. 대부분 사업자는 인테리어 전문가가 아니기 때문에 공사를 전문업체에 맡기는 경우가 많다. 프랜차이즈 매장은 본사와 계약된 인테리어 업체가 진행하며, 공사에 관한 세부적인 매뉴얼이 정해져 있기 때문에 가게 대표는 그중 어떤 것을 적용하고, 어떤 것을 적용하지 않겠다는 정도만 하므로 선택에 있어 고민할 부분이 많지 않다.

개인사업자는 공사 내용이나 인테리어 적용에 있어 운영자의 역할이 크다. 물론 공사업체가 신뢰할 수 있는 업체라면 어느 정도 업자의 말을 듣고 진행하면 되지만, 공사업체가 내가 원하는 인테리어 방향을 모르는 경우가 많기 때문에 운영자가 공사 계획이나 진행에서 많은 관여를 하는 것이 필요하다. 특히 공사 진행 중에 세부적인 적용을 꼼꼼히 점검할 필요가 있다. 페인트 색이 내가 원하는 색인지 확인하고(혹은 실제로 어울리는지 확인하고), 가구나 기기 배치가 운영자의 신체조건이나 동선에 적당한지도 확인하는 것이 필요하다. 특히 고객 입장에서 가게 안에 들어오고 서비스를 이용하는 동선을 점검하고, 불편한 점이 있는지 세밀한 시뮬레이션을 해보고, 공사 관계자와 의견을 나누는 것이 필요하다.

예를 들면 책인감은 동네책방과 카페를 함께 운영하는 공간이다. 서가 공간을 배치할 때 고객이 움직이는 동선을 고려해야 한다. 책방 공간을 서가 위주로 구성할지, 앉아서 책을 읽거나, 차를 마실 수 있는 공간 위주로 구성할지 정해야 하고, 책장을 붙박이로 할지, 기성품을 활용하여 이동할 수 있게 하되, 디자인에서도 통일성을 강조할지 다양성을 강조할지, 책장 높이를 얼마로 하고, 깊이는 얼마로 할지 등 다양한 고려가 필요하다.

책 판매가 많은 오래된 서점이 리모델링하면 서가 구성에 많은 공을 들이기도 한다. 그 책방에서 주로 판매하고 있는 책 사이즈를 고려한 맞춤형 책장을 제작하는 경우가 있다. 맞춤 책장이 아니더라도 기성품으로 나오는 책장도 얼마든지 좋은 구성을 할 수 있다. 다만 기성품을 사용한다면 공간구성과 배경색을 고려해서 다양한 책장을 직접 살펴볼 것을 권한다. 이케아를

〈사진 _ 책인감 내부〉

비롯한 가구점에서 실물을 보며 찾아보는 것도 좋고, 혼자 하기 어렵다면 디자인 감각이 좋은 지인의 도움을 받자.

최근에 생기는 동네책방 서가를 보면 책을 많이 놓기보다 책 표지를 잘 보이게 전시하는 책장을 쓰는 경우가 많다. 꼭 디자인의 통일성을 강조하기보다 개성을 강조하는 공간도 많으니 나만의 책방 인테리어를 시도해 보자.

카페를 병행하는 곳이라면 손님들을 맞을 테이블 위치뿐 아니라 카페에 필요한 장비 위치를 정하고 적절한 공간을 차지하는 기기를 선택하는 것이 필요하다. 커피 머신에 따라 어느 곳에 배치하고, 작업 방법을 고려한 시뮬레이션을 통해 공간 배치를 정해야 한다. 아울러 카페에 필요한 온수기, 정수기, 제빙기, 냉장고, 냉동고 등 여러 기기를 배치하는 것뿐 아니라, 손님에게 음료를 제공할 때 필요한 공간, 반납할 공간, 메뉴판을 놓을 곳, 잔을 놓는 공간을 점검하고, 운영할 사람의 작업 편의성을 고려한 높이와 거리 등을 점검해야 한다.

인테리어 공사는 그 특성상 한 번 작업하고 나면 수정에도 손이 많이 간다. 단순히 배치한 것을 옮기는 것은 간단하지만 붙박이 가구나, 커피 머신은 한번 정하면 바꾸기 어렵기 때문이다. 내가 작업하고, 서비스하는 동선을 시뮬레이션해보고, 작업 편리성뿐 아니라 손님에게 보이는 공간의 이미지가 어떤지 점검하는 것이 필요하다.

요즘 개인 가게들은 운영자가 직접 인테리어를 하는 경우도 많다. 비용 문제도 있지만 가게 운영자가 처음부터 정성 들여 가게를 만들어가는 과정에서 만족감을 느끼고, 가게의 개성을 드러낼 수 있기 때문이다. 페인트를 직접 칠하고, 나만의 책장과 서가를 꾸미기도 한다. 이렇게 자신만의 개성으로 인테리어를 한다면 어디에도 없는 독특한 가게가 만들어지기도 하고, 그런 과정을 사진이나 영상으로 담아서 SNS에 소개하면 가게를 오픈하기 전부터 홍보 효과를 낼 수도 있다.

책인감은 기존에 동네서점&카페로 운영하던 51페이지를 인수해서 시작했다. 사실 직장인에서 첫 자영업을 도전하다 보니 가게 오픈에 대한 두려움도 있어서, 기존 책방을 인수하는 연착륙 방법을 선택한 것이다. 그래서 기존에 51페이지에 적용한 인테리어를 그대로 받고, 일부 책장과 테이블, 의자 그리고 보조 조명기구를 추가하고, 블라인드를 일부 설치해서 공간을 나누는 데 활용했다.

몇 년 지나다 보니 아쉬운 점도 많았다. 우선 가게를 오픈하는 입장에서 손쉽게 인테리어를 했지만, 내가 운영하고자 하는 책방의 정체성을 드러낼 공간의 구성은 아니었다. 처음 가게 오픈할 때는 내가 운영하고자 하는 책방의 방향도 명확하지 않았고, 기존 인테리어를 대부분 활용하다 보니 나의 특색이 드러나지 않았던 거 같다.

또 하나 아쉬운 점은 바닥 에폭시를 전문업체가 시공하지 않아서 바닥 일부가 부풀어 오르고 깨지는 현상이 발생하는 것과 천장 조명이 밝기는 했으나, 일자형 LED가 직사광으로 비추는데, 카페로서는 아늑한 조명이 아니었다. 2층인 책방에 올라오기 전에 밖에서 볼 때 가게 안의 모습이 아늑하게 비치면 좋겠지만, 일자형 LED 조명은 다소 거슬리게 보였다. 창은 통유리가 아닌 이중창이라 밖에서 보이는 안쪽 공간이 아쉽기도 했다.

그러나 조명을 바꾸고, 통유리로 개조하고, 내부 페인트 색상도 바꾸고 싶지만, 추가로 투자할 비용이 부담되어 아직도 바꾸지 못했다. 대신 나무 책장을 사서 전시대로 활용하고, 내가 나무 공방에서 나무 공예를 배우면서 작은 책장이나 전시대를 만들고, 공예 소품을 만들면서 인테리어를 보완하고 있다.

인테리어 공사는 비교적 돈도 많이 들지만 수정하기 어려우니 충분히 고민해서 진행할 것을 권한다.

전기 용량에 관한 이해

가게를 책방으로만 운영한다면 전기 용량에서는 크게 문제가 되지 않는다. 책방에서 사용할 전기는 LED 조명, 에어컨, 온풍기, 냉장고, 선풍기 정도를 쓴다면 사용량이 많지 않아서 가정용 전기 용량으로도 충분하지만, 카페를 병행한다면 전체 전기 용량 점검이 필요하다. 내가 사용할 전기량을 전기 용량과 비교하여 일정 수준 이상이라면 승압을 해야 한다.

카페에서 사용하는 전기 기기 중에 용량이 높은 것은 에어컨/난방기, (대용량) 커피 머신, 오븐을 비롯한 가열 조리기, 식기 세척기, 온수기, 보일러 등이 있다. 보통의 가정에서는 5kW를 쓰지만, 영업용으로 가게는 10kW, 15kW, 20kW 등으로 승압이 필요하다. 전기 승압 작업은 운영자가 직접 작업하는 것은 불가하고 허가받은 업체를 통해서만 작업해야 한다. 전기 용량 증설에 대해서는 한국전력(한전)에 문의하면 상담받을 수 있다. 전기 승압 공사는 원칙적으로 건물주가 해야 하나, 건물주는 전기를 자발적으로 승압할 필요성이 없기 때문에 대체로 가게 운영자가 공사를 진행하니 이 점도 알아두자.

전기기구 구매 시 주의해야 할 사항으로 전기 용량 외에도 전압을 어떤 것을 쓰는지도 알아야 한다. 일반 가정용의 경우 220V 단상을 쓰는 경우가 대부분이지만 카페에서 쓰는 기구 중 대형 에스프레소 머신이나 로스팅 머신 그리고 대용량 에어컨 중에는 330V 3상을 쓰는 경우도 있기 때문이다. 또 다른 고려사항으로 전기 공사 시 배선의 두께도 중요하다. 용량을 많이 쓰는 전기기구 쪽에는 충분한 두께의 전기선을 사용하는 것이 좋다. 멀티탭을 통해 여러 장비를 연결하여 사용하다 보면 전체 전기용량이 충분함에도 특정 멀티탭에 연결된 차단 장치가 작동하기 때문에 주의해야 한다.

가게 전기 용도가 가정용인지 영업용인지도 확인해야 한다. 상가는 대체로 영업용으로 등록되어 있으나 일반 주택을 개조하여 가게를 운영하는 곳이라면 영업용 전기를 꼭 확인해야 한다. 왜냐하면 영업용 전기와 가정용 전기는 기준 사용료가 다르기 때문이다. 그리고 한전에서는 계약전력을 기준으로 사용량을 점검하여 누진세를 적용하기 때문에 계약전력도 확인해야 한다.

개인사업자로서 가게를 운영한다는 것은 내가 주체적으로 모든 것을 해야 한다는 것이다. 모든 분야에서 전문가가 될 수 없어서 인테리어 공사나 가구나 전기 기구를 구매할 때에도 항상 비교 분석하는 습관을 들여서 어느 부분을 맡길지, 어느 부분을 직접 할지 판단해야 한다. 견적을 맡길 때면 꼭 여러 곳에 의뢰하여 비교해 보자. 다른 가게나 공간을 갔을 때 좋았던 것이 있으면 이를 벤치마킹하자. 내가 모르는 분야라 하더라도 시장조사를 하고, 의사결정에 앞서 비교 분석하는 습관을 갖도록 하자. 특히 남의 말에 귀를 기울이되 최종 결정은 내가 해야 하니 이를 꼭 명심해야 한다.

💡 동네책방 운영의 모든 것 TIP

1. 인테리어 공사

- 책방의 경우 인테리어에서 책장 모양이 중요하므로 맞춤식으로 할지, 기성품을 구매할지 결정해야 한다.
- 인테리어 공사를 업체에 맡기더라도 공사 계획이나 진행 중에 운영자가 관여해야 한다.
  특히, 운영자가 움직이는 동선과 높이, 고객의 동선을 고려한 가구와 설비를 배치해야 한다. 특히 책방은 운영자가 앉아 있는 시간이 많으므로 장시간 앉아도 편한 의자와 책상이 필요하다.
- 직접 인테리어를 할 경우 하자가 발생하지 않도록 충분한 사전 점검 후에 작업하는 것이 필요하다. 예) 바닥을 에폭시로 하는 경우 말리는 작업이 제대로 안 되면 나중에 바닥이 부풀어 오른다.

2. 전기 공사

- 카페나 베이커리를 하는 경우 사용할 장비의 전기 용량을 확인해야 한다. 일반적으로 장비별 '최대' 전기 사용량 합계의 70~80%로 증설해야 한다.
- 일부 고용량 장비(커피 머신, 로스팅 머신, 제빵기, 대용량 에어컨 등)는 단상(220V)이 아닌 3상(330V)을 사용하는 경우도 있음으로 대형

장비는 꼭 사용 전압을 확인하자.

- 전기료 절약을 위해 전기 사용량이 적은 저전력 장비를 선택하는 것이 유리하다. (저전력 커피머신, LED 조명 외)
- 전기 작업 시 배선 두께도 중요하다. 고용량 장비를 사용하는 곳에는 적합한 두께의 배선을 사용해야 한다.
- 영업용 전기를 사용 중인지 점검 (특히 가정집을 개조한 영업장)
- 책방이나 카페는 핸드폰이나 노트북을 사용하는 경우도 많으니 공사 시 콘센트 공간도 점검하자. (멀티탭으로 연결하면 지저분하다)

⑦ 결제 시스템, 무엇으로 할 것인가?

　내가 영업을 시작하기에 앞서 사업자등록증 발급을 서두른 이유 중 하나가 결제 시스템 신청 때문이다. 신규 사업자로 시작하면 사업자등록증이 나와야 결제 시스템을 신청할 수 있다.

　영업 개시일을 2018년 1월 27일로 정하고, 사업자등록증은 인수일인 1월 22일에 앞서 1월 12일에 나왔다. 회사 시절에 알고 지내던 대리점 사장을 통해 카드 단말기 관리업체를 소개받았다. 기존에 있던 51페이지는 지인을 통해 POS기를 설치했는데 나는 그 POS를 인수하지 않았다. 관리업체가 수원에 있어서 내가 도움받기 불편할 것으로 생각했고, 무엇보다 POS 시스템을 쓰는 건 나에게 비용대비 효과가 없을 것으로 생각했다. 이전 운영자는 POS 사용료로 월 2만 5천 원을 내고 있었는데 POS 시스템이 하는 역할은 내가 작성하는 엑셀(Excel)로 충분히 관리할 수 있을 것으로 생각했다. 서점

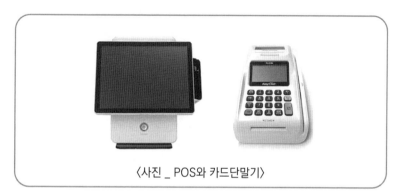

〈사진 _ POS와 카드단말기〉

의 판매/재고/회원 관리는 운영자가 얼마나 정확하게 입력하는가에 달려있는데, 나는 엑셀로 충분하다고 생각하여 POS는 인수하지 않았다. 그렇다면 어떤 경우 POS를 쓰고, 어떤 경우 단말기를 쓰는 것일까?

POS를 비롯한 결제 시스템에 대해 알아보자.

결제 시스템을 도입할 때 알아야 할 것이 있다. POS 및 단말기를 제조 관리하는 VAN 사가 있고, 이를 설치 및 유지보수 관리하는 업체는 수백 곳이 있다. 즉 휴대폰처럼 기기를 제작하고, 통신망을 관리하는 SK텔레콤 같은 VAN 사가 있고, 휴대폰 판매 대리점처럼 이를 개통하고 관리해주는 단말기 관리 업체가 있다. 내가 소개받은 단말기 관리 업체는 지인이 10여 년간 거래한 곳이라 믿을만하다고 생각했다. 업체와 (카드) 단말기 계약서를 작성 후 설치하는 데 걸리는 시간은 대략 일주일에서 열흘 정도이다. 영업 개시일에 카드 결제를 하려면 꼭 미리 신청해서 설치해야 한다.

내가 계약한 곳은 'KSNET'이란 VAN 사이고, 단말기 관리업체는 유림텍이라는 곳이다. 사업자가 관리업체와 계약 신청서를 작성하면 업체는 나를 대신해서 주요 카드사와 계약을 맺는다. 삼성, 신한, 하나, 롯데, 현대, 우리 NH, KB 국민(카카오뱅크 체크카드 포함), BC 카드(BK 기업 체크, 농협 BC, 새마을금고)사와 카드 결제 계약을 맺는데, 대부분 사업자등록증으로 신청할 수 있으나, 삼성카드는 간판 설치 사진을 요구하여 간판 설치가 완료된 1월 23일에서야 카드사 계약을 완료할 수 있었다. 카드사 계약은 영업을 지속하고 있으면 1년 혹은 2년마다 자동으로 갱신하고 있다.

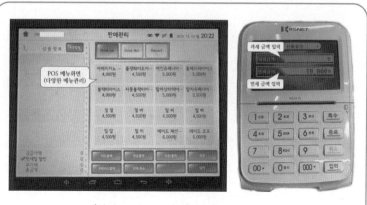

〈사진 _ POS와 카드단말기 화면 차이〉

　책인감 영업은 1월 27일(토)에 시작하는데, 단말기 설치는 1월 26일(금) 저녁에 했다. 담당자가 설치 후 기본적인 사용법 교육을 했고, 지인들이 찾아온 날이라 가게에서 카드 단말기를 처음으로 사용해 볼 수 있었다.

　개업 초기에는 책 판매분에 대한 카드 결제 시 과세 지정 오류를 10여 일 지나고 나서야 알았다. 사실 7~8년 동안 많은 책을 사면서도 책이 '면세품'이란 사실을 몰랐다. 나는 개인사업자가 아니었고, 직장에서는 연말정산을 하면서도 그 부분은 점검할 사항이 아니었기에 그냥 무심하게 지나쳤던 건데 알고 보니 책은 면세품이었다. 책인감은 동네책방과 카페를 겸하는 곳이고, 세무서에서 사업자등록을 할 때나 기존 운영자에게 인수할 때에도 이 사실을 모르고 지나쳤다. 이 부분을 알게 된 것은 책을 공급하는 '북센'에서 1월 책 매입분에 대해 발행한 '계산서'를 보고 나서야 이상하다고 생각했고, 문의 전화로 면세품인 것을 알았다.

면세품이란 소비자에게 부담을 덜어주기 위해 '1차 농수산물(쌀, 채소, 꽃, 정육 등)'이나 '책'과 같은 문화상품, '교육'이나 '의료' 같이 국민에게 필수적이면서 부담을 줄이기 위한 재화나 서비스에 대해 부과하는 10%의 부가세를 면제해 주는 것인데, 이를 정확하게 인지하지 못한 나의 잘못이었다.

단말기를 설치해주는 업체에서 이점을 미리 알려줬으면 좋았겠지만, 담당자도 잘 몰랐고, 단말기 사용 설명 시 일반적인 과세 결제 방법에 대해서만 알려줬었다. 나중에 담당자에게 전화해서 확인해보니 단말기 사용 시 과세와 면세를 구분하여 결제하는 방법을 배울 수 있었다. 이는 단말기 종류에 따라 다르지만 오래된 단말기는 과세와 면세를 구분하여 결제하지 못하는 경우가 있는데, 이 경우 단말기를 한 대 더 설치해서(단말기마다 고유 번호가 있어서 이를 신청하면 회선을 두 개 사용해야 하고, 비용도 두 배가 될 수 있다) 사용해야 하는 경우도 있다. 다행히 내가 사용하는 단말기는 과세와 면세를 구분하여 결제할 수 있는 기기였기 때문에 이를 기능으로써 구분하여 사용할 수 있었다. 이후 음료나 주류, 굿즈는 과세로 결제하고, 책은 면세로 구분하여 결제하기 시작했다.

그러다 나중에 부가세 신고를 하면서 알았는데 단말기에서 구분한 과세, 면세는 부가세 신고 시 그대로 신고하는 것이 아니라 이를 참고로 신고하는 것이다. 즉 단말기 혹은 POS에 표기된 부가세 금액을 참고하되 신고 시에 꼭 그 구분으로 과세와 면세 판매금액으로 신고하는 것은 아니니 영수증에 과세로 잘못 표기했어도 별문제가 아니었다. 당시에는 이를 몰라서 내지 않아도 되는 돈을 세금으로 낭비하게 됐다고 걱정을 했지만, 단말기에서 매출

등록할 때 적용한 과세, 부가세 금액을 그대로 신고하는 것은 아니다. 단말기를 통해 결제한 매출액 합계를 기준으로 과세 매출과 면세 매출을 조정해서 신고할 수 있다. 그래서 단말기에 등록된 금액은 산출 기준으로 활용하면 된다.

사업장에서 쓰는 결제 시스템은 일반적으로 (카드) 단말기와 POS 시스템 그리고 최근 사용이 늘고 있는 이동식 결제 시스템 등이 있다.

우선 기본 (카드) 단말기 시스템을 알아보자. 결제 시스템만 갖춘 단말기를 통해 카드 결제와 현금영수증을 발행할 수 있는 장치로 단말기 화면에서는 결제금액(과세/면세)과 할부 여부만 입력할 수 있고 세부 품목을 인쇄할 수 없는 장비이다. 결제 이력이나 월간 결제액 등의 조회는 가능하나, 화면 디스플레이 한계로 인해 자세한 조회는 어렵고, 홈페이지 접속을 통해 세부 정보를 조회할 수 있다. 비교적 간단한 시스템이라 구매나 유지 비용이 저렴하다. (일시 구매 시 10여만 원 수준이고, 월 사용료 결제 시 1.1만 원 정도나 업체와 약정에 따라 협의할 수 있다)

POS 시스템(Point Of Sales, 판매 시점 관리시스템)은 컴퓨터와 연결된 프로그램을 사용하여 상품별 정보를 관리할 수 있고, 재고 관리, 판매 명세 관리, 회원 관리뿐 아니라 회계 장부 관리까지 다양한 기능이 가능한 시스템이다. 추가 서비스를 이용하면 인터넷 주문이나, 주문을 주방에 연결된 디스플레이에 알려주는 등 다양한 기능을 추가할 수 있는 장점이 있다. POS 시스템 이용 시 단말기 일체형(본체, 디스플레이, 결제 단말기)을 구매하거나 프로그램만 구매(노트북이나 PC에 연결)하여 사용하기도 한다. 월 사용료는 2만 5천 원~4만 원 수준이며 혹은 단말기 일체형을 일괄 구매 시 70만 원~1백만 원 정도 하고, 태블릿 PC용으로 구매하면 좀 더 저렴하다.

특히 POS 시스템을 꼭 이용해야 하는 경우는 여러 사람이 매장을 관리하는 경우이다. POS는 매일 관리하는 사람이 바뀌더라도 비교적 쉽게 재고인수나 중간 정산을 할 수 있어서 인수인계하기 쉽고, 사용 시 판매 기록을 놓치는 경우가 거의 없다. 또한, 주문하는 곳과 주방에서도 함께 주문내역을 확인해야 하는 경우 POS를 쓰면서 디스플레이용 화면이나 주문 인쇄기를 주방에 추가하여 사용하는 것이 좋다. 단말기로 관리하는 경우에는 품목, 재고 관리가 안 되니 별도로 관리해야 한다. 그래서 본인을 제외하면 재고 파악도 어렵고, 판매 기록도 누락하기 쉽다(POS는 판매 시 바코드나 화면 클릭을 통해 바로 판매 등록하는 데 비해 단말기 사용 시 금액만 명기하므로 판매한 내용을 나중에 기록하려다 빠뜨리는 경우가 많다). 그래서 단말기로 결제하는 가게는 별도의 판매, 재고 관리 시스템을 갖춘 곳이 많다(예: 백화점 옷가게 등).

이동식 결제 시스템도 종류가 다양하지만, 요즘에는 스마트폰과 무선으로 연결해서 사용할 수 있는 것이 많다. 책인감에서 사용하는 것은 〈Easy Check Mobil IC〉로 스마트폰과 무선 연결하여, 어디서나 이동하여 사용할 수 있는 방식이다. 이것을 도입하게 된 이유는 '서점시대'라는 서점 페어에 나가게 되면서다. 책방연희에서 진행한 행사에 참가 제안을 받고 처음으로 페어에 나가는데 현장에서 현금 결제만 받는 것보다 카드 결제가 가능했으면 해서 신청하게 됐다. 기기는 쿠팡을 통해 샀고, 개통비와 기계값 포함하

〈사진 _ 스마트폰 연결 카드 결제기 : 이지체크〉

여 5만 원 정도를 결제했으며, 기계를 수령하고 스마트폰과 연결 및 사용 등록 후 페어 참가기간 동안 사용했다. 그 이후 한두 번은 현장에서 사용 후 더 사용하지 않았는데 6개월 정도 사용하지 않으면 자동으로 사용 정지되고 재개통을 위해서는 다시 3.3만 원을 내야 했다. 그래서 지금은 책방에서도 가끔 결제할 때 사용하고 있다.

카드 결제 시 단말기나 POS에 상관없이 일반적인 자영업자의 결제 수수료는 대체로 0.8%이며, 체크 카드는 0.5%로 적용된다. (※ 업종이나 업체의 계약 관계에 따라 다르다. 2018년 6월 소상공인 보호를 위해 결제 수수료가 대폭 인하되었다. 소상공인 카드 결제 수수료는 2.5%에서 0.8%로 변경되었고, 체크 카드는 1.6~1.7%에서 0.5%로 변경)

이동식 결제도 카드 수수료는 0.8%(년 매출 3억 원 이하) 혹은 1.3%(년 매출 5억 원 이하) 수준이나, 매장에서 사용하는 것은 안정성과 결제 속도 등도 고려해서 선택해야 한다. 하지만 도서 전시회나 플리마켓 참가 시 매장이 아닌 곳에서 카드 결제를 해야 한다면, 이동식 결제 시스템 사용이 유용하다(기존 이동식 단말기는 회선 사용에 따라 구매 비용이 늘어날 수 있다)

그 외에도 전화로 카드 결제를 하려면 단말기 업체를 통해 별도로 신청해서 사용 등록 후, 거래할 때마다 카드사에 승인요청을 해야 한다. 카카오페이나, 제로페이처럼 QR코드 간편 결제 시스템 등 새롭게 추가되는 결제 방법도 내 매장에 적용할 것인지 판단해야 한다. 카카오페이는 편리성으로 인해 최근 많은 가게에서 사용하고 있는 결제 방법이며, 제로페이는 2018년 12월 서울페이를 시작으로 정부와 지자체 그리고 네이버를 비롯한 많은 기업이 참여하여 제공하는 서비스이다. 특히 2020년에 재난지원금으로 제로페이가 지급되면서 사용하는 경우가 늘었으며, 도서관을 비롯한 공공기관에서도 적극 사용을 권장하고, 제로페이 충전 시 혜택(상품권 할인)을 적용하는 경우가 있어 이를 꾸준하게 이용하는 사람이 많다.

카카오페이나 제로페이의 경우 자영업자는 결제 수수료 없이(0%) 입금되기 때문에 현금 매출과 차이가 없다. 가능하면 내 가게를 결제 사용처로 등록할 것을 권한다.

또 하나 생각해볼 것은 바코드 리더기 사용에 관한 것이다. 바코드 리더기는 POS 일체형에서는 대부분 기본으로 장착되나, (카드) 단말기에서는 직접 연결하여 사용하는 것이 불가하다. 다만, 노트북에서는 엑셀과 연동할 수 있음으로 꼭 POS기가 아니어도 이를 사용할 수 있다(바코드 리더기를 사용하면 바코드 번호를 엑셀에 셀 값으로 표기해 준다). 이 경우에도 독립출판물 중 바코드가 없는 책을 취급하거나 굿즈도 바코드가 없는 경우에는 리더기를 사용할 수 없으니 한글 이름을 입력하는 방법이나, 임의의 바코드를 스티커로 상품에 붙이는 방법도 있다.

(TIP : 독립출판물에 바코드 스티커를 만들어 붙이는 것은 관리할 일이 많아진다. 바코드 대신 책 제목을 그대로 코드처럼 입력해서 사용하는 것도 방법인데, 이때는 제목을 '공백'없이 쓸 것을 권한다. 띄어쓰기는 사람마다 정확하게 사용하는 것이 어렵다. 그래서 띄어쓰기 없이 입력하는 것이 관리 측면에서 유리하다. 검색할 때도 편리하고, 띄어쓰기 오류도 방지할 수 있다. 또한 도매상에 책을 주문할 때도 책 제목을 입력 시 띄어쓸 때와 안 할 때 검색 결과가 달라지기도 하니 주의해야 한다)

결제 시스템

전자결제 서비스를 제공하는 통신업체(VAN)는 여러 곳이 있는데 '나이스정보통신(NICE)', '한국정보통신(KICC)', 'KSNET' 등이 있다. 이들 업체가 (카드) 단말기 및 POS 시스템을 만들어서 제공하는 것이고, 실체 사업장에 와서 설치해주는 업체는 설치-관리 대리점이지 이들 제조-서비스 업체가 아니다.

앞서도 말한 바와 같이 나는 회사에서 엑셀을 꽤 잘 다루었기에 매장에서 판매/재고/회원 관리를 내가 만든 엑셀로 관리하는 데 어려움이 없었기에 POS를 사용할 필요성이 없지만, 사업자는 장단점을 비교하여 선택하는 것이 좋다

전화 결제 등록하기

직접 방문할 필요 없이 카드 정보만 받고 결제하는 방법이 있다. TV에서 홈쇼핑 광고를 보다가 맘에 드는 상품을 구매할 때 전화로 주문하는 경우가 많다. 이때 전화 주문 시 통장 입금도 가능하지만, 카드 정보를 알려주고 결제하기도 하는데 이때 사용하는 방법이 카드 전화 결제 방식이다. 책방에 방문하지 않은 사람이 전화로 주문하거나 도서관 사서가 카드 결제로 책을 주문하는 경우 매번 책방에 방문할 필요 없이 전화로 카드 결제하는 방법을 쓰면 된다. 구매자가 카드 정보(카드 번호와 유효기간)를 알려주면 이를 근거로 카드 없이 결제가 가능한데 BC카드사는 별도의 등록 없이 사용 가능하고, 그 외 카드사의 경우 단말기 관리업체에 요청하면 전화 결제를 사용할 수 있게 등록해 준다.

전화 결제는 해당 카드사의 고객센터(가맹점 관리)로 전화해서 카드 승인요청을 먼저 해야 한다. 카드 정보와 결제 정보를 입력하고 승인이 완료되면 '카드 승인 번호'를 알려준다. 이를 기록했다가 매장에 있는 카드 결제 단말기에서 '신용-전화등록(밴사 혹은 단말기에 따라 명칭이 다를 수 있음)' 메뉴를 따라 금액과 카드 승인 번호를 입력하면 결제가 가능하다(전화 결제는 5만 원이 넘어도 사인할 필요가 없다).

멀리 사는 독자가 카드로 결제해야 하거나, 도서관이나 관공서에서 카드로 책을 구매하는 경우에 매번 책방에 찾아오게 하는 것이 어려울 수 있다. 스마트폰에 연결된 이동식 결제 단말기를 가져가서 결제하는 것도 방법이지만 카드 전화 결제를 이용하는 것도 한 방법이다. 이때 영수증은 스캔, 사진 촬영 후 카톡이나 메일로 보내주는 것으로 처리할 수 있다.

도서 구입비 소득공제 (문화비 소득공제)

2018년 7월 1일부터 세법 개정안에 따라 총급여 7천만 원 이하 근로소득자 중 신용/직불카드 사용액이 총급여의 25% 이상인 경우 소득공제가 가능한데, 도서 구입비와 공연 관람비에 대해 추가 소득공제가 100만 원 한도로 인정된다. 이를 적용받기 위해서는 책방을 소득공제 대상점으로 신청해야 한다.

대부분 고객은 책 구매가 많지 않아서 해당 사항이 없지만, 도서 구매가 많은 몇몇 손님의 경우 소득공제 여부가 중요한 구매요인 될 수 있다. 책인감을 소득공제 대상점으로 신청하기 위해서 과세와 면세를 함께 취급하는 영업장으로서 책만(면세) 구분하여 신고할 수 있는지 문의했다. 책인감 사업자등록에는 종목으로 도소매와 일반음식점(카페)으로 신고되어 있고, 품목으로 책과 커피, 맥주를 파는 곳으로 되어 있다. 단말기에서 결제 금액 입력 시 매출 유형에 따라 과세(커피, 음료 외)와 면세(책)를 구분하여 입력하고 있으나, 이 방법으로 소득공제를 대상 금액을 나눌 수는 없다고 한다.

당시 한국서점연합회에서 지원하는 POS를 사용하는 경우 시스템 연동 개발이 완료된 '나이스정보통신(NICE)'이나 '한국정보통신(KICC)'은 단말기와 연동으로 과세-면세를 구분하여 인식할 수 있으나, 책인감에서 사용 중인 'KSNET'의 경우에는 연동이 바로 안 되고, 이를 반영하기 위해서는 단말기를 추가 설치하거나, 단말기 상에서 과세와 면세에 대해 별도로 단말기 번호를 부과해서 연결해야 한다.

업체에 확인하니 내가 쓰는 단말기에는 단말기 번호를 추가할 수 없다고 해서 단말기를 1대 더 설치하는 것을 검토했으나 결국 추가하지 않았고, 지금도 도서 구입비 소득공제를 적용받지 못하고 있다. 그러나 책 판매가 많아지고, 도서 구입 소득공제 적용의 필요성이 늘어나면 다시 검토해야 한다.

지금까지 사업장에서 사용하는 결제 시스템에 관해 알아봤다. 책방은 수익률이 높지 않은 사업이라, 가능하면 비용을 아껴야 한다. 결제 시스템은 POS를 사용하는 것이 판매, 재고, 회원 관리에 유리하다. 그러나 POS를 쓰더라도 판매, 재고, 회원 관리를 정확하게 해야 의미가 있고 이를 위해서는 입고, 출고 관리와 회원 정보 입력 등을 정확하게 입력해야 의미 있게 사용할 수 있다. 아무리 좋은 장비도 제대로 쓰지 못하면 의미가 없다. 작은 책방의 경우 판매할 책이 많지 않으니 운영자가 머릿속으로 재고를 관리하기도 하고, 회원 관리는 카드나 엑셀로도 관리할 수 있다. 결국은 내가 어떻게 유용하게 쓸 수 있는지 생각하고 선택해야 한다.

간편 결제 시스템 (QR 페이)

QR(Quick Response) 페이 서비스란 간편 결제 서비스로 신용카드나 현금 없이 휴대전화 앱(애플리케이션)을 통해 가게에서 QR 코드를 읽어서 결제할 수 있는 시스템을 말한다. 대표적인 QR 페이 서비스는 카카오페이

와 제로페이(서울페이)가 있다.

QR 페이에 가입하면 가맹점에는 QR 코드 패키지가 지급되는데, 가맹점 고유 QR 코드가 새겨진 패키지가 지급된다. 고객이 스마트폰으로 가게 비치된 QR 코드를 읽으면 카카오페이(충전식)나 계좌 이체로 상품값을 지불할 수 있다. 혹은 POS에서 고객의 QR 코드를 읽어서 결제할 수 있다.

카드사용 시에 수수료는 업종마다 다르다. 책방의 경우 카드 수수료는 신용카드 0.8%, 체크카드 0.5%, 카카오 페이와 제로 페이는 수수료가 없는 (제로페이 8억 원 이하 0%, 이상은 0.3~0.5%) 영세 중소 상인을 위한 결제 시스템이다. 2020년부터 재난지원금의 제로페이 지급으로 많은 가맹점이 생겨나고, 손님들의 이용도 카카오페이보다 제로페이 사용이 늘었는데, 둘 다 별도의 가맹비나 사용료가 발생하지 않는 것이니 가능하면 두 곳 모두 가맹점 신청할 것을 권한다.

문화누리카드 사용처 등록과 문화상품권, 도서상품권 교환

간혹 문화누리카드 사용이 가능하냐는 문의와 도서문화상품권 사용이 가능하냐는 문의를 받곤 한다. 문화누리카드는 경제적, 사회적, 지리적 어려움으로 일상생활 속에서 문화예술을 누리기 힘든 기초생활수급자, 법정 차상위 계층을 대상으로 공연, 전시, 영화 등 다양한 문화예술 프로그램 관람 및 음반·도서 구매, 국내 여행과 스포츠 관람 이용 혜택을 지원하는 카드다 (출처 : 네이버 지식백과).

문화누리 카드 지급 대상이 꽤 많고 1인당 연 10만 원을 받는데 이를 책방에서 이용하려는 사람들이 있다. 주관사인 서울문화재단에 문의했지만 책인감은 신청할 수 없었다. 책방은 사용처 등록이 가능하지만 책인감은 카페와 책방을 함께 운영하다 보니 도서구입비 소득공제 사례와 마찬가지로 면세인 도서 결제를 구분할 수 없어서 불가능했다.

책 판매 금액을 도서상품권으로 받으면 이를 상품권 주관사에 반환 후 현금으로 환전해야 한다. 이를 위해서는 상품권 주관사와 계약을 통해 사용처 등록을 해야 한다. 서점에서 사용할 수 있는 상품권에는 '도서문화상품권'과 '문화상품권'이 있다. '도서상품권'은 북앤라이프와 계약해야 하며, '문화상품권'은 컬처랜드와 상품권 사용처로 계약해야 한다. 상품권을 반납하고 현금으로 전환할 때 일부 수수료가 발생한다.

문화누리카드와 도서문화상품권, 문화상품권 등을 사용할 수 있도록 계약하고 등록할 것을 권한다.

🔅 동네책방 운영의 모든 것 TIP

1. 단말기 vs POS 시스템 비교

구 분	단말기	POS 시스템
특 징	▷카드결제, 현금결제 ▷품목 인쇄(X) ▷과세/면세 구분(O)	▷컴퓨터 관리 (재고/품목/회원 관리) ▷품목 인쇄(O)
비 용	▷월 사용료 1.1만 원 (대행업체마다 비용 차이)	▷POS 일괄 구매시(70~100만원) ▷월 사용료 부담시 (2.5~4만원)
수수료	▷신용카드 0.8% ▷체크카드 0.5%	좌동
권장 사용처	▷1인/소규모 매장 ▷재고 관리 하지 않는 매장 ▷가격 변동 있는 상품 판매시	▷판매품목/재고/회원 관리 필요시 ▷단말기를 여럿이 사용 하는 경우
기타	▷ 소득공제 신청을 위해 추가 절차 필요 (과세&면세 경우)	▷단말기 일체형 혹은 프로그램만 대 여 ▷소득공제 적용 원할

2. QR 페이 비교

구 분	제로페이 (소상공인 간편결제서비스)	카카오페이 (계좌기반 간편결제서비스)
방식	직불 계좌이체	충전식 이체 (카카오톡과 연계)
운영 주체	정부 및 지자체	㈜카카오페이
요율	8억원 이하 0% 8억~12억원 0.3% 12억원 초과 0.5%	영세 중소상공 0% (대형 프랜차이즈 제외)
정산	즉시	즉시(환전 필요)
혜택	소득공제율 40% 공공시설 요금할인	0.3% 캐시백
특징	자기 은행계좌 돈으로만 결 제 가능	은행 계좌기반 간편결제 시스 템
가맹점	100만 개('21.8월)	50여만 개 (가입자 3500만명)

3. 기타 결제 관련 점검 리스트

- 이동식 결제 시스템 : 스마트폰에 연결하여 휴대할 수 있는 이동식 카드 단말기(이지체크 외)
- 전화 카드 결제 : 고객 방문 없이 카드 정보를 통해 매장에서 결제하는 방식. 단말기 업체를 통해 전화 결제 등록(BC카드는 자동 등록). 결제 시마다 해당 카드사 고객센터(가맹점)에 전화로 승인 요청해서 승인번호를 받고, 매장에서 결제하는 방식
- 문화비 소득공제 : 문화비 소득공제 대상점 등록을 위해 도서 매출만 별도로 관리할 수 있는 결제 시스템을 보유해야 한다.
- 문화누리카드 : 서울문화재단에 가맹점 등록해야 한다. 도서 매출만 별도로 관리할 수 있는 결제 시스템을 보유해야 한다.
- 도서/문화 상품권 : 북앤라이프, 컬처랜드와 계약 후 상품권 반납 가능
- 지역 화폐, 지역 상품권 : 기초 자치단체 중 지역 화폐나 상품권을 발행하는 경우가 있다. 이를 취급하려면 자치단체에 사용처 등록을 해야 한다.

⑧ 지도 앱에 내 가게 등록하기

가게 오픈을 준비하며 '어떻게 사업 운영에 관한 정보를 얻을 수 있을까' 라는 고민이 있었다. 사업에 필요한 정보는 주변 사람에게 얻을 수도 있고, 동종업계 운영자나, 인터넷 검색을 통해 얻을 수도 있다. 그러나 내가 하는 사업에 꼭 필요한 정보를 얻기 위해서는 내게 어떤 정보가 필요한지를 먼저 알아야 한다. 그 필요한 정보를 어디서 구할 수 있는지, 또 어떻게 구할 수 있는지 알아야 한다.

정보가 어디(where) 있고, 어떻게(how) 얻을 수 있는지 알아야 한다.

책인감 오픈을 준비하면서 책방 위치를 어떻게 안내할지 고민했다. 내 가게 위치를 안내하려면 블로그나, 인스타를 통해 '찾아가는 길'을 등록해서 안내할 수 있지만, 이 방법은 내가 운영하는 사이트나 계정을 먼저 방문해야 하므로 일반적인 방법은 아니다.

그래서 네이버 지도나 다음카카오 지도를 비롯한 지도 앱, 내비게이션에 책방 위치를 등록하는 것이 필요했다. 어떤 음식점이나 가게를 찾아갈 때 가장 많이 이용하는 것이 네이버와 다음카카오 지도 앱, T맵, 아이나비 내비게이션 등이 있다. 그래서 지도나 내비게이션 앱에 책인감 위치를 등록하고 싶었다. 추가로 퍼니플랜이란 곳에서 운영하는 '동네서점지도'라는 사이트가 있는데 그곳에는 독립서점과 책 읽기 좋은 곳, 작은 도서관, 공공 도서관이 등록되어 있다. 동네서점에서도 내 책방을 등록하고 싶었다.

지도 앱에 어떻게 내 가게를 등록할 수 있는가를 알아보던 중 네이버 카페 '아프니까 사장이다'라는 곳에서 정보를 찾을 수 있었다. '아프니까 사장이다'는 약 90만 명의 회원(2021년 12월)을 보유한 소셜 카페이다. '아프니까 사장이다'에서는 다양한 정보를 제공하고 있는데 업종별 Talk, 사장들의 공간, 노무/세무/마케팅 등 장사에 필요한 정보를 제공하고, 모임을 통해 활동하는 카페였다.

카페 게시글을 살펴보던 중 '내 가게 상호를 네이버 지도, 내비게이션에 등록하는 방법'이란 제목의 글을 보게 되었다. 마침 내가 가게를 준비하던 2018년 1월 초에 게시된 글이라 최신 알림 글에 있었기 때문에 쉽게 찾을 수 있었다. 글 속에는 가게 위치를 지도 앱/사이트에 등록하는 절차에 관해 설명한 매뉴얼을 PDF 파일로 첨부하고 있었다. 주요 지도 사이트와 내비게이션을 모두 포함한 등록 매뉴얼로 이미지와 함께 가입 방법을 자세히 설명해서 등록 과정을 쉽게 따라 할 수 있었다. 첨부된 지도 앱 가입 매뉴얼은 다음과 같다.

1) 네이버 스마트플레이스 (구: 마이 비즈니스)
2) 구글 지도
3) 다음 검색등록 및 카카오 내비게이션
4) 아이나비
5) 아틀란 (카 메이커에서 만든 내비게이션)
6) 티맵

7) 현대 기아 내비게이션

지도 등록 매뉴얼을 통해 책인감을 일곱 개 지도 앱에 모두 등록했다.

추가로 퍼니플랜의 '동네서점 지도'는 많은 사람이 알고 있는 앱은 아니지만, 동네책방의 원조 격인 땡스북스와 퍼니프랜이 함께 만드는 지도로 전국의 '동네서점'과 '책 읽기 좋은 곳', '작은 도서관', '공공도서관'을 소개하고, 지도상에서 찾기 쉽게 위치를 안내해주는 앱이다. 동네책방이라면 이곳에 책방 안내 및 위치 정보를 등록하는 것을 권한다.

동네서점 지도에 등록하려면 '동네서점'사이트 내에서 제보하기를 통해 내 책방을 등록할 수 있다. 책인감을 등록하는 과정에서는 다소 문제도 있었다. 책인감은 51페이지란 책방을 인수하였기 때문에 신규 등록한 책인감과 51페이지가 중복되어 표시되었다. 그런데 지도 앱에서 표기될 때 51페이지 아이콘이 위에 있고, 책인감이 아래에 있어서 책인감 아이콘을 클릭할 수 없었다. 담당자에게 메일로 설명하고 폐쇄된 51페이지를 삭제하면서 책인감이 제대로 안내되기 시작했다. 이처럼 일을 진행하다 보면 문제가 발생할 수 있는데 이를 파악하고 하나씩 해결해 나는 습관을 길러야 한다. 어디 지도 앱뿐이겠는가 개인 사업자로서 책방 운영부터 세무, 지원사업, 납품 등 다양한 문제를 만나면 분석하고, 이를 해결해 나가는 능력을 키워야 한다.

다른 지도 앱도 매뉴얼을 따라 등록하니 모두 정상적으로 등록됐다. 지도에서 내가 등록하지 않아도 지도상에 이미 내 가게가 등록된 경우도 있고, 어떤 경우는 네이버 지도가 아닌 네이버에서 검색해도 지도가 바로 연결되는 경우가 있다. 이를 정확하게 알려면 네이버 시스템에 대한 이해가 필요하

〈사진 _ 네이버 스마트플레이스에 등록〉

다. 네이버는 지도, 내비게이션, 홈페이지, 블로그 등 다양한 플랫폼을 운영하고 있다. 포털 사이트인 네이버는 이를 카테고리별로 검색 결과를 분류해서 알려주는 것이다.

네이버는 내가 등록한 카테고리에 따라 조회 결과 위치가 다르게 나온다. 즉 내가 등록한 것이 홈페이지 등록이냐, 스마트플레이스 등록이냐, 아니면 단순히 지도에 제보한 정보인가에 따라 조회 순서가 달라지는 것이다. 결론부터 말하면 내가 네이버 지도에 등록하지 않아도 다른 사람이 제보하면 지도에 표기된다. 혹은 블로그 검색을 통해서 내 가게가 잘 나오니까 안내 방법에 대해 신경 쓰지 않는 사업자도 있다. 하지만 조금 더 관심을 두고 내 가게 정보를 정확하게 관리하고, 원하는 정보로 채우고 싶다면 '네이버 스마트플레이스(구: 마이 비즈니스)' 앱에 등록할 것을 권한다. 스마트플레이스에 등록하면 내 가게의 영업시간이나, 메뉴, 가게 사진 등을 내가 등록할 수 있다. 또한 네이버 지도나 블로그에 자동으로 연동되고, 네이버 검색 결과 상단에 먼저 나오게 된다. 일반적으로 블로그만 검색 결과로 나올 때는 인기 블로그가 제일 위에 나오지만, 스마트플레이스에 등록되면 조회 결과에 가게 정보가 먼저 나오기 때문이다. 즉 내 가게 정보가 상단에 나올 가능성이 높다는 것이다. 어떤 가게는 네이버에서 검색 결과 상단에 올리기 위해 많은 광고비를 투자하기도 하는데 스마트 플레이스 등록으로 검색 결과 상단에 위치할 수 있으니 꼭 등록하자.

마찬가지로 '네이버 스마트스토어'를 통해 인터넷 판매를 하고, 네이버에서 제공하는 홈페이지 '모두(modoo)'에 등록하면 검색 결과에 더 노출이 잘 될 수 있으니 이점 또한 고려하길 바란다.

구글도 '구글 마이 비즈니스 서비스'가 있는데 네이버와 비슷하다. 구글 지도에 등록되는 것은 누군가의 제보로 등록되어 검색 결과에 나오기도 하지만 구글도 마이 비즈니스에서 등록하면 내 상호로 검색된 가게를 별도로 보여준다. 구글이 다른 점은 마이 비즈니스에 등록신청 후 3~4주 후에 '인증 코드'가 실물 우편으로 온다는 것이다. 제공된 인증 코드를 입력해야만 최종적으로 구글 사이트에 비즈니스 업체로 등록이 완료된다.

다음카카오 지도 앱도 카카오톡, 카카오택시 등과 연계되어 많이 사용하기 때문에 꼭 등록해야 할 사이트이다. 다음카카오에 등록하면 지도와 내비게이션에 함께 등록된다.

내비게이션 중에는 T맵과 아이나비를 가장 많이 쓴다. 그래서 두 곳의 내비게이션은 꼭 등록할 것을 권하며, 아틀란이나 현대/기아 내비게이션에도 등록하길 바란다.

내 가게 홍보를 위해 피나는 노력을 해야 하는 자영업자로서 지도 앱에 등록하는 것은 꼭 필요한 것 중 하나이다. 더구나 지도 등록에는 비용이 들지 않는다. 내가 조금만 신경 쓰면 되는 일이니 꼭 등록하여 관리하길 당부한다.

〈사진 _ 퍼니플랜 동네서점 검색 화면〉

동네책방 운영의 모든 것 TIP

1. 지도 앱 정보 요약

분 류	지도 앱	비 고
네이버	네이버 지도	가장 많이 사용하는 지도 앱
	마이 비즈니스	업체 정보를 내가 입력할 수 있고, 네이버 검색 결과에서 가장 위에 노출된다
	스마트 플레이스 스마트 지도 등록	온라인 스마트폰에서 검색하는 사람들에게 내 가게 정보가 노출된다
다음 카카오	카카오 맵	다음과 합병 후 카카오 택시, 카카오 대리 등과 연계한 이용객 증가
	카카오 내비	기존 김기사 내비에서 2016년 변경
구글	구글 맵	해외 사용자 및 최근 젊은 층 사용이 늘어나고 있는 지도 앱
	마이 비즈니스	비즈니스 업체로 등록하려면 인증코드를 실물 우편으로 받아서 입력해야 등록이 완료된다
내비 게이션	T 맵	스마트폰 기반 가장 많이 사용하는 지도 앱
	아이나비	팅크웨어 위치 기반 지도 서비스
	현대, 기아(지니, 소프트맨, 맵피)	신차 내비게이션 장착이 일반화 되면서 확대
	아틀란	신차 내비게이션 장착의 선두주자
퍼니플랜	동네서점 지도	동네서점, 도서관 등을 모아 놓은 지도 앱

⑨ 카페와 함께 운영하기

    회사에서 퇴사를 결심할 즈음 다른 층에서 근무하는 회사 후배가 에스프 레소 커피 머신을 자비로 구매하여 사무실에 비치했다는 얘기를 들었다. 다 른 층에 근무하는 후배라 그 사실을 바로 알지 못했다.

    후배는 회사 내에서 자신만의 카페를 구비하고, 자비로 원두를 사서 동 료에게도 맛있는 커피를 제공하고 있었다. 당시 나는 책방&카페로 운영하 는 것을 고려하고 있었기에 그 후배를 만나서 커피 머신에 관한 설명도 듣 고, 추출 방법이나, 맛을 평가하고, 주문처 등에 대한 설명을 들었다. 남이 자신감 있게 하면 다 괜찮아 보인다고 할까. 당시 후배가 산 커피 머신은 '가 찌아 클래식'이라는 이탈리아 브랜드로 '가정용 에스프레소 머신'이었다. 저 렴한 가격대(70~80만 원)와 무난한 성능으로 가장 많이 보급된 기종이었 다. 가정뿐 아니라 작은 카페에서도 많이 사용하는 장비였기에 믿을 만했다. 머신은 반자동으로 사용하며, 에스프레소의 경우 2개의 추출구를 갖고 있 어, 더블 샷이 기본으로 가능하고, 라떼도 만들 수 있도록 스팀기가 달려 있 었다. 그래서 길게 고민하지 않고, 커피 머신은 가찌아 클래식으로 확정했 고, 2018년 1월 커피 머신과 바라짜 원두 그라인더 그리고 부속 자재를 구 매했다.

    사실 나는 커피 맛을 잘 모른다. 카페에 가면 아무 고민 없이 아메리카 노만 주문해서 마신다. 겨울엔 HOT, 여름엔 ICE. 무슨 공식도 아니고 하루

대용량 커피머신	가찌아 클래식	네스프레소 오리지널 캡슐	네스프레소 버추오 캡슐
전기 고용량 (저전력 가능 여부) 카페용 원두 관리가 중요 청소 관리 중요	반자동(수동조정) 작은 카페 or 가정용 원두 관리 중요	(캡슐) 간편하고 균일한 품질관리 청소 간단 라떼류 편리 산출 용량 (25/40/110ml)	(캡슐) 간편하고 균일한 품질관리 풍부한 크레마 산출 용량 (40/80/150/230/414ml)

〈사진 _ 커피 머신 비교〉

에 몇 잔을 마시든 오직 아메리카노만 마셨다. 가끔은 회사 근처에 있는 전문 카페에서 산 로스팅 원두를 핸드드립으로 마시기는 했지만, 이는 집에서 마실 때만 사용했다. 나름 커피를 좋아하기는 했지만, 전문 지식이 있는 것도 아니고, 맛을 잘 구분할 능력도 없었다. 그렇다고 내가 바리스타 자격증을 따는 것은 과도한 투자라고 생각했고 구매한 에스프레소 머신으로 서비스한다면 크게 문제가 없을 것으로 예상했다. 책인감은 책방이 주 분야이고, 카페는 보조 분야라 생각했기 때문이다. 커피 외에도 차와 음료, 병맥주를 메뉴로 추가했으나 혼자서 서비스할 수 있는 범위와 시간, 노력 등을 고려하였다.

커피도 처음에는 아메리카노와 내가 좋아하는 핸드드립 두 가지 커피를 제공했으나, 핸드드립은 한 달 반 만에 접었다. 책인감에 오는 손님은 대부분 아메리카노만 주문했고, 핸드드립 커피를 제공하는 것은 내가 마실 때와 카페에서 판매로서 서비스하는 것은 차이가 있었고, 내가 그 정도 실력이 되지 않는다고 생각했다. 게다가 2잔 이상 주문하면 추출 시간도 오래 걸리지만, 커피 맛도 균일하지 못함을 느꼈기 때문이다.

몇 개월 지나면서 커피가 더 어렵다는 생각이 들었다. 우선 원두 상태에 따라 그라인더 분쇄 정도를 조절해야 하는데 내게 그런 능력이 없었고, 물의 양도 정확하게 측정해야 하지만 수동 기계의 한계로 인해 그때마다 추출량의 차이가 났다. 그래서 손님에게 커피를 서비스할 때마다 불안감이 엄습하기도 했다. 제대로 내려졌을까? 괜찮을까? 커피를 뽑는다는 것이 그리 단순한 일이 아니다. 특히 집에서 마실 때와 달리 판매용은 안정되고 균일한 맛이 나와야 하는데 내 실력이 부족함을 실감했다.

그래서 인근 카페 운영자의 조언을 참고하여 커피 머신을 변경하기로 했다. 우선 제대로 된 에스프레소를 내리기 위해서는 몇백 만 원 하는 장비를 사야 하는데(물론 중고도 있다), 좋은 머신을 샀더라도 관리에 많은 시간과 노력, 기술이 필요하다는 것이다. 그래서 고가의 장비보다는 다른 대안으로 제안받은 것이 네스프레소 '캡슐 커피'였다. 과거 네스프레소 '돌체'로 대변되는 액상 캡슐 커피가 있었으나 지금은 분쇄된 원두를 진공 캡슐에 밀봉하여 제공하는 것으로 맛의 균일성뿐 아니라 웬만한 바리스타가 내리는 커피

보다 안정적인 커피 맛을 제공할 수 있다. 캡슐 커피 머신은 고가의 에스프레소 머신에 비해 압력이나 온도는 부족할지 몰라도 전문가들이 개발한 장비로 안정적인 맛을 제공할 수 있고 캡슐에 따라 다양한 맛을 제공할 수 있다. 카페라떼도 손쉽게 만들 수 있고, 머신 관리도 간편하게 할 수 있다는 장점이 있다.

캡슐커피 머신으로 네스프레소 사에서 나오는 '오리지널' 커피를 사용하는 머신으로 라떼를 만들기 편하게 커피 추출과 우유 섞기를 한 번에 할 수 있는 것을 샀다. 그런데 한 가지 아쉬운 부분이 있었다. 머신에서 추출하는 양은 25㎖/40㎖/110㎖가 나오는데 카페에서 제공하는 머그잔에 에스프레소 40㎖를 추출하면 맛이 약했다. 물론 아메리카노가 뜨거운 물에 에스프레소를 첨가하는 것이지만 보통의 머그잔(360㎖) 정도의 잔에 ⅔ 정도를 채우려면 약 240㎖ 정도여야 하는데 에스프레소 40㎖를 넣어도 커피 맛의 강도가 약했다. 그래서 투 샷을 위해 하나 더 추출하곤 했는데 원가도 올라갔지만, 맛도 그리 만족스럽지 않았다.

당시 네스프레소에서는 '오리지널' 외에 '버추오' 캡슐 커피를 홍보하고 있었는데, 회전추출 방식의 버추오 커피 캡슐은 우선 크기가 컸다. 오리지널 캡슐의 무게가 5~6g 정도면 버추오 캡슐의 경우 더블 에스프레소(80㎖)는 11g 정도이고, 230㎖를 추출하는 캡슐은 12~13g 정도의 무게가 나갔다. 단지 양의 차이뿐 아니라 오리지널은 캡슐에 뜨거운 물을 흘려보내는 방식이라면, 버추오는 뜨거운 물을 회전하는 캡슐에 분사하고 이를 다시 빼내는 방식이라 풍미가 진할 뿐 아니라 크레마(거품)가 풍성하게 나온다. 크레마가 추출 커피 부피의 30%~50% 정도가 얹어지는 방식으로 추출된다. 또한 캡슐 커피는 다양한 종류를 구비하기 쉽고, 보관이 용이하다는 장점이 있다(유통기한 1년). 회전추출 방식의 버추오를 쓰니 '커피 맛'에서도 많은 사람이 좋다고 한다. 그러나 캡슐의 종류를 다양하게 준비하지는 않고, 80㎖ 더블 에스프레소를 주로 쓰고, 디카페인 에스프레소 정도를 갖고 있다.

커피를 캡슐로 바꾼 이후에 좋아진 점은 '걱정'이 사라졌다는 것이다. 커피를 내릴 때마다 맛에 관한 걱정이 사라졌다. 커피 추출 시간이 단축되고, 편리성은 증가했다. 그리고 네스프레소 캡슐 커피는 백화점 1층(고급매장이 많은 바로 그 1층이다)에 판매하고, TV 광고로 소비자에게도 많이 알리고 있어, 캡슐 커피를 제공한다는 부정적인 반응은 많이 없다. 다만 내 매장에서 제공하는 원두(캡슐)의 종류는 내가 선택한 몇 가지로 제한하고, 아메리카노와 라떼 류는 나만의 세팅(물과 우유 양)을 해야 한다.

책인감에서 수익을 위해서는 카페의 역할이 중요한데, 커피 외에 어떤 음료나 디저트를 제공할 것인가에 대해 고민도 해야 한다.

책방이지만 카페를 겸업하는 만큼 커피 외에도 책 혹은 독서와 어울리는 차를 준비해야 했다. 특히 인근의 많은 카페와 차별화된 차를 제공하고 싶었다. 우선 회사에 있을 때 눈여겨봤던 인사동 '아름다운 차 박물관'에서 꽃차를 구매하여 제공하기로 했다. 차의 비주얼이 중요하다고 생각해서 처음에는 금국차와 벚꽃차를 샀다. 또한 꽃차는 담겨 나오는 다구 세트도 중요하기 때문에 고급형 유리 다구 세트를 기본으로 하고, 일반형을 위해 거름망과 자기로 만든 잔도 준비했다.

차	병음료/병맥주	계절 음료	디저트
책과 어울리는 차 녹차, 블랙티, 얼그레이, 페퍼민트, 캐모마일, 로네펠트티, 유자차 등 ※시그니처 음료는?	흔치 않은 수입맥주 제주위트에일 병음료(with 얼음) ※ 서비스 편리성	계절에 따른 메뉴 여름철-에이드/ 밀크티 겨울철-허브티, 코코아차 등	다양한 디저트(마카롱, 브레드, 스콘 등) ※ 책방에서 간단한 토스트는?

〈사진 _ 음료 검토 시〉

꽃차를 서비스하면서 차츰 비주얼 측면보다 향과 맛을 더 중요시하게 됐다. 처음 도입했던 벚꽃 차는 보기에는 예뻤으나 맛은 좀 밍밍했다. 그래서 벚꽃 차를 제외하고, 향과 맛이 좋은 목련 차와 매화 차를 추가하여 금국 차와 함께 세 가지 꽃차를 7~8천 원에 제공했다. 꽃차의 가격이 비싸고, 인사동에서 구매해야 하는 단점으로 인해 조금 저렴한 꽃차로 홍화/맨드라미/도라지/메리골드를 추가하고 판매가 5천 원으로 정했다. 고급 꽃차와 차별을 위해 별도의 유리 티포트와 찻잔을 구매했다.

꽃차 외에 기본으로 제공되는 차도 중요한데, 처음 51페이지를 인수할 때 받은 로네펠트 티벡과 TWG 블랙 티가 있었으나, 해외 직구 상품으로 나는 그 차를 계속 구매하는 것이 내키지 않았고, 인사동 오설록 판매점을 다니면서 봐 둔 오설록 덖음차를 들여왔다. 오설록 덖음차는 오설록의 대표 차로 맛도 무난하고 따뜻하게 혹은 아이스로 제공해도 맛있는 녹차였다.

음료는 제공의 편리성을 위해 병 음료(주스, 레모네이드, 탄산수)와 책맥(책과 맥주)의 즐거움을 주기 위해 수입 병맥주로 준비했다. 맥주는 특색 있고, 책과 함께 어울리는 희소성 있는 수입 맥주와 제주위트에일이란 병맥주를 들여놓았다. 그러나 시일이 지나면서 책맥을 즐기거나 맥주를 마시는 손님이 줄었고, 제주위트에일은 편의점을 비롯한 마트에 공급되면서 희소성 줄어들어 판매량이 줄어들었다.

운영 초기에는 병 음료와 병 백주 비중이 높았지만, 시간이 지나면서 점점 줄어들고 에이드, 유자차, 핫초코 등 새로운 메뉴를 추가했다. 오래 머무르는 손님들에게 간식거리를 제공할 필요성이 생겨서 별뽀빠이(옛날 과자), 브라우니를 판매하기도 했고, 구운 식빵에 카야잼을 바른 토스트도 추가했다. 그러나 지금은 코로나 19로 인해 과자와 토스트 서비스는 하지 않고 있지만 앞으로 재개할 예정이다.

이렇듯 카페도 시가에 따라 경쟁에 따라 계속 변화를 줘야 한다. 계절 신메뉴 개발도 필요하고, 주변 카페들이 제공하는 서비스와의 경쟁도 고려해야 하고, 내 매장에 어울리는 서비스를 지속해서 개발해야 한다. 우리나라는 카페 공화국이라 불릴 정도로 카페가 많으며, 경춘선숲길의 공트럴파크 구간에는 많은 카페가 들어서고, 골목 안쪽까지 늘어나고 있다.

공트럴파크 700m 구간을 중심으로 2016년 가을에는 6~7개의 카페가 있었지만, 책인감을 시작한 2018년 1월에는 약 15개 정도, 2022년 2월에는 약 50여 개소가 공원 가를 중심이 있고, 골목 안쪽에도 많은 카페가 생겨났다. 그 카페마다 다양한 커피 류를 제공하고 있고, 새로운 메뉴를 개발하고 있다. 특히 디저트의 다양성은 상상을 초월한다. 그런 그들과 내가 같은 메뉴로 경쟁한다는 것은 효율적이지 못하다. 그래서 책인감 카페는 책과 어울리는 메뉴로 서비스하되 전문 카페와는 다른 점을 부각해야 한다. 책을 읽기에 좋은 카페, 책과 어울리는 디저트가 있는 카페, 주인장과 소통하기 때문에 메뉴의 품질보다는 편안함을 주는 카페를 만들려고 한다.

동네책방 운영의 모든 것 TIP

1. 커피 머신 선택 시

가게 여건에 따라 커피 머신 선택을 신중하게 해야 한다. 대용량 머신의 경우 그만큼 판매량이 많아야 하고, 원두 관리(특히 로스팅 후 빠른 소진을 할 수 있어야 한다)와 머신 청소 관리도 해야 한다. 소형 머신도 이점을 참고해야 한다. 최근 네스프레소로 대표되는 캡슐 커피 시장이 커지는 만큼 판매량이 많지 않은 카페는 캡슐 커피나 드립 커피처럼 간단한 장비로 제공할 수 있는 것을 고려하자.

2. 차와 음료, 병 맥주 그리고 디저트

차와 음료 서비스 선택에도 여러 사항을 고려하자. 책방이나 내가 운영할 카페와 어울리는 차를 준비하고, 병 음료나 맥주를 서비스하는 것도 고려하자. 특히 계절에 따른 메뉴 개발도 필요하고, 많은 카페가 디저트를 다양하게 제공하는 만큼 내 가게에 어울리는 디저트도 고려해보자. 그러나 책방이 주업인지 카페가 주업인지에 따라서 제공할 서비스의 범위를 고려해야 한다.

⑩ 결제, 판매, 재고, 회원 관리

개인 사업을 시작하면 가장 기초적인 관리이면서도 생소한 분야가 결제, 판매, 재고, 회원 관리 등이다.

우리가 가게를 이용할 때 보는 결제 시스템은 크게 두 가지로 나뉜다. 첫 번째 POS라는 시스템이다. 편의점 등에서 흔히 볼 수 있는 POS(Point Of Sales)란 '판매시점정보관리시스템'이라고도 하는데, 금전등록기와 바코드(혹은 QR코드) 리더기, 신용카드 단말기 등을 컴퓨터와 연결하여 사용하는 시스템을 말한다. 가게에서 결제할 때 바코드 리더기로 상품을 읽고, 컴퓨터 단말기 화면에 상품 품목 등이 표시되고, 카드 혹은 현금 결제를 하는 시스템이다. 두 번째는 옷 가게에서 많이 볼 수 있는 시스템으로 컴퓨터 단말기 없이 바코드를 인식하지 않고, 비교적 작은 크기의 단말기를 통해 판매금액을 직접 입력하여 결제하는 시스템이다.

POS는 종합적인 관리가 가능한 시스템이다. 품목별로 제품 정보를 입력할 수 있어서, 바코드만 읽으면 제품에 관한 정보가 추출된다. 재고 관리도 입고와 판매 수량만 정확하게 입력하면, 판매 시점에서 재고 수량을 쉽게 파악할 수 있는 장점이 있으며, 디스플레이 화면을 통해 회원 정보 관리가 가능하다. 이외에도 일 마감, 월 마감 등 다양한 회계 관리가 가능한 시스템이다. 하지만 그에 따른 비용이 있다. 월 2만 5천 원~4만 원 정도의 사용료가

소계			19	232,200	회원정보		비고
바코드	책/음료	세부내역(책 제목)	단가	수량	금액	이름	휴대폰	비고
1111111111192	음료	아이스아메리카노	4,000	1	4,000			
1111111111130	음료	오설록덖음차	4,000	1	4,000			
9788937460470	책	호밀밭의파수꾼-47(세계문학전집)	8,000	1	8,000	박OO	010-2222-3456	
9791195216109	책	잊잖아누구씨	19,500	1	19,500	이OO	010-0000-1234	
9791196075170	책	운다고달라지는일은아무것도없겠지만	12,000	1	12,000	임OO	010-1111-2345	
1111111111192	음료	아이스아메리카노	4,000	1	4,000	임OO	010-1111-2345	

월	일	책/음료	공급처	합계:수량	합계:금액
2	20	굿즈		3	12,000
		기타		2	40,000
		음료		19	78,500
		책	독립서적	7	60,000
			북센	3	52,500
총합계				34	243,000

NO	분류	구분	제목	저자	출판사	출고일	수량	판매일	수량	판매금액
1000	판매	독립서적	흩날리는밤	김동현				2.19 화	1	6,000
1001	판매	독립서적	우리는사랑사형화	김동현				2.19 화	1	6,000
1002	판매	독립서적	나도내가공유하_나의괜한말_좋은생각미니명언집11		좋은생각			2.19 화	1	3,000
1003	판매	독립서적	브레드의이야기	강다사항				2.19 화	1	18,000
1012	구매	북센	동물농장-5(세계문학전집)	조지오웰	민음사	2.20 수	1			
1013	구매	북센	너는너를살고있니	김솔	마음산책	2.20 수	1			
1014	구매	북센	횡(환강소설)	한강	문학동네	2.20 수	1			
1015	구매	독립서적	지금여기에서_시작의말_좋은생각미니명언집8		좋은생각	2.20 수	5			
1016	구매	독립서적	완벽하지않아도_결혼의말_좋은생각미니명언집9		좋은생각	2.20 수	10			
1019	구매	북센	로빙의미래(틸리나와의대화)	틸리나노르베리호지	남해의봄날			2.20 수	1	16,000
1020	구매	독립서적	봉홀비전	김봉홀				2.20 수	1	7,000
1021	판매	북센	트렌드코리아2019	김난도.전미영 외	미래의창			2.20 수	1	17,000
1022	판매	독립서적	이상해	김동현				2.20 수	1	10,000
1023	판매	독립서적	나너그리고우리	수진				2.20 수	1	10,000

월	(모두)
날짜	(모두)
저자	(다중 항목)
출판사	(모두)

	값		
제목	구분	합계:구매	합계:판매	합계:재고
---	---	---	---	---
꽃을보듯너를본다	교보	3	3	-
	북센	2		2
나태주의필사화집(나태주가그리고쓰다)	북센	4	2	2
너무멀리까지는가지말아라사랑아	북센	1		1
좋다고하니까나도좋다(나태주산문집)	북센	1		1
총합계		11	5	6

회원명	Mobile	중복 참고	지역	직언	특징	가입일	인적 포인트	적립 포인트	율	구매합계	1	2	3	4
강O희	010-0000-9640	9640	1			'18.03.08일	1,350	1,350	5%	27,000	15,000	12,000		
강O라	010-0000-7643	7643	1			'18.05.13일	750	750	5%	15,000	15,000	3/29 궁극의 미니멀라이프		
강O민	010-0000-1234	1234	1			'18.08.11일	2,550	2,550	5%	51,000	51,000			
강O영	010-0000-0027	0027	1			'18.02.07일	7,880	7,880	5%	157,600	11,500	70,300	31,300	44,500
강O주	010-0000-9825	9825	1			'18.11.03일	600	600	5%	12,000	12,000			
강O희	010-0000-2381	2381	1			'18.02.24일	3,340	3,340	5%	66,800	25,800	25,000	16,000	
강O지	010-0000-0215	0215	1			'18.12.23일	690	690	5%	13,800	13,800	'18.5.5 커피는 어렵지 않아		
강O경	010-0000-2499	2499	1			'18.04.12일	745	745	5%	14,900	14,900			
강O숙	010-0000-8921	8921	1			'18.07.12일	1,945	1,945	5%	38,900	14,900	2		

〈이미지 _ 엑셀로 관리하는 매출, 재고, 회원관리 예: 책인감〉

있는데, 몇 년 전까지는 프로모션 등을 통해 저렴하거나, 일정 건수 이상 사용 시 무상 지원도 가능했으나, 최근에는 대부분 유료로 제공한다.

또한 POS라고 해서 상품 등록부터 재고 관리까지 자동으로 하지는 않는다. 즉, 관리자가 정확한 정보(재고 입고, 제품 정보 등)를 입력해야만 이를 근거로 운영되는 시스템이다. 바코드 시스템을 기반으로 다양한 품목을 등록, 관리할 수 있고, 여러 품목을 다루면서 품목마다 가격이 정해져 있는 경우에 사용이 편리하다.

다음은 카드 단말기만 사용하는 경우이다(현금영수증 발행 가능). 이는 단말기 자체에서는 품목 관리를 할 수 없고 금액만 입력하여 결제하는 시스템이기 때문에 비교적 사업 규모가 작은 가게나, 품목이 적으면 혹은 에누리나 할인을 통해 판매 가격이 자주 바뀔 때에 주로 사용한다. 카드 단말기 사용료는 월 1만 1천 원 수준이나(일시불로 구매할 경우 10여만 원) 카드단말기 회사가 무상으로 제공하는 때도 있다. 단말기의 기종에 따라 조금씩 다르지만, 단말기에 판매 정산 기능이 있어도 입력 장치와 디스플레이에 한계가 있어서 판매/재고 수량, 판매 금액, 회원 정보 등은 별도로 관리해야 한다. 이를 위해 PC에서 엑셀 같은 스프레드시트를 활용하여 관리하거나, 종이 장부를 활용하여 관리하는 것이 필요하다. 그렇지 않으면, 단말기에 등록된(카드 결제 시스템에서 확인된) 카드, 현금 판매 건수와 금액을 알 수는 있지만 무엇을 얼마큼 팔아서 얼마큼 수익이 났는지 알 수 없다. 더구나 재고도 따로 관리하지 않으면 재고 수량 파악이 어렵다. 1인 가게를 하면 수입과 지출이 모두 한 주머니에서 나가기 때문에 일일 정산이나 재고 관리가 정확하지 않더라도 운영하는 데 별문제가 발생하지 않는다. 그러나 수익을 분석하고, 재고 관리나 회원 관리가 정확하게 되지 않으면 고객 응대에 어려움을 겪을 수 있다. 손님이 찾는 책이 재고가 있는지, 어디에 있는지 확실치 않다면 손님에게 불편을 줄 수가 있고, 손님이 언제, 무엇을 샀는지 모른다면 책에 관한 상담을 제대로 하기 어렵다.

책인감에서 단말기와 엑셀 그리고 바코드 리더기를 활용하여 관리하는 방법에 관해 알아보자.

우선 책인감에서는 (카드) 단말기를 사용하고 있다. 앞에서 설명한 대로 POS는 비용대비 나에게 그만큼의 효율을 제공해 주지 못하는 점도 있으나, POS에서는 제공되는 양식이 정해져 있어서 내가 맞춰야 한다. 나는 엑셀을 잘 다루는 편이고, 내게 필요한 양식은 엑셀로 관리할 수 있기 때문에 '단말기 & 엑셀'을 사용한다.

우선 단말기 사용 시 주의할 점은 책은 면세 상품이고, 음료나 굿즈는 과세 상품이기 때문에 면세와 과세를 구분해서 입력할 수 있도록 화면 세팅을 해야 한다.

초기에 판매 관리할 때는 매일 판매분을 다이어리에 적어서 이를 엑셀로 옮기는 작업을 했다. 판매분에 관해 품목, 수량, 판매 금액을 표기하고, 회원 정보(책 구매 시 5% 적립)를 이름과 휴대폰 번호로 입력했다. 책은 판매된 수량, 금액과 입고된 수량, 금액을 엑셀 시트에 입력하고 이를 엑셀의 피벗이라는 기능을 활용하여 재고 현황을 관리했다. 피벗이란 엑셀에 책을 제목과 구분자(입고 처에 따라 북센, 교보, 독립서적, 기타로 구분), 저자, 출판사, 판매 수량, 입고 수량 등을 입력하면 이를 변환하여 책 제목별, 저자별, 출판사별로 요약된 표를 제공하는 기능이다. 그래서 이를 통해 현재 재고가 몇 권인지 파악하기 쉽고, 월별 판매, 입고 수량 등 원하는 방식으로 내용을 정리할 수 있다. 마찬가지로 판매관리에서도 피벗을 활용해서 일 판매, 월 판매, 품목별(책, 음료, 굿즈) 판매 현황 그리고 판매 마진에 대해 기간별 요약된 표로 정리할 수 있다.

일일 판매 관리는 매번 수기로 적고 나서 엑셀로 입력하는 작업을 했었다. 그런데 고객 응대 시 판매책을 적는 데 오랜 시간이 걸린다는 문제가 있었다. 여러 권의 책을 사거나, 여러 사람이 한꺼번에 몰릴 경우 서비스 측면에서 부족하게 느껴졌고, 빠뜨리거나 잘못 적는 경우도 가끔 생겼다. 그래서 이를 보완하기 위해 바코드 리더기를 샀다. POS를 써야만 바코드 리더기를 쓸 수 있다고 오해하는 사람들이 많은데 이는 별개의 장치이다. 즉 바코드 리더기만 따로 구매할 수 있는데 인터넷에서 3만 원~7만 원 정도에 구매할 수 있다. QR코드 겸용 리더기도 있으나, 책은 대부분 바코드(ISBN)로 관리되고 있어 바코드 리더기를 샀다. 바코드 리더기는 바코드를 숫자로 읽어주는 장치이다. 즉 엑셀의 셀에서 값을 입력하듯 바코드를 읽으면 숫자가 입력되는 장치이다. 이를 위해 내가 가진 모든 책과 음료, 굿즈에 있는 바코드를 기초(마스터) 데이터로 관리해야 한다. 즉, 해당 바코드 번호를 기준으로 품목, 제목/이름, 저자, 출판사, 판매가, 매입가 등을 엑셀에서 정보로 입력했다. 매번 새 책이 오면 이를 입력하는데, 북센(책 도매상)에서는 구매 책의 바코드 정보를 포함한 입고 책 정보를 엑셀 양식으로 제공하고 있어서 어렵지 않게 입력하고 있다.

여기서 하나 보완해야 할 점이 있다. 상당수의 독립서적은 바코드(ISBN)를 갖고 있지 않고, 또 커피 외 음료나 굿즈 등 바코드가 없는 것이 많다. 이에 대응하는 방법은 두 가지가 있다.

바코드로 관리하는 것은 판매 시점에 바코드만 읽으면 해당 정보를 마스터 데이터에서 가져온다는 것이다. 그렇다면 바코드가 없는 상품들에 대해 바코드를 만들어 주거나 바코드를 대신할 이름을 만들면 된다. 백화점에서 옷을 살 때 판매 점원이 A4 종이에 여러 개의 가격 바코드가 프린트되어 있고 이를 리더기로 읽는 것을 본 적이 있을 것이다. 이는 바코드 생성기를 통해 판매 가격별로 바코드를 미리 만들어 놓은 것이다. 마찬가지로 내 가게에서도 바코드를 인터넷에서 제공하는 무료 바코드 생성기를 통해 만들어서 붙여 놓을 수 있다. 생성된 바코드를 책과 상품에 직접 붙여 놓을 수도 있고, 바코드 표를 만들어 놓고 별도로 관리할 수 있다. 그러나 이 방법은 새로운 바코드 없는 책이 입고될 때마다 바코드를 생성해야 하는 번거로움이 있고, 또한 이를 책에 스티커로 붙이는 불편함이 있다.

두 번째 방법은 바코드는 결국 유니크한 입력 번호를 통해 정보를 가져오는 것인데, 책 제목으로 바코드를 대신하는 것이다. 즉, 마스터 데이터에서 바코드 대신 한글 제목으로 대체하고, 판매 시점 엑셀 표에서는 바코드 없는 상품은 제목으로 입력하여 정보를 가져오면 된다. 대신 주의할 점은 책을 포함한 모든 제목은 여백 없이 붙여쓰기로 관리하라는 것이다. 엑셀에서 검색 기능을 사용할 때 띄어쓰기에 따라 검색이 안 되기도 하므로 이를 '유

130

니크한 코드' 관리 측면에서 여백을 없애는 것이 편리하다.

회원 관리에 관해 살펴보자. POS의 편리성은 판매된 정보를 회원 번호에 입력하면 자동으로 회원별로 판매 정보를 관리할 수 있다는 것이다. 판매 정보는 곧 회원 포인트로 관리되어 손쉽게 누계 및 사용 여부도 관리할 수 있다. 나는 이것을 엑셀에서 표현하기 위해 회원별로 판매 포인트 계산식으로 만들고, 매번 구매한 도서 금액과 포인트 사용액을 입력하여 관리하고 있다. 구매한 날짜와 도서명은 엑셀의 '메모' 기능을 활용하여, 판매 금액이 입력되는 셀에 삽입하여 관리하고 있다. 이를 통해 고객 구매 시점에 회원 번호를 확인하여 이전에 구매한 책은 어땠는지 물어보기도 하고, 구매 이력을 통해 다음 살 책을 추천할 수도 있다.

이렇게 내가 엑셀로 관리하는 것은 처음에는 어색할 수 있으나, 엑셀의 다양한 기능을 활용하여 유용하게 쓸 수 있다. 또한 내가 원하는 양식으로 편집할 수 있기 때문에 이 또한 편리하다. 다만 엑셀을 잘 모르는 경우에는 내가 필요한 점이 무엇인지 고민해보고 주변에서 엑셀의 도움을 받는 것도 좋을 듯하다.

POS를 쓰느냐, 카드 단말기만 쓰냐는 사실 중요하지 않다. 내가 필요한 것을 어떻게 효과적으로 사용할 수 있는지가 가장 중요하다.

동네책방 운영의 모든 것 TIP

1. 판매, 재고, 회원 관리

- 책방에서 판매하는 책이나 굿즈의 경우 판매와 재고 관리가 연동되어 야 한다. 판매 수량만큼 재고가 줄어야 하고, 입고 수량만큼 재고 수량 이 늘어나야 하기 때문이다. 판매와 입고되는 시점에 입출고 등록 관리가 무엇보다 필요하다.(포스에 재고관리를 정확하게 하려면 재고 입고와 판매를 정확하게 입력해야 한다)
- 신규 책은 ISBN(바코드) 정보를 POS 나 제품 정보에 입력해야 한다.
- 굿즈나 음료는 별도로 바코드를 부여하거나 이름으로 관리를 해야 한다. 특히 판매 담당자가 자주 바뀌는 경우(아르바이트)에는 POS로 관리해야 여러모로 편리하다.
- 바코드 없는 굿즈는 무료 바코드 생성기로 만든 바코드로 라벨을 붙여 놓으면 관리가 편리하다.
- 회원 관리는 POS로 관리하면 매출과 연동하여 관리할 수 있다(포스기 앞에 회원번호 입력 장치를 추가할 수 있다). 엑셀로 관리할 경우 매번 판매 내역을 입력해야 한다. 카페의 경우 쿠폰으로 관리하면 편리하 나, 책은 가격이 천차만별이어서 쿠폰으로 관리하는 것은 어렵다.

독서란 단지 책을 읽는 것만이 아니다. 책방 서가에서 책을 고르는 것도 독서의 중요한 과정 중 하나이다.

이 책은 나랑 잘 맞는다고 하면 그 작가 쓴 다른 책을 고르거나 비슷한 분야의 책을 읽어보고, 혹 이 책은 나랑 안 맞는다고 하는 것을 알아가는 것도 독서의 과정 이다. 그런 독서의 과정을 체험할 수 있는 나만의 동네책방을 만들고 싶다.

에피소드 2부 : 책방 운영하기

11 책은 어디에서 공급받나? / 136

12 독립출판물 거래 시 고려사항 / 146

13 나만의 책 큐레이션 / 156

14 책방에 어울리는 굿즈, 나만의 굿즈 / 162

15 독서 모임을 한다는 것 / 168

16 다양한 강좌를 시작하다 1 : 자체 운영 강좌 / 176

17 다양한 강좌를 시작하다 2 : 지원사업을 활용한 강좌 / 183

18 와인모임, 즐거움을 찾는 시간 / 188

19 책 쓰기 모임 그리고 1인 출판 과정 배우기 / 194

20 동네책방과 지원사업 / 199

21 도서관 납품에 관해 / 207

22 구독서비스 : 책 구독 서비스를 제공하는 동네책방 / 215

23 언택트 시대에 책방이 할 수 있는 것 / 218

⑪ 책은 어디에서 공급받나?

"책을 추천할 때는 문학적, 인문적 감성을 갖더라도, 책을 공급받을 때는 비즈니스적 사고를 갖자."

책방을 운영한다면 가장 기본이 되는 판매 물품은 책이다. 그런데 책은 어디서 공급받을 수 있을까? 처음 책방을 운영하는 사람은 도서 공급을 어디서 받는지 잘 모르는 경우가 많다. 사실 책방을 운영하는 책방지기도 한두 곳 외에 모르는 경우도 많다. 최근 몇 년 사이에는 새로운 공급 경로가 생기고, 독립출판물의 경우 개인에게 공급받는 방식이기 때문에 일반적이지 않다. 공급 방법과 거래 조건에 따라 내 책방에 들여오는 책을 정해야 한다.

책은 특성상 한 해에도 수만 종의 책이 나오고, 기존에 출간된 책을 포함하면 수십, 수백만 종의 책이 있다. 이를 공급 측면에서 생각해 보자. 일반적으로 시중에 판매되고 있는 소설이나 에세이를 비롯한 책은 단행본이라 한다. ISBN(바코드)이 부여된 책은 도서 전문 도매상을 통해 오프라인 혹은 온라인 서점에서 판매하고 있는 책을 말한다. 단행본은 대부분의 서점이 판매할 수 있는 책이다. 독립출판물은 개인이나 소규모 출판사에서 만들어 기존 도매상에 공급하지 않고 개별 거래로 동네책방(독립서점)이나 독립출판 페어 등에서 판매하는 책을 말한다. 예전에는 독립출판물은 ISBN 없이 거래하는 경우가 많았지만, 최근에는 1인 출판사로 등록해서 ISBN을 발행하는

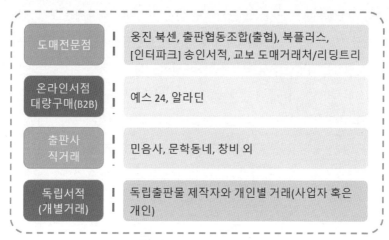

도매전문점	웅진 북센, 출판협동조합(출협), 북플러스, [인터파크] 송인서적, 교보 도매거래처/리딩트리
온라인서점 대량구매(B2B)	예스 24, 알라딘
출판사 직거래	민음사, 문학동네, 창비 외
독립서적 (개별거래)	독립출판물 제작자와 개인별 거래(사업자 혹은 개인)

〈이미지 _ 책을 공급의 분류〉

경우도 늘고, 개별 거래로 동네책방에 공급하거나 네이버 스마트스토어에서 판매하다가 일반 도매상 거래나 온라인 서점에서 판매하는 경우가 늘어나고 있어 명확하게 단행본과 독립출판물을 구분하기는 어렵다. 다만 유통이라는 측면에서 도매상이나 온라인 서점에서 판매하지 않는 책을 독립출판물로 보는 것이 일반적이다.

동네책방의 처지에서 보면 모든 책을 공급받을 수 있는 것은 아니다. 학습서나, 초중고 교재는 공급이 제한되어 있기도 하고, 일부 전문 서적의 경우에도 공급이 제한되어 해당 분야 전문 유통점을 통해야만 공급받을 수 있는 경우도 있다.

우선 일반적인 단행본 도서를 공급받는 방법에 대해 알아보자.

첫 번째는 전문 도매상을 통해 책을 받는 방법이다. 국내에는 도서 전문 도매상으로 (웅진) 북센, (인터파크) 송인서적, 출판협동조합, 북플러스가 있다. 도매상은 다양한 출판사와 서점을 연결해서 도서 공급을 대행하는 것이다. 서점은 도매상을 통해 대체로 65~75% 정도의 공급률로 받을 수 있다. 공급률이란 동네책방이 도매로 공급받는 정가 대비 가격을 말하는데 출판사가 도매상에 공급하는 가격과 도매상 마진에 따라 공급률이 정해지기 때문에 개별 도서마다 공급률이 다르다. 또한 출판사 정책에 따라 모든 도매상과 거래하지 않고 일부 도매상만 거래하는 경우가 있어 내가 거래하는 도매상에는 비 거래로 공급받기 어려운 도서도 의외로 많다. 일부 전문 도서나 출판사 정책에 따라 말도 안 되는 높은 공급률(80~90%)의 도서도 있다.

도매상과 거래 시 지역이나 거래량, 계약 방식에 따라 거래 조건에 차이가 있다. 북센의 경우 계약 조건에 따라 오더북이란 시스템으로 거래하는 방식과 B2B라는 시스템으로 거래하는 조건이 다른데, B2B로 거래 시 공급률이 다소 높고, (화물)택배 방식의 거래로 인해 조건이 다소 불리하다. 물류에서도 수도권은 직배송 물류 차로 배송하지만, 배송 동선에 따라 물류 차 배송이 불가한 지역은 배송 시간도 오래 걸리고, 불편을 감수해야 하는 경우도 있다. 도매상 거래의 경우 대체로 반품이 가능하지만, 교보문고나 예스24보다 취급 종수가 적어서 비거래 도서가 꽤 많은 단점이 있다.

두 번째는 교보문고에 도매거래처 등록을 통해 거래하는 것이다. 교보문고는 오프라인 서점과 온라인 서점에서 소매로 판매하고 있지만, 도매 거래도 하고 있다. 사실 같은 소매를 하는 입장에서 교보의 도매를 이용하고 싶은 마음은 크지 않다. 그러나 현실적으로 도매상에서 공급받을 수 없는 도서도 대부분 교보문고에서는 공급받을 수 있다. 이 때문에 동네책방은 도매상 한두 곳만 거래해서는 모든 책을 공급받을 수 없다. 그래서 교보문고를 비롯한 다른 도매 거래 방법도 알고 있어야 손님 응대에 유리하다.

교보문고와 도매 거래하는 방법은 '도매유통 서비스'를 이용하는 방법과 '리딩트리'란 독립서점/동네서점 거래 시스템으로 거래하는 방법이 있다. 리딩트리는 독립서점/동네서점과 거래 계약을 맺고 도매거래로 도서를 공급하는데 1권부터 택배로 공급하고, 책의 종류에 상관없이 단일 공급률로 공급한다. 그런데 리딩트리는 2019년부터 시범운영하고 있으나 현재는 신규 가입을 받지 않는다(기존 가맹점은 운영 중). 교보문고의 '도매유통 서비스'는 도매계약을 통해 책을 공급받는 방식으로 도매상과 거래하는 것과 같은 방식이다. '도매유통 서비스' 거래를 위해서는 교보문고의 각 지점과 계약하는 방식으로 담보를 제공해야 하는 조건이 있다. 부동산, 질권, 보증보험 등의 담보 설정을 해야 한다. 리딩트리가 택배 방식으로 배송한다면, '도매 유통 서비스'는 교보문고 물류 차를 통해 배송하는 것을 기본으로 하고, 소량은 택배로 제공하는 방식이다. 교보문고에서도 서비스망 구축과 개선을 통해 거래조건이 계속 변화하고 있는데, 2022년 2월 기준으로 월 6만 6천 원의 물류비를 지급해야 하며 월 300권 이상 주문 시 무료 배송으로 전환된다. 교보문고 도매의 장점은 국내에서 출간된 대부분의 책을 공급받을 수 있다는 것이지만 판매량이 많지 않은 동네책방은 물류비와 담보 설정에 대한 부담이 있다.

세 번째는 예스24, 알라딘에서 대량 구매(기업 구매)로 거래하는 방법이 있다. 이는 사업자 간 B2B 도매거래를 하는 방식인데, 책을 정해서 대량 주문 의뢰하면 예스24 등에서는 견적서를 제공하고, 이에 동의하면 구매 절차를 진행하게 된다. 총 견적 금액에 따라 공급률이 달라지는데 대략 50만 원 이상 구매 시 도매상에 받는 공급률과 비슷해진다. 책 판매량이 많지 않은 동네책방의 경우 도매상 한 곳만 거래하는 경우가 많은데, 도서관 납품 등을 진행할 때 이를 이용하는 것도 한 방법이다. 대형 온라인 서점에서는 유통하는 대부분의 책을 공급받을 수 있다.

(도매상에서 도서관 납품 대행할 때는 비 거래 도서도 공급이 가능하다. 비 거래 도서를 포함한 납품용 공급은 반품 불가 조건으로 공급률은 다소 낮아진다. 그러나 납품 수량이 많을수록 도서 공급률과 작업 편리성을 비교하여 검토해야 한다)

네 번째는 출판사와 직거래하는 방법이다. 원하는 책이 있을 때 해당 출판사에 연락해서 직접 사는 방식이다. 출판사 정책에 따라 직거래를 하지 않는 출판사도 있고, 거래가 가능한 출판사도 무료 배송 조건이 다르기 때문에 확인 후 주문해야 한다. 그림책 분야의 경우 전문 출판사와 직거래하는 서점도 있고, 민음사와 문학동네 등에서는 동네서점 에디션 책을 주문하거나, 기타 단행본을 주문할 때 가능한 동네서점 주문 시스템을 구축하고 있다. 그러나 출판사와 직거래하는 경우 공급률에 이점이 있지만, 반품 불가로 인해 판매에 자신 있는 도서를 중심으로만 운영할 것을 권한다.

그 외에도 지역에 따라 도매 총판이 있는 경우도 있다. 예전에는 전국 규모의 도매상 외에도 지역마다 도매 총판이 많았지만, 지금은 도매 총판이 많이 없어졌다. 그러나 일부 지역에는 도서관 납품을 대행하는 업체가 도매 총판을 겸업해서 책방에 책을 공급하기도 한다. 그림책 시장은 일반 단행본 시장과 별도로 그림책을 전문으로 다루는 총판이 있다. 그림책을 주로 다루는 책방을 운영하고 싶다면 그림책 전문 총판과 거래하는 것도 알아보는 것이 좋다.

책을 공급받는 동네책방 처지에서 보면, 도매상(북센, 출판협동조합, 송인서적, 북플러스 등)을 통해 책을 받는 경우 물류 차가 직배송하는 경우와 택배로 배송하는 경우로 나눌 수 있다. 도매상과 맺은 계약조건에 따라 다를 수 있으나, 책인감에서 거래 중인 북센의 경우 평일 기준으로 자정까지 주문하면 다음 날 물류 차가 직접 배송해주고 있다. 이는 수도권은 북센 물류 차가 직접 배송하는 지역에 해당하고, 지방이나 물류 차가 배송하지 않는 지역은 택배로 받는데 배송 시간이 더 걸리기도 하고, 배송 우선순위에서 밀리기도 한다. 동네책방은 대체로 가진 책 수량이 많지 않으니, 없는 재고의 책은 신속하게 구할 수 있어야 경쟁력이 있다.

출판사는 규모에 따라 도매상과 대형 온라인 서점 모두에 납품하지 않는 경우가 많다. 동네책방에서는 도매상의 경우 1~2곳만 거래하는 경우가 많은데, 동네책방이 1개 도매상만 거래하면 공급받지 못하는 책이 많다. 또한 공급 가능한 책도 재고 수급이 원활하지 않은 경우도 있다. 그래서 책방이 한 곳의 도매상만 거래하는 것은 바람직하지 않다. 출판사와 직거래할 수도 있으나, 동네책방과 직거래하지 않는 출판사도 많고, 현금매입 조건이나 반품금지 등으로 인해 거래가 부담되는 경우가 많다. 그러니 교보문고 도매나 예스24, 알라딘 대량 구매의 방법도 알아야 한다.

책인감은 북센을 통해 단행본의 80% 이상 공급받고 있으며, 교보문고 리딩트리를 통해 나머지 부족한 책의 대부분을 공급받고 있다. 동네책방에서 책 큐레이션을 잘하기 위해서는 안정적인 공급이 필수이고, 책을 공급받는 방법에 따른 가격 차이를 살펴야 한다. 또한 얼마나 빨리, 안정적으로 배송되는가에 따라 고객 서비스 품질이 달라지므로 내 책방에 공급 최적화를 위해 공급 시간, 가격 및 안정성에도 신경 써야 한다.

책인감은 주말에 판매된 책을 포함하여 보통은 일요일 저녁에 주문한다. 기본 주문은 북센을 통해 주문하지만, 비 거래 책이나 공급률이 높은 책은 다른 공급처에서 주문하기도 한다. 주중에는 판매된 책 주문 외에도 고객 주문 책이 있으면 최대한 빨리 공급받을 방법으로 주문을 검토한다. 도서관 납품이 있으면 MARC(도서정보 입력), 장비 작업(바코드/도서분류 스티커, RFID, 도서관인 작업 외)이 필요한 경우 웅진북센의 납품지원시스템을 이용하거나 그 지역 도서 납품 전문 회사의 도움을 받을 수도 있다. MARC/장비 작업이 필요하지 않은 대량 납품의 경우 웅진북센과 교보 리팅트리를 통해 책을 구하기도 하지만 예스24의 대량 구매 등도 고려해서 납품에 필요한 책의 가격, 안정성, 편리성에서 최적화하는 데 노력하고 있다.

📖 주요 도매 거래처 현황

1. 전문 도매상

가. 웅진북센

- 세 가지 거래 방식 : 출판물 판매위탁계약, 선입금(현매), B2B 방식

1) 판매위탁계약은 서점에 일정 여신 한도 내에 위탁하며, 매월 일정 금액(외상 매출의 15% 이상)을 결제하는 방식. 오더북이란 시스템을 통해 주문하고, 수도권은 대체로 직영물류 차 배송을 하나, 물류 배송 가능지역이 아닌 곳은 택배로 배송한다.

2) 선입금은 방식은 선 입금된 금액만큼 책을 구매하는 방식이며 거래 방법은 판매위탁과 동일하게 운영한다.

3) B2B 시스템은 규목가 작은 서점 대상이며 오더북 대비 공급율에 차이가 있다. 결재는 카드 결제도 가능하며, 5만 원 이상 주문 시 무료 배송하며 반품 불가 조건이 있다.

북센이 모든 출판사와 거래하지 않아서 공급받지 못하는 책도 많다. 출판사에 따라 공급률도 다르고, 특정 책은 80% 이상인 경우도 있어 거래 시 주의해야 한다. 도서관 납품 시 MARC, 장비 작업 대행도 가능하며 이때는 비 거래 책도 대부분 공급 가능할 수 있으나 공급률이 다소 높다. (납품용 공급가는 일반 공급가 대비 추가 할인된 가격이 적용되며, 대신 반품 불가 조건이다)

나. 출판협동조합

- 출판사가 모여서 만든 도매거래처

다. 인터파크 송인서적

- 2017년 1월 부도 이후, 인터파크에 인수되어 정상화 과정을 통해 운영되어 왔다. 그러나 안정적인 운영이 되지 않아서 2020~2021년 매각을 진행했으나 인수가 진행되지 않고 있다.

라. 북플러스
- 지방에서는 북플러스와 도매거래하는 책방이 많다.

2. 교보문고 도매 거래
- 리딩트리는 2019년부터 시범 운영하고 있는 독립서점/동네서점 도서공급 방식으로 교보문고의 다양한 책을 도매 거래할 수 있는 시스템이다. 책의 종류와 상관없이 단일 공급률로 공급하며, 택배로 소량 공급 가능하며, 일반적인 인터넷 구매처럼 카드, 계좌이체, 휴대폰 결제가 가능하다. 단순 변심 반품은 불가하다. 2020년 이후 신규 가입을 받지 않고 있다(기존 가입점만 유지)
- 도매 유통 서비스 등록. 교보문고는 2020년부터 본격적인 도매를 운영하고 있다. 교보문고의 각 지역점포와 계약서를 작성하여 거래할 수 있으며, 거래시 담보설정(500만원 이상)을 해야 하며 일부 지점은 선입금계약으로 대체하는 경우도 있다. 기본 배송은 물류차로 하나, 소량은 택배로도 공급하며 택배비 명목으로 월 6만 6천 원을 서점에서 부담하며, 일정 수량(300권) 초과 시 물류비 부담이 면제된다.

3. 예스24, 알라딘 대량 구매
- 예스24, 알라딘에서는 대량 구매라는 방식으로 공급 받을 수 있다.

소매가 아닌 B2B 도매 거래이며, 주문 수량 및 도서 종류에 따라 견적가(공급율) 차이가 있으니, 이를 확인 후 주문하면 된다.

4. 출판사 직거래
- 출판사마다 정책에 따라 동네책방 직거래가 가능한 경우가 있다. 그러나 직거래를 하지 않는 출판사도 많다. 인력 관리에 어려움이 있기 때문이다.
- 민음사, 문학동네 등 일부 대형 출판사는 동네서점 직거래 시스템을 구축한 경우도 있다. 동네서점 에디션을 꾸준하게 출시하며 출판사의 다른 도서와 함께 구매할 수 있는 경우 공급률 할인의 혜택이 있지만, 일정 금액 이상을 구매해야 하고, 반품 불가이기 때문에 신중한 판단이 필요하다
- 출판사마다 동네서점 에디션 책을 출간하는 경우도 많고, 그때마다 동네서점에 적극 홍보를 하고 있는데 다소 과도한 경우도 있고 도매상에서도 공급받을 수 있는 동네서점 에디션도 있으니 서점에서는 선별해서 구매하는 것이 좋다.

5. 기타
- 지역에 도서 총판이 있는 경우 이를 통해 공급받을 수 있다. 최근에는 지역 총판이 많이 줄었지만, 지역에서 도서관 납품을 대행(MARC, 장비 작업)하는 업체에서 도매 총판을 겸하는 경우도 있고, 그림책을 전문적으로 취급하는 총판도 있다.

독립출판물 거래 시 고려사항

독립출판물	위탁 vs 현매 계산서 발행 vs 미발행 ISBN(바코드) 발행 vs 미발행 포장 & 샘플북 여부 정산 주기 월, 격월, 분기 일반 유통 vs 독립출판 유통

　　동네책방을 운영하면 독립출판물 입고 제안을 많이 받게 된다. 동네책방 중에는 독립출판물을 취급하지 않아 입고 제안을 거절하는 곳도 있고, 다른 책방과의 차별성을 위해 취급하는 곳도 있고, 독립출판물을 전문적으로 취급하는 책방도 있다.

　　동네책방에서 독립출판물을 취급하느냐는 선택사항이다. 그런데 독립출판물을 취급한다면 몇 가지 고려할 사항이 있다. 대부분 독립출판물은 위탁으로 거래하는 경우가 많다. 현매(현금매입)만 하는 제작자도 있지만, 위탁(판매 후 정산)의 경우가 훨씬 많다. 책방에서는 위탁이 부담 없다고 독립출판물 재고를 너무 늘리면 어느 순간 관리해야 할 일이 많아져서 제대로 관리할 수 없게 된다. 독립출판물은 제작자(저자)와 일대일로 협의하여 진행하니 거래마다 조건도 다를 수 있고, 재고, 입금 등 관리할 일이 많다. 그래서 취급 책 종류가 많아질수록 관리 부담이 증가한다. 일반적으로 독립출판물

20~30종까지 관리하는 데 어려움이 없던 책방도 그 이상 취급 시 체계적으로 관리하지 않으면 정산과 재고관리에 문제점이 나타나기도 한다. 그래서 독립출판물을 현매로만 취급하는 책방도 있다.

또한, 독립출판물은 개인 창작품으로 만들어지는 경우가 많아서 책마다 완성도에서 차이가 크고, 일반 손님에게 판매하기 어려운 경우도 많다. 그렇다고 독립출판물 하나하나 읽어보면서 입고를 결정하는 것도 일이 너무 많아서 어렵기도 하다. 물론 잘 만들어진 독립출판물은 독자의 선택을 많이 받기도 하고, 찾아오는 사람들이 생겨나기도 하지만 개인 창작물로 잘 알려지지 않아서 판매하기 어려운 경우가 많다. 그렇다고 책방에서 독립출판물이 잘 보이도록 펼쳐놓고 판매하는 것도 공간상 제약이 있다. 그래서 책인감은 네이버 스마트스토어를 통해서도 판매하고 있다. 이때도 책 소개자료를 스마트스토어에 업로드 해야 하는데 자료를 알아서 잘 보내주는 저자도 있지만, 없는 경우는 내가 자료를 만들어서 업로드 하는 경우도 있다. 특히 스마트스토어와 오프라인 판매를 병행하는 경우 온라인 실시간 재고를 제때 업로드 하지 않으면 재고 관리에 문제가 생기기도 한다.

독립출판물 취급 시 책방의 차별성(일반 서점과 다른 책도 판매한다는)을 얻을 수 있지만, 취급 종수가 늘어날수록 체계적인 관리를 하지 않으면 일이 많아지고, 곤란한 상황의 발생이 늘어나니 이점을 고려해서 독립출판물 취급을 고려해 보자.

📖 독립출판물 입고 시 고려할 가격과 마진에 대해

독립출판물 입고 시 주의해야 할 사항이 있다. 일대일로 거래하니 거래 조건뿐 아니라 관리하는 방법도 생각해야 한다.

독립출판물의 입고 시 결제 방법으로 매입과 위탁이 있다. 매입은 책 입고 시점에 책값을 지불하는 것이다. 이 경우 재고 부담이 책방에 생긴다. 위탁은 책방에 입고 후 일정 기간 판매 후 사후 정산하는 방법이다. 독립출판물 제작자에 따라 매입과 위탁을 동일한 공급가로 운영하는 경우도 있지만, 대체로 5% 혹은 10% 차이를 두는 경우가 많다.

독립출판물 중에는 ISBN(바코드)을 발행한 정식 출판물도 있고, ISBN 없이 사적으로 유통하는 경우도 있다. ISBN은 출판사만 신청할 수 있는데 개인이 책을 제작하는 경우에도 출판사를 등록해서 신청하거나, 출판사에 위탁하여 등록하지 않는다면 계산서 발행은 안 된다. ISBN을 발행한 경우라도 사업자가 아닌 개인이 유통하는 경우에도 계산서 발행이 안 되는 경우가 있다. 계산서 발행은 매출, 매입 신고에 관한 문제도 있지만, 소득세에 관련해서 제작자의 소득세를 책방에서 부담할 수도 있으니, 계산서 발행 여부를 공급가에 반영할 수도 있다.

▶ 책인감에 독립출판물 입고 시 점검 사항

책인감에 입고 요청한 독립출판물에 대해서는 다음 사항을 검토하고, 제작자에게 점검 요청하여 조율 후에 입고를 결정하고 있다. 사업자 간 거래 시에는 계약서를 작성해야 하지만 개인인 독립출판물 제작자와 거래하니 몇 가지 점검 사항을 통해 거래조건부터, 필요한 정보 사항을 명확하게 받은 후 진행하고 있다. 세세하게 점검하지 않으면 나중에 문제가 생겼을 때 오해가 생길 수 있고, 연락처를 잘 몰라서 어려움을 겪을 수도 있다.

1. 기본 점검 사항
   - 위탁 or 매입 공급가
   - 계산서 발행 여부 : 제작가(작가)의 계산서 발행에 앞서 책방 사업자 등록증을 보내야 한다.
   - 포장/배송 단위/샘플 북 여부 : 포장이 있는 독립출판물의 경우 샘플 북은 필수이다. 배송은 5권 단위가 많은데 이때는 발송자 부담으로 진행한다(책 단가가 낮으면 10권으로 정하기도 한다). 판매 종료에 따른 반품 시 제작자 요청으로 반품하면 제작자가 배송비 부담, 책방 요청으로 반품하면 책방에서 부담하는 것이 일반적이다.
   - 책 정보 : 책 소개자료. 책 표지 사진, 목차, 내지 샘플, 사이즈, 컬러/흑백, 페이지 수 등이 정리된 정보가 필요하다. 네이버 스마트스토어 등에 제품 정보를 업로드할 때도 필요하고, 책방이 입고 여부를 결정할 때도 책에 관한 정보가 필요하다.

2. 책인감 검토 요청 사항

- 계산서를 발행하지 않을 경우 제작자의 소득세를 책방에서 부담하는 만큼 판매가격 및 입고가격 산정 시 이를 고려할 것.
- 위탁 시 분기 말 정산(책인감 위탁 서적은 모두 동일 시점 정산).
- 책인감에서는 정산 시 판매량/재고량/샘플 북 잔여 여부를 제작자에게 메일로 안내하고 있다. (정확한 판매/재고 관리)

3. 기타
- 제작자 정보 : 이름/연락처/메일, 입고 초기에는 연락에 어려움이 없지만, 나중에 정산 혹은 반품을 할 때 연락처를 몰라서 곤란해지는 경우도 있다. 전화번호나 이메일 번호를 모두 받아서 정리해 놓는 것이 좋다.
- 정산 계좌 : 은행 계좌 번호도 미리 받아놓자

▶ 계산서를 발행하지 않는 독립출판물의 가격 구조 이해하기

많은 독립출판물 제작자나 책방 운영자는 가격 및 세금에 관해 이해도가 낮다. 단지 공급가와 책방 위탁 수수료(서점 마진)만 생각하는 데 한 권의 책을 판매하는 것은 책을 만드는 비용, 공급 비용, 책방에서 판매하는 가격, 책방에 필요한 세금 비용 등 다양한 가격 요소가 있다.

이 과정에서 발생하는 요소별 비용을 이해하고, 제작자는 판매가와 공급가를 신중하게 결정해야 한다. 책은 도서정가제란 제도에 제한을 받기 때문에 한 번 판매가를 정하면 수정하기 어렵다.

일반적인 판매가 10,000원인 독립출판물(위탁, 계산서 미발행)의 예를 들어 설명하겠다.

제작자가 독립출판물 입고 시 대체로 공급가를 70%로 정하고, 책방 위탁수수료(책방 마진)를 30%로 한다. 이는 책방에서 독자에게 책을 10,000원에 팔면, 제작자가 7,000원, 책방이 마진(위탁수수료) 3,000원을 가져간다는 의미이다. 그러나 자세히 들여다보면 보이지 않던 비용과 세금이 곳곳에 있다.

우선 책방 입장에서 마진은 책값의 30%라고 하나, 일반적인 카드 수료 0.8 %(체크카드 0.5%)를 빼면 29.2%이고, 책은 면세라 부가세 부담이 없지만, 수익에 대해 소득세를 내야 한다. 개인사업자는 소득세 기준이 과세 구간별 6%~40%지만, 대부분 서점은 과세기준으로 6%~15% 수준으로 예상된다. (많이 벌어 세금도 많이 내는 희망을 품어본다)

매년 5월에 하는 종합소득세 신고에서 공제 금액도 있어서 책 판매 금액 전체에 소득세를 내지는 않지만, 계산서 없는 매입분에 대해서는 공급자와 책방이 나누어 소득세를 내는 것이 아니라 책방에서만 세금을 내는 구조가 된다. (현금으로 판매하고 소득 신고를 하지 않으면 세금은 내지 않을 수 있으나, 이는 옳지 않고 권하고 싶지도 않다)

즉, 책방은 계산서가 발행되지 않는 독립출판물 판매금액 10,000원 중 책방의 위탁 수수료 3,000원에 대해 6%~40% 소득세를 내는 것 외에 제작자의 판매분 7,000원에 대해서도 6%~40%의 소득세를 내게 된다. 연간 소득세를 평균 10%만 계산해도 책방 마진은 '29.2% - 10% = 19.2%'로 줄어들게 된다. 여기에 인터넷 판매를 하는 경우에 추가되는 비용과(네이버 스마트스토어에서 판매하면 카드 판매 수수료 대비 2%~5%의 추가 부담) 포인트를 제공하는 경우(책인감은 책 구매 시 5% 제공), 판촉물을 제공하는 경우에는 비용이 더 들어간다.

책방 비용이 많고, 공제 매출액이 많으면 소득세율은 더 떨어지겠지만 분명한 건 매입 계산서가 발행된 책과 그렇지 않은 책은 책방의 마진율 차이가 있다는 것이다. 또한 위탁은 재고 부담을 제작자가 하는 것이지만, 현매를 한다면 재고 부담을 책방에서 하게 된다(사업에서는 장기 보유 시 이자 비용도 생각해야 한다).

제작자의 처지에서 보면, 공급가는 70%이지만 첫 5권 입고 시 샘플 북 1권을 제공하는 경우가 많고, 택배비도 제작자가 부담한다. 이를 고려하면 첫 입고 5권을 기준으로 실제 공급가는 50% 수준이 채 되지 않기도 한다. 일부 책방의 경우 샘플 북을 판매하고도 대금을 치르지 않는 경우도 있고, 판매분을 빠뜨려 대금을 지급하지 않거나, 분실된 책을 제작자에게 전가하여 손해를 끼치는 경우도 있다. 혹은 책방을 폐점하면서 재고를 돌려주지 않는 경우도 간혹 발생한다.

정리하면 독립출판물 제작자도, 책방도 충분한 매출 마진을 보기 힘들다. 그래서 애초에 제작자가 판매가를 정할 때 이를 검토 후 정해야 한다.

책은 일반적인 상품과 달리 책은 '도서정가제'란 법적 제약을 받는다. 도서정가제란 온-오프라인에 상관없이 할인율은 정가의 10%까지만 가능하고, 포인트(마일리지) 제공은 5%까지 할 수 있는 가격 할인 제한 제도이다. 다른 상품은 제조사/제작자가 도매 공급가만 지정하고 판매가는 강제할 수 없다(공정거래법). 다만 제조사가 제품에 권장소비자가격이라고 표기를 할 수 있으나, 실제 소매점은 각 가게에서 다른 판매가격으로 팔 수 있다. 하지만 책은 도서정가제로 인해 제작자가 정한 정가를 바꾸어 팔 수 없다. 그래서 책방 마진은 제작자가 정한 공급가와 판매가 사이로 정해지기 때문에 정가를 정하는 것이 매우 중요하다.

ISBN을 발급하지 않는 독립출판물은 제도적으로 책이라는 상품에 해당하지 않고, 판매 가격을 마음대로 정할 수 있지만, 다른 모든 도서가 정가제로 운영되기에 서점에서는 ISBN이 없는 책도 제작자가 제시한 가격으로 판매하는 것이다. (일부 독립출판물의 경우 판매가를 표기하지 않고 있으나, 책방에서는 다른 가격으로는 팔 수 없는 게 일반적이다)

책인감에서는 이런 내용을 설명해서 독립출판 제작자들에게 가능한 계산서 발행을 권유하지만, 계산서 발행이 안 되면 계산서 발행하는 출판물과 공급가 차이를 두라고 의견을 제시하고 있다. 그러나 공급가를 책방이 강요하지는 않고, 위의 상황을 고려하여 정해달라고 요청한다. 최종적으로 거래 조건에 관해서는 책방과 제작자가 일대일로 결정할 문제이다. 협의 과정에서 가격 체계를 이해하고 제작자에게 독립출판물 판매 가격을 산정할 때 신중하게 해달라고 요구하고 있다. 대신 나도 독립출판물 판매를 증대하기 위해 여러 가지 노력을 하고, 정산 시점에 판매/재고/샘플 수량에 대해 정확하게 파악하여 정보를 제공하는 것으로 신뢰를 쌓으려 노력하고 있다.

▶ 인디펍을 통한 독립출판물 거래

인디펍은 독립출판 유통 플랫폼으로 독립출판 제작자와 동네책방을 연결해주고 있다. 2022년 3월 10일 기준 독립출판 제작자 634명, 독립서점 387곳이 가입하여 연결하고 있다.

대다수 동네책방은 독립출판물 서가를 운영하면서, 개인 창작자 별로 입고와 정산을 관리하는 데 큰 어려움을 겪는다. 그런데 인디펍이 생기면서 보다 쉽게 독립출판을 입고 관리할 수 있는 길이 열리게 된 것이다. 독립출판물 제작자의 처지에서도 더욱 관리하기 쉬워졌기 때문에 점점 많은 독립출판물이 인디펍을 통해 거래되고, 참여하는 동네책방도 늘어나고 있다.

독립출판물을 취급하고 싶고, 입고나 정산 업무를 간소하게 하고 싶다면 인디펍 통해 거래하는 것을 고려해보자.

💡 동네책방 운영의 모든 것 TIP

1. 독립출판물 입고 시 고려사항

- 기본 점검 사항 : 공급 방식(위탁 or 매입), 계산서 발행 여부, 포장 여부, 배송 단위, 샘플 북 제공 여부, 책 정보 사항(SNS 소개할 기본 정보와 이미지, 요약 설명 등. 특히 인터넷 판매 시 등록자료 필요)
- 독립출판물 가격 구조의 이해
  1) 입고가 이해 : 위탁/매입 가격 차이, 계산서 발행 여부에 따른 세금 및 소득세 이해
  2) 책방 판매 관리 비용 : 카드 수수료, 포인트(마일리지), 판촉/사은품, 인터넷 판매 시 수수료 외
  3) 제작자 판매 관리 비용 : 출판/인쇄비, 택배비, 샘플비, 집필 비용, 재고 부담 비용 외
  4) 도서정가제 : 가격 할인 최대 10%, 포인트/마일리지 제공 최대 5%의 가격 할인 제한 제도. (택배비 지원과 카드사 할인은 제외)
  5) 제작자가 도서 정가를 정하기 때문에 위의 상황을 고려해서 판매 및 입고 가격을 잘 정해야 한다.

2. 독립출판물 유통 플랫폼 인디펍
  - 인디펍 홈페이지 https://indiepub.net
  - 판매 홈페이지 https://indiepub.kr

⑬ 나만의 책 큐레이션

<u>책 큐레이션(Book Curation)이란 무엇인가?</u>

    사전적인 의미로 큐레이션은 '여러 정보를 수집, 선별하고 이에 새로운 가치를 부여해 전파하는 것을 말한다. 본래 미술 작품이나 예술 작품의 수집과 보존, 전시하는 일을 지칭하였으나 최근 더 넓게 쓰임'이라고 정의된다.

책 큐레이션은 '책을 선별하고, 잘 보이게 구성하여 책을 찾는 사람에게 제시하는 것'을 말한다. 대형 서점뿐 아니라 동네책방 모두에게 책 큐레이션은 매우 중요하다. 특히 동네책방은 판매하는 책 종류가 많지 않기 때문에 어떻게 책을 보여주는가에 따라 판매에 많은 영향을 미친다.

내가 방문했던 동네책방 중에는 책 큐레이션이 잘 되어 있다고 느껴지는 책방이 많다. 해방촌 〈고요서사〉는 문학 중심 상시적인 서가를 운영하면서도 때때로 주제를 정해서 펼치는 특별 전시는 독자들에게 꾸준한 관심을 유도한다. 대학로에 있는 〈마음책방 서가는〉 출판사에서 운영하는 책방으로 책을 고르는 안목도 높지만, 심리를 주제로 한 서가 구성이 특색 있게 다가온다. 추리소설 전문점 〈미스터리 유니온〉, 시집 전문점 〈위트앤시니컬〉은 특정 주제의 큐레이션이 돋보이는 책방이다.

책인감은 특정한 주제보다는 다양한 주제에 관해 관심이 있기에 서가 구성은 비교적 다양한 주제의 책을 갖고 있다. 사회과학, 역사, 철학, 심리학 등의 분야를 특히 좋아하지만, 판매 측면을 고려한 소설이나 에세이 서가를 비치하는데 더 많이 신경 쓰고 있다.

예를 들면 심리학과 과학 분야에서 올리버 색스의 책 〈화성의 인류학자〉 〈아내를 모자로 착각한 남자〉, 내가 읽은 책 중 〈지혜의 심리학〉 〈미움받을 용기〉 〈철학은 어떻게 삶의 무기가 되는가〉 등을 소개하고, 과학책으로 〈코스모스〉를 비롯해서 〈저도 과학은 어렵습니다만〉 〈떨림과 울림〉 등을 소개하고 있다.

공부에도 관심이 있어서 〈완벽한 공부법〉〈문해력 공부〉〈공부란 무엇인가〉도 소개하고 있다.

소설에서는 최근에 나오는 책도 소개하지만, 내가 읽은 고전 소설 중 〈1984〉〈동물 농장〉〈인간 실격〉〈자기 앞의 생〉〈노르웨이의 숲〉 등도 적극적으로 소개하고 있다.

특히 내가 더 소개하고 싶은 책 중에는 〈침묵의 봄〉〈아픔이 길이 되려면〉〈순이 삼촌(제주 4.3 다룬 소설)〉〈하얀 동백꽃 편지지(제주 4.3 관련)〉〈임계장 이야기(임시 계약직 노인장의 노동일기)〉〈오래된 미래(환경, 자연에 관한)〉 등 사회, 환경 등의 문제를 다룬 책들도 있다.

이처럼 판매하는 책에 책방 운영자의 정체성 나타내는 큐레이션이 있으면 좋겠다는 생각이다. 또 하나 독립출판물에 관한 책인감 큐레이션이다. 처음 51페이지를 인수할 때에도 약 100여 권 있었던 독립출판물은 판매와 재입고, 신규 입고를 통해 조금씩 바뀌면서 현재는 약 200권(약 60~70종) 정도로 늘어나 있다.

새로운 독립출판물 입고를 검토하면서 고려해야 할 사항이 있다. 우선 독립출판물은 동네책방을 대형 서점이나 인터넷 서점과는 다르다는 차별성을 부여할 수 있다. 독립출판물은 대형 서점에서는 취급하지 않기 때문에 동네책방에서만 구할 수 있다. 그래서 잘 구성된 독립출판물 서가는 그 책방만의 독특한 큐레이션이 되기도 한다. 책인감에서는 입고 제안된 독립출판물

중에서 책인감 색깔에 부합하고, 독특함이나 다양성을 제공할 수 있는 책을 중심으로 입고하고 있다. 또한, 인터넷 판매 '네이버 스마트스토어'를 운영하면서(2018년 12월부터) 독립출판물은 온라인에서도 판매하고 있다.

책 큐레이션에 있어 중요한 점은 동네책방은 결코 대형 서점과 같은 책으로 경쟁해서는 안 된다는 것이다. 요즘 인기 있는 베스트셀러나 스테디셀러로만 큐레이션 하면 동네책방의 독특함도 없고, 대형 서점이나 지역 서점과는 다른 차별성을 줄 수 없기 때문이다.

책을 전시하는 방법에 대해서도 생각해 보자.

책은 '책등(얇은 면)'만 보이게 전시하면 손님의 관심을 끌기 어렵다. 책을 구매하는 데 있어 가장 중요한 요소 중 하나가 '책 표지 디자인'이다. 그래서 내가 중점적으로 팔려는 책은 꼭 표지를 보여주는 전시를 하는 것이 좋다. 공간적인 제약이 있어서 모든 책을 표지가 보이게 전시할 수 없다면, 기획 전시를 통해 일정 기간 단위로 책 전시를 바꾸어 가며 알리는 것도 한 방법이다. 책방의 공간은 도심과 지방의 경우 차이가 크다. 도심에 있는 책방은 임대료 부담으로 인해 작은 공간을 효율적으로 써야 하는 경우가 많고, 도심 외(지방) 지역은 넓은 공간에 자리 잡은 경우가 많아서 여유 있는 전시를 할 수 있다. 이처럼 책방이 가진 공간의 특성에 따라서도 책 큐레이션 방법을 고민해야 한다.

그 책방만의 책 큐레이션은 정체성을 나타내는 중요한 역할을 한다. 그러므로 한 권 한 권 어떻게 보일지 고민해야 한다.

오늘도 '책을 어떻게 전시하고, 얼마나 판매할까'하는 고민하는 수많은 동네책방이 있다. 이렇게 동네책방마다 개성 있는 큐레이션으로 구성된 동네책방에 가고 싶은 마음이 들지 않을까요?

동네책방 운영의 모든 것 TIP

1. 책 큐레이션

- 동네책방 책 큐레이션은 대형 서점과 동일한 책으로 경쟁하는 것은 지양해야 한다. 베스트셀러나 스테디셀러로만 큐레이션 하면 대형 서점, 인터넷 서점과 경쟁하는 구도가 된다.
- 신간보다 책방지기가 자신 있게 추천할 수 있는 책으로 큐레이션 하길 권한다. 동네책방에서는 책방지기가 추천하는 책이 가장 잘 팔린다.
- 책방지기가 관심 있는 혹은 좋아하는 분야를 큐레이션 한 코너를 만드는 것도 좋다. 고객은 책방지기가 추천하는 책에 관심이 많다.
- 상시 큐레이션과 기획 큐레이션에 대한 구분이 필요하다. 상시 큐레이션을 통해 전체적인 서가를 구성하고, 기획 큐레이션을 통해서는 특정한 주제나, 연관성 있는 책을 소개하는 것도 좋다.
- 동네책방은 보유한 책이 많지 않다. 그렇지만 주기적(월/분기/반기/년)으로 책의 위치를 바꾸는 것도 손님에게 변화된 모습을 보일 수도 있고, 못 보던 책을 발견하는 기쁨을 줄 수 있다.
- 책등만 보이는 책보다 표지가 보이는 책이 더 잘 팔린다. 장소가 좁다면, 책의 배치를 바꿔가며 보여주자.

책방에 어울리는 굿즈, 나만의 굿즈

동네책방에 방문하는 손님 모두가 책을 사면 좋겠지만 책을 사는 고객은 한정적이다. 그래서 책방을 찾는 손님들이 가볍게 살 수 있는 굿즈를 함께 취급한다면 책방 매출을 늘리는데 도움이 된다. 책방뿐 아니라 모든 가게는 손님의 구매를 늘리기 위해 품목을 다양화하고, 고급 제품을 내놓는다. 카페는 커피나 음료의 종류를 다양하고 고급화하기 위해 카페라떼나 바닐라라떼를 추가하고, 계절 음료나 새로운 음료를 내놓고, 케이크나 티라미수, 팥빙수 등 손님이 더 머무르고, 더 많이 구매하도록 유도하고 있다.

책방은 어떨까? 책은 어느 책방에서나 똑같은 책을 판매한다. 같은 제품으로 판매하는 책을 큐레이션이라는 행위를 통해 그 책방만의 차별을 보여주지만, 책 자체를 차별화할 수는 없다. 그래서 그 책방만의 차별성을 나타내기 위해서는 큐레이션을 통한 방법 외에 굿즈를 추가할 수 있다. 또한 손님에게도 가볍게 살 수 있는 굿즈가 책방 방문에 부담을 줄여주고, 책방 매출에도 실질적 도움이 된다.

책인감을 오픈하면서 기존 51페이지에서 판매하던 굿즈도 같이 인수했다. 몇 가지 노트와 엽서, 메모지 그리고 아이폰 케이스가 있었다. 기존 판매 굿즈 외에 추가로 선택할 굿즈를 검토했다.

우선 내가 공급받을 수 있고, 책방에서 팔기에 적당한 굿즈를 가져오기로 했다. 먼저 지인이 수입하는 토스 우산(양산 겸용)을 팔기로 했다. 토스 우산은 전 세계에서 가장 많이 팔리는 패션 우산이다. 색감 있는 디자인은 시선을 끌 수 있는 장점과 패션 상품으로 책과 위화감 없이 어울릴 수 있는 제품이라 생각했다. 제품은 3, 4, 5단 접이식 우산으로 작은 사이즈와 색감 있는 디자인이 책방 손님 20~30대에게 어울리는 제품으로 생각되어 들여놓았다. 그리고 책방 투어 때 알게 된 향기 파는 책방 '프레센트.14'에서 만든 미니 향기는 책을 주제로 만든 제품이라 책방 어울릴 수 있다고 생각되어 입고했고, 종로 북카페 베율북하우스에서 만든 '향초'는 내가 샀던 경험도 있고, 책방 디스플레이에도 좋을 것으로 생각되어 들여놓았다.

그 외에도 인근 동네책방이자 일러스트레이터 작가가 운영하는 지구불시착에서 만든 메모진이라는 메모원고지와 무지노트, 배지를 입고했고, 을지로 금속 상가에서 주문 제작한 금속 문진도 몇 개 만들어 판매했다.
독립출판물 그림책 〈브래드씨 이야기〉 제작자인 강다사랑 작가가 만든 일러스트 엽서와 미니 수첩, 파우치 등도 입고했다.

도자기로 만든 책반지라는 굿즈를 직접 만들었고(제작은 지인이 도와줬다), 2019년 3월 첫 번째 텀블벅 크라우드 펀딩에서 책과 함께 리워드 상품으로 제공하고 이후에는 책방에서 판매했다.

굿즈는 유행을 타기 때문에 같은 것으로 꾸준히 판매하기는 쉽지 않다. 책인감은 2층에 있기 때문에 1층에 있는 매장과 달리 지나는 길에 들르는 사람이 많지 않다. 2층이란 공간, 특히 안이 잘 보이지 않는 공간은 손님이

〈사진 _ 초기에 판매한 굿즈〉

목적성을 갖고 올라오지 가볍게 들르기가 쉽지 않다. 보이지 않는 공간에 올라와서 자신의 기대와 다른 공간이 펼쳐지는 것을 원하지 않는 심리 때문에 쉽게 올라오지 않는다. 그래서 책인감에서 판매할 굿즈는 좀 더 다양하고, SNS에 홍보하기 좋은 굿즈, 독특한 체험을 경험할 수 있는 굿즈를 제공하려고 노력한다.

그동안 판매했던 굿즈 중에는 토스 우산이나 향초는 비교적 고가의 제품으로 책방을 찾는 손님 중 지인이나 자주 책방을 찾는 사람들은 구매하지만, 일반 손님은 잘 사지 않는다. 그래서 오랫동안 판매하기는 어려운 굿즈이다. 반면에 메모진, 노트, 일러스트 엽서, 파우치 등은 저렴한 가격도 있지만, 책방을 구경하고 책을 사기에 부담되는 손님에게 가벼운 마음으로 구매할 수

〈사진 _ 현재 판매중인 굿즈 와 체험 나무책갈피 만들기〉

있어 좋았지만, 제작자의 사정으로 인해 공급이 중단되는 경우도 있고, 책방을 방문하는 고객이 줄어들면서 굿즈 판매가 줄어들기도 했다.

책과 연관성 있게 출판사에서 나오는 굿즈로 민음사 '인생일력', 컬처북스에서 나오는 '이철수 판화달력' 좋은생각사람들에서 나오는 '미니명언 시리즈'도 책인감에서 꾸준하게 취급한 굿즈 혹은 작은 책(미니명언)이다. 민음사 '인생일력'이나 '이철수 판화달력'은 연말에 출시되어 한정된 시기에만 판매할 수 있는 상품(책이 아니다)인데 특히 민음사 '인생일력'은 책인감에서는 조금 늦게 팔리기 시작해서 완판되는 굿즈로 2018년 말부터 매년 10~20개 정도를 판매하고 있다. 이철수 판화달력은 〈전국동네책방네트워크)에서 함께 만드는 동네서점용으로 기성품과 다른 벽걸이형 사이즈로 제작하는데 2020년 달력은 선 매입 후 재고가 남았고, 2021년 달력은 완판할 수 있었다. 2020년 달력 남은 재고는 그림만 오려내어 작은 액자에 담아 판매하기도 한다.

좋은사람생각들 '미니명언'은 고전 명언을 우정, 사랑, 위로, 결혼 등 20가지 주제로 정리한 미니 사이즈 책으로 권당 3천 원 판매가로 부담이 적고, 선물용으로 좋아서 꾸준히 판매하고 있다.

렛츠클레이의 '클레이 질문 카드'도 색다른 굿즈로 책방에 어울렸다. 질문카드는 일상, 인생, 학교, 리더 등 10여 개의 주제를 카드에 질문으로 담아서 모임이나 워크샵에서 대화를 나눌 때 활용하기 좋은 굿즈다.

2021년 말에는 책인감 굿즈에 조금씩 변화를 주고 있다. 책인감 만의 특색을 만들기 위해 내가 직접 만들거나 기획한 굿즈와 체험 코너를 추가하고 있다. 앞서도 말한 책반지는 독서링으로도 불리며 시중에는 여러 모양의 나무 공예로 만들어진 것이 판매되고 있다. 나는 동네 공방에서 나무공예를 배우고 있다. 공방 회원으로서 나무를 가공하는 공구와 기계의 사용법을 배우면서 나무 독서링을 직접 만들어 판매하기 시작했다. 나무 공예는 내가 만들면 비용이 적고 디자인적 특색을 부여할 수 있다. 몇 개를 시범적으로 만들며 조금씩 자신감이 붙고 있는데, 나무 특성을 살린 독서링을 만들고 있다. 그리고 나무 책갈피 체험 코너를 운영하기 시작했다. 얇은 나무 조각에 우드버닝(필라멘트를 달구어 인두처럼 태우면서 글과 그림을 나무에 그리는 도구)으로 글과 그림을 직접 새겨서 만드는 체험을 제공한다. 우드 버닝 외에 레이저 각인기를 주문해서 나무 독서링이나 책갈피 및 책 표지에 글과 문장,

그림을 디자인해서 새기는 서비스도 제공하고 있다(레이저 각인기는 크라우드 펀딩 후원을 통해 샀다).

책방이 책만 판매해서는 지속적 수익을 내기는 쉽지 않다. 책과 연관된 굿즈도 판매하고, 책과 연관된 체험을 통해 더욱더 많은 사람이 책방을 경험하고, 돈을 지불할 수 있는 굿즈나 서비스를 제공하는 것도 도움이 될 수 있기에 여러 가지를 시도하고 있다.

15 독서 모임을 한다는 것

책인감은 다른 책방에 비해 다양한 강좌와 모임을 진행하고 있다. 작가, 예술인 및 전문가를 초빙한 강좌도 있고, 책방지기인 내가 강의하는 강좌도 많다. 대체로 외부 강사를 초청한 강좌와 모임은 지원사업을 통해 이루어지고 있으며, 책방지기인 내가 강의하는 강좌나 독서 모임은 책방 자체적으로 운영하고 있다.

책인감에서 운영하는 가장 중요한 모임이 무엇이냐고 묻는다면 나는 독서 모임이라고 대답할 것이다.

독서 모임은 회원들과 함께 책을 읽고, 토론하는 과정을 통해 독서문화를 만들어간다는 의미도 있고, 많은 회원을 유치하는 것이 실제 책방 운영에 도움이 되기 때문이다.

나는 책인감을 오픈하기 전에는 다른 독서 모임에 참여한 적이 없었다. 그저 혼자서 책을 읽고 회사 후배에게 내가 읽은 책을 이야기하는 정도였지 남과 토론하는 것을 경험하진 않았다. 그러나 책방을 운영하면서 독서 모임이 꼭 필요하다는 생각에 책방 오픈 후 4개월이 지난 시점(2018년 5월)에 인스타와 페이스북에 모집 안내를 시작했다. 첫 독서 모임은 '목요 저녁 독서'였다. 3명이 참여했고, 그들은 이전에 '엑셀 강좌'와 '제주 힐링 여행 소개

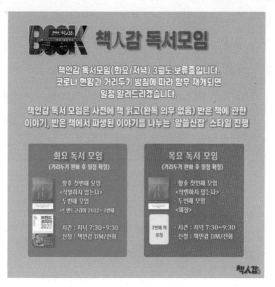

〈이미지 _ 독서 모임 안내_ 2022년 3월

강좌'를 통해 책방에 왔던 손님과 첫 방문자가 포함되었다. 첫날은 책과 독
서에 관한 각자의 이야기를 나누고, 다음 모임(2주 후)을 정하고, 읽을 책을
정했다. 지금 생각하면 그때나 지금이나 난 독서 모임을 체계적으로 진행하
는 리더는 아닌 거 같다. 그저 책 이야기를 좋아하지만, 책 속에서 문장이나
주제를 발췌해서 토론을 이끌어가는 것은 어려워한다. 다만 책에서 나온 이
야기에 내 의견을 덧붙이고, 다른 곳에 얻은 정보를 함께 이야기 나누는 것
을 좋아한다. 마침 TV에서 〈알쓸신잡〉이란 프로그램이 나의 토론 스타일과
맞아서 이를 참조한 알쓸신잡 스타일로 독서 모임을 진행하고 있다. 책에서
나온 이야기 반, 책에서 나온 주제나 소재에 연관된 이야기 반을 토론하고
서로 이야기 나누는 것이다.

목요 저녁 모임이 시작되고 얼마 지나서, 화요 저녁 모임과 목요 오전 모임이 시작됐다. 저녁 독서 모임은 아무래도 직장인이 많고, 오전 모임은 주부들이 많았다. 일요 저녁 독서 모임도 추진했지만, 참여자가 없어서 시작하지 못했다. 2018년 5월부터 시작한 독서 모임은 시간이 지나면서 목요 저녁 모임은 없어지고, 화요 저녁 모임은 10여 명의 회원, 모임당 참여자 6~8명 수준으로 운영되고 있으며, 목요 오전 모임은 5~6명의 회원, 모임당 3~4명 참여자로 격주로 운영하고 있었다.

책인감 독서 모임에 참여하는 사람과 다른 독서 모임에 참여하는 사람을 보면 "왜 책인감 독서 모임에 참여할까?" 하는 생각을 한다. 공공도서관에서도 독서 모임이 많고, '어린이책시민연대' 등에서 운영하는 독서 모임도 있다. 그런 독서 모임은 대체로 무료 참석에 지원을 통해 책 구매와 음료 지원도 받는 경우가 많다. 그런데 책인감 독서 모임은 회당 참가비 1만 원(음료 한 잔 포함)을 받고 있는데도 왜 참석하는가를 알아보자.

우선 저녁 독서와 주간인 오전 오후에 하는 독서 모임이 차이가 있다. 도서관에서 운영하는 독서 모임은 대부분 주간에 진행되는 모임이기 때문에 직장인이나 대학생은 참여하기 어렵다. 그래서 책을 읽는 사람이 줄었다고 하면서도 직장인이나 대학생은 독서 모임에 참여할 기회가 적은 것이다. 책인감 주변에는 저녁 독서 모임에 참여하고 싶어 하는 사람들이 많다. 특히 코로나 19로 인해 독서 모임 참여의 기회가 줄어서인지 책인감 저녁 독서 모임 참여를 문의하는 사람이 늘고 있다. 아직 정상적인 독서 모임을 진행하지 못하지만(2022년 2월 기준) 거리 두기가 완화되면 화요 저녁 독서 모임에 목요 저녁 독서 모임도 개설할 예정이다.

주간 모임 중 오전 독서 모임에 관해서 생각해보자. 책인감에서 오전 독서 모임을 하는 이유는 아무래도 내가 함께(주도적으로) 참여하다 보니 영업에 방해받지 않도록 오전 시간을 택했다. 운영 시간상 주부들의 참여가 많은데 그들과 이야기를 나누다 보면 도서관 독서 모임의 경우 무료로 참석하지만, 비슷한 생각을 하는 학부모들이 많아서 토론이 재미없다고 이야기한다. 책인간 독서 모임은 주제도 자유롭고, 내가 추구하는 알쓸신잡 스타일로 다양한 이야기를 나누기도 하지만 책 선정도 미술, 소설, 인문 등에서 평소 잘 읽지 않았지만, 꼭 읽어보고 싶은 주제의 책을 돌아가며 선택하기도 했다. 때로는 역사를 다룬 책을 읽고 고궁 투어라는 이름으로 창경궁 투어를 가기도 했다. 목요 오전 독서 모임은 인원이 많지 않았지만 꾸준하게 모이고 있었는데 코로나 19로 인해 전혀 모이지 못하고 있다. 초중고교생 자녀를 두었거나 고령인 분도 있다 보니 모임에 대한 부담이 컸기 때문이다.

동네책방이 독서 모임을 진행할 때 고려해야 할 사항이 있다. 책방의 지속가능한 수익을 위해서도 독서 모임 운영에 원칙이 있어야 한다.
하나, 참여비와 도서 구매에 관한 사항이다. 책방마다 여건이 다르지만, 도서관 독서 모임과 비교하여 무료 혹은 낮은 참여비는 지양해야 한다. 책방에서 유휴 공간은 내주는 게 아니라면 참가비는 꼭 받아야 한다. 책인감은 카페를 겸하고 있어서 음료 1잔 포함 1만 원의 참가비를 받고 있다. '참가비 5천 원 & 음료 별도'로 할 수도 있고, '도서구입 & 참가비 무료'를 할 수도 있다. 한 달 회비를 내고 당일 참석 시 음료만 결제하는 방법도 있다. 어떤 방식이든 독서 모임에 참가비는 있어야 한다. 무료로 한다고 사람들이 오는 것은 아니다. 또한, 참가비를 받는 것은 공간과 노력(모임 주관, 다과 준비 등)에 대한 정당한 보상이다.

또 하나는 진행 시 책방지기가 주도할 것인가 참여자 중 리더를 정할 것인가이다. 사실 책인감 독서 모임은 모두 내가 주도적으로 진행한다. 토론할 때는 누구나 발언권이 같지만, 전반적인 진행은 내가 하고 있다. 그런데 책방지기가 독서 모임마다 진행하면 독서 모임 확장에 한계가 생기고 비슷해지는 단점이 생길 수 있다. 가능하면 독서 모임마다 별도의 리더 혹은 매니저가 있는 것이 좋다. 아니면 돌아가며 하는 것도 좋다. 그러나 책방지기의 역할이 줄어들면 참가비를 받는 것에 저항이 생길 수 있으니 그 접점을 잘 찾아야 한다.

독서 모임 공간과 시간에 대해서도 고려해야 한다. 책방에 공간적 여유가 있어서 독서 모임을 운영할 별도의 방이나 공간이 있으면 좋은데, 작은 책방이나 개방형 공간인 경우 독서 모임 시 일반 손님의 이용이 제한되거나 불편해질 수 있다. 책인감도 2층에 있고, 25평이란 넓은 공간이지만 공간이 구분되지 않고, 6~7명 이상 모일 때는 중앙에 있는 테이블을 써야 해서 모임 때면 일반 손님이 부담스러워할 수 있다. 목요 오전 독서 모임처럼 영업시간 전에 하거나, 저녁 독서 모임은 가능한 늦은 시간인 8시~10시에 운영을 했었다. 책방 영업시간은 오후 1시~9시니 오전 독서 모임은 영업시간을 피해서 운영 중이고, 이전에는 월요일만 쉬다가 2020년부터 월, 화요일을 휴일로 바꾸면서 화요 독서 모임은 영업하지 않는 날에 운영하고 있다. 앞으로 목요 독서 모임을 추가하면 7시 30분~9시 30분 혹은 영업시간 9시까지 진행할 것을 고려하고 있다. 이는 영업시간 중 가장 손님이 없을 시간이기도 하지만 직장인들이 퇴근 후 참여하러 오는 시간도 고려한 것이다.

〈이미지 _ 과학독서 모임 안내_ 2022년 3월〉

책인감 독서 모임 중 코로나 19 시대에 또 하나 만든 것이 있다. 바로 과학 독서 모임이다. 내가 과학 분야를 좋아하기도 하고, 거리 두기로 많은 사람이 모이지 못할 때 과학 독서 모임을 소규모로 모집했었다. 2021년 6월 시범 운영을 한번 했다가 거리 두기 강화로 못하던 것을 11월부터 다시 한 달에 한 번씩 모이고 있다. 현재는 나포함 4명 정도 참석하고 있는데 과학책 〈떨림과 울림〉, 〈나는 풍요로웠고, 지구는 달라졌다〉, 〈천문학자는 별을 보지 않는다〉를 읽고 와서 토론했다. 4명 혹은 6명 이내에서 운영하되 거리 두기가 풀리면 회원을 적극적으로 더 모집할 생각이다.

　일반 독서 모임은 한 달에 두 번이고, 과학 독서 모임은 한 달에 한 번이다. 저녁 독서 모임을 재개하면서 목요일을 추가하면 한 달에 5~6번 정도 독서 모임을 진행하고, 모임당 4~10명 정도 참여하는 것을 목표로 하고 있다. 모임이 많아질수록 내 부담이 늘어날 수 있으니 모임 내에서 리더, 매니저 역할을 회원을 육성하고 내 역할을 줄이는 것도 목표이다. 동네책방이 책방다웠으면 한다. 책방에서 좋은 책을 함께 읽고, 책 이야기를 나누며, 책을 사는 선순환의 동네책방을 만들고 싶은 욕심이 있다. 앞으로도 그런 모습을 기대해 본다.

동네책방 운영의 모든 것 TIP

1. 독서 모임 운영 TIP

- 책방에서 하는 독서 모임은 참가비가 있는 유료 모임인 만큼 주민센터 나 도서관에서 운영하는 독서 모임과 차별화된 운영이 필요하다.
- 소설이나 에세이 같은 무난한 책을 선정하는 것도 좋지만, 독서 내공 이 쌓이면 평소에 잘 읽지 않지만, 꼭 읽어보고 싶은 책이나 도전해 보 고 싶은 책을 선정하는 것도 좋다. 예) 미술 관련 책, 과학 관련 책, 역 사 관련 책 등
- 다양한 형식을 시도해 보는 것도 좋다. 예) 시 낭송이나 필사 모임, 고 궁 혹은 왕릉을 답사하고 책에 관해 이야기하는 것도 좋다(어른들도 소풍을 좋아한다), 한 명씩 돌아가며 발표하거나, 같은 주제를 서로 다 른 사람이 해석하는 시간을 갖는 것 등 다양한 시도를 해보자.
- 토론 주제는 가능한 구체적인 것을 이야기하는 것이 좋다. 너무 개략 적인 이야기만 하면 토론이 느슨할 수 있다. 구체적인 사례로 이야기 하다 보면 파생되는 이야기도 많고 나눌 이야기도 늘어난다.
- 독서 토론은 결국 다른 사람의 이야기를 듣고, 내 생각을 보태서 주고 받는 토론이 되어야 한다. 내 이야기만 하다 보면 올바른 토론이 되지 않기에 토론을 주관하는 사람은 이점을 염두에 둬야 한다.

16 다양한 강좌를 시작하다 1 : 자체 운영 강좌

동네책방에서 왜 강좌를 진행해야 할까? 많은 동네책방 운영자는 "이벤트 없이 책만 파는 것"을 꿈꾼다. 그런데 현실은 책만 팔아서는 수익을 내기 어렵다. 그래서 강좌를 통해 사람을 모으고, 다양한 수익원을 창출하려 하고, 책도 판매하길 희망한다. 독서 모임과 달리 강좌는 한 명 이상의 강연과 진행을 맡아줄 사람이 필요하다. 유명 작가의 북 토크라면 많은 사람을 모을 수 있지만, 초청 강사료를 비롯한 진행비 부담도 만만치 않다. 참가자들에게 참가비를 받고, 책도 판매한다면 수익이 발생하지만, 들어가는 비용도 고려해야 한다.

그래서 내가 선택한 방법의 하나가 내가 강연하고, 내가 진행하는 자체 주관 강좌이다. 오픈 초기에는 책방과 나에 대한 인지도가 없었기 때문에, 회사생활만 하던 내가 강연을 잘 할 수 있을지에 대한 의문도 많았다. 그러나 회사에서 후배에게 업무를 가르치는 것을 좋아했고, 엑셀도 가르쳐봤기에 우선 내가 할 수 있는 것부터 시작했다.

오픈 2~3개월 후에 무료 엑셀 강좌로 사람들을 모았다. '회사에서 유용

〈이미지 _ 책인감의 다양한 강좌들1 : 책방지기 강사〉

한 엑셀 팁'이란 주제로 4주 과정으로 무료 강좌를 개설했다. 인스타와 페이스북에도 알리고, 네이버 블로그에는 강의 세부 내용을 올렸다. 네이버 우리 동네라는 코너(스마트 폰에서 제공되는 서비스)에서는 동네책방 소식을 많은 사람에게 알릴 수 있었다. 너무 많은 사람이 신청해서 마감할 정도로 인기가 있었는데 무료 강좌에는 노쇼라는 문제점도 있었다. 많게는 25명까지 신청받았는데(책방 공간을 최대한 활용해서 강연을 위한 공간으로 만들면 최대 25명까지 가능했다), 4회차 강의에 15명, 10명, 7명, 4명 순으로 참석자가 줄어들었다.

음료를 판매하면 좋겠지만 내가 좌석 준비부터 강연까지 진행하다 보니 음료를 판매할 수 있는 시간도 여력도 없었다. 그렇다고 책 구매로 이어지는 것도 아니어서 책방을 알린다는 성과 외에 실질적인 수익에 도움이 되진 않았다. 이때의 경험을 바탕으로 책인감 강좌에서는 무료 강좌는 지양하고 있다. 무료가 결코 좋은 것만은 아니기 때문에 참가비를 통해 참여자들에게도 책임감을 부여하고, 지원사업에서 참가비를 받지 못하게 하는 경우에도 보증금을 받아서 노쇼를 최대한 방지하고 있다.

엑셀 강좌는 2018년 가을부터 유료로 전환해서 1년에 2~3회 8주 과정으로 진행하고 있다. 강의료는 1인당 6강 16만 원에서 2020년부터 8강 24만 원으로 진행하고 있다. 참석자는 회당 1~4명 정도 신청했고, 신청자가 없을 때는 미루기도 하며 진행하고 있다(코로나 거리 두기로 인해 2021년은 강의를 쉬었다).

책인감을 대표하는 '동네책방 운영 실무 강좌'는 2018년 5월부터 시작했다. 책방 운영한 지 3개월 되는 시점이었는데 내가 책방을 준비하기 전에 다녔던 전국 동네책방을 소개하고, 오픈을 준비하며 정리한 내용 그리고 운영한 지 3개월간 경험한 것을 정리해서 강의를 시작했다. 첫 유료 강좌이기도 했던 '동네책방 운영 실무 강좌'는 1년에 3~6번 정도 진행했다. 처음에는 3개월간 매월 진행하고, 3개월 쉬었다가 다시 강의 자료를 수정해서 3개월 진행하는 식으로 운영했는데 다소 불규칙적으로 진행했다. 강의를 통해 다듬은 나의 첫 책 〈책방 운영을 중심으로 1인 가게 운영의 모든 것〉이란 제목으로 출간하는 데 도움이 되기도 했다. 책방 실무 강좌는 외부에서 간혹 요청이 들어와서 여러 차례 진행하고 있다. 한겨레교육센터에서 책방 실무 강좌를 시작으로 지자체에서 운영한 인천/광주 책방학교에 실무를 강의했고, 경기서점학교에서도 강의하고 있다. 한국서점조합연합회에서는 실무 중 세무를 발췌해서 책방 세무/회계란 강의로 진행하고 있다.

책방에서 진행할 때는 3시간 강의로 1회씩 진행해 왔는데 2020년 3만 원/회로 진행하다가 2021년 코로라 거리 두기로 인해 집합 교육이 어려워지면서 온라인 화상 회의(웨일온) 강좌로 변경하고, 커리큘럼도 추가하여 2시간, 2회 강좌로 5만 원(2회분) 참가비를 받고 있다.

자체 강좌로 초기에는 〈제주 힐링 여행 강좌〉를 2~3회 진행하기도 했다. 제주는 내가 자주 여행을 다녀서 지인들에게 여러 장소와 맛집을 추천해주던 것을 정리해서 강의로 진행했다. 걷기 좋은 숲길과 오름길을 소개하고, 박물관이나 미술관 등 건축물이 아름다운 곳, 제주의 동네책방 그리고 특색 있는 맛집 등을 나의 스타일로 소개하는 강좌를 진행했다.

또 다른 자체 강좌 중 지인 찬스를 쓴 강좌도 있었다. 회사 시절 친하게 지내던 포토그래퍼가 재능 기부하여 〈포토그래퍼에게 배우는 스마트 폰으로 사진 잘 찍는 방법〉을 진행했고, 삼성전자 기획 부문에서 일하는 친구가 재능 기부로 〈삼성전자 기획 직원에게 배우는 기획하는 법〉을 강의로 진행했다.

자체 강의로 진행했던 〈제주 힐링 여행 강좌〉는 2019년 11월 〈제주 힐링 여행 가이드〉란 책으로 나오게 된 계기가 되기도 했다.

이후에도 가능하면 자체 강좌를 많이 진행하려고 한다. 지원사업을 통해 운영하는 강좌는 외부 강사를 초빙하는 것을 기본으로 한다면, 자체 강좌는 가능하면 책방지기인 내가 진행하는 것을 기본으로 하되 외부 강사에게도 오픈하여 운영한다.

책방을 운영하며 내가 습득한 지식을 바탕으로 강좌를 추가로 개설하기도 한다. 책인감은 출판사로도 등록했고, 2019년에 두 권의 자체 출간 책을 내면서 얻은 출판에 대한 지식을 통해 〈1인 출판과정 배우기〉란 과정을 개설해서 운영하고 있다. 처음에는 '함께 글쓰기' 모임으로 시작해서, 〈나만의 글쓰기〉, 〈독립출판으로 배우는 출판 과정 배우기〉 등의 이름으로 강좌를 개설했는데 커리큘럼을 다듬으면서 지금은 출판 기획부터 글쓰기, 책 디자인(표지, 내지), 인쇄, 유통, 판매 과정 전반을 배우는 8주 과정으로 진행하고 있다. 〈1인 출판 과정 배우기〉도 코로나로 인해 꾸준하게 진행하지는 못하지만, 분기마다 진행하는 과정으로 지속하고자 한다. (2020년까지는 1년에 4번 진행했는데, 2021년에는 한 번만 진행했으나 2022년에 소수로라도 재개하여 운영하고자 한다. 또한 강좌의 내용을 정리하고 보태서 책으로 출간할 계획도 갖고 있다.

크라우드 펀딩 강좌도 있다. 책인감 책을 내면서 크라우드 펀딩으로 몇 차례 진행한 경험을 강좌로 만들었다. 크라우드 펀딩이 무엇인지, 어떻게 기획하고, 어떻게 리워드 상품을 구상하고, 홍보와 회계에 관해 알려주는 강의를 하고 있다.

이 외에도 책인감 와인 모임에서 가끔 진행하는 〈와인 기초 강좌〉, 〈전국 이색 동네책방 투어 이야기〉, 〈문과 출신 주인장이 들려주는 과학 강좌〉 등도 진행했다.

왜 이처럼 다양한 강의를 진행하는 걸까?

동네책방은 책방지기의 성향에 따라 운영하는 방식이 다르다. 책인감을 운영하는 나는 문학 감성으로 운영하는 것보다 기획하고, 정리와 분석을 통해 나름의 방식으로 실행하는 것을 좋아하고, 사람들에게 강연하는 것을 좋아하기 때문이다. 회사 시절에는 엑셀과 PPT 활용해서 정리와 자료 만들기에 강점이 있다. 그래서 많은 지원사업을 기획하고 진행하면서도 엑셀로 내용을 정리하고, 필요한 업무를 정리해서 매뉴얼로 남기는 것을 계속하고 있다.

내가 경험한 것들을 정리하고, 자료로 만들어 강의를 진행하고, 나아가 책 출판까지 이어가려 한다. 앞서 말한 대로 '책방 운영 실무 강좌', '제주 힐링 여행 강좌'가 강좌에서 책으로 나왔고, 앞으로도 '엑셀 강좌'와 '1인 출판 과정 배우기'가 이 과정을 통해 출간할 계획을 하고 있다.

동네책방은 지속가능성에 관해 항상 고민하게 된다. 책만 판매해서 지속할 수 있다면 가장 좋지만, 책과 책방에서 파생된 활동을 통해서도 지속가능성을 찾을 수가 있다. 책인감에서는 강연과 자체 출판이 한 부분을 맡고 있다. 강연도 책인감 자체 강의뿐 아니라 외부에서 강연할 수 있도록 강의 내용을 다듬고, 외부에도 알리려고 노력하고 있다.

일부 강의에서는 전문성이 부족하기도 하지만, 동네책방에서 하는 강좌는 꼭 전문성이 있어야 할 필요는 없다. 책방의 강좌를 들으려고 오는 사람은 전문가의 강의보다 쉽게 공감할 수 있는 가볍지만 흥미로운 강의가 더 좋은 경우도 많다. 그래서 나뿐 아니라 동네 사람 혹은 직동네 장인도 생활형 강좌를 진행할 수 있다면 이를 기획해서 진행하는 것이 책방에서 하고 싶은 일 중의 하나이다.

동네책방에서 소소한 강의와 모임을 지속할 수 있다면, 동네책방을 지속하는 데 큰 도움이 될 수 있다.

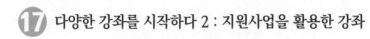

⑰ 다양한 강좌를 시작하다 2 : 지원사업을 활용한 강좌

책인감이 책방 지원사업에 선정되면서 강사를 초빙할 기회가 생기기 시작했다. 책방 운영 초기에 자체 강좌를 많이 진행하게 된 이유 중 하나가 작가들을 잘 모르기 때문이었다. 출판이나 책방과 상관없던 일을 하던 내가 작가를 알 리 없으니 강사로 초청할 수도 없었다. 독립출판물을 입고한 작가들은 몇 명 알았지만 친하지도 않았고, 강사로 초빙하기에 비용도 부담됐지만, 강연 협의 자체를 시작하지 못했다.

그러던 중 2018년 말에 출판사 의뢰로 이원승(개그맨에서 대학로 피자 가게 사장이자 연극 운동을 하는)의 책 〈피자 한 판, 인생 두 판〉 북 토크를 제안받아서 처음 외부 초청 강연을 시작했다. 북 토크에서 내가 한 역할은 모객과 공간 세팅 정도에 그쳤지만 한 번 경험한 것이 많은 도움이 됐다.

2019년에 마을공동체과에서 주관하는 '우리마을 지원사업_공간' 사업에 선정됐다. 공간 지원사업으로 수채화 화가가 진행하는 〈그림 에세이 강좌〉와 일러스트 작가이자 동네책방 지구불시착 대표를 강사로 섭외한 〈우리 가족 책 만들기〉 프로그램을 기획했다. 처음으로 외부 강사를 섭외해서 초빙하고, 프로그램 내용과 진행 사항을 정하고, 모객과 당일 진행을 해볼수 있었다. 미술 강사는 예술로 파견지원 사업에서 함께 기획사업을 신청하며 알게 된 작가를 섭외할 수 있었다.

〈이미지 _ 책인감의 다양한 강좌들2 : 외부 강사〉

2019년에는 한국문화예술진흥원에서 주관하는 '꿈다락 토요문화학교_
일상의 작가 운영공간'에 선정되어 동화 작가와 보조 강사가 진행하는 가족
대상 글쓰기 과정을 총 20회 진행했다. 이때는 공간 제공 위주라 프로그램
진행에 직접 참여하지 않았지만, 동화작가가 진행하는 과정을 보면서 프로
그램을 이해하는 데 많은 도움이 되었다.

지원사업을 신청하려면 기획단계에서 강사를 섭외해야 한다. 책방으로
서 소설가나 시인을 강사로 초청하는 문학 프로그램을 운영하는 것이 좋겠
지만, 아는 작가가 별로 없어서 지역에서 활동하는 활동가나 예술가를 우선
하여 섭외하기 시작했다. 심야책방 지원사업은 강사 기준이 엄격하지 않아

서 유연하게 강사를 섭외할 수 있었다. 회당 30만 원 지원금이 많지는 않았지만, 다양한 강사를 초청할 수 있었고, 정산도 비교적 간편했다. 시인을 섭외해서 '문학의 밤'으로 '시 쓰기'를 진행하기도 하고, 독서 모임 회원인 밴드 연주자와 연계해서 어쿠스틱 밴드 공연을 진행하고, 손님으로 왔던 싱어송라이터의 공연도 할 수 있었다.

2019년과 2020년은 다양한 강사를 섭외해보고 강연이나 북 토크, 체험, 공연 등의 프로그램을 시도할 수 있었다. 내가 문학 작가를 알지 못해서 오히려 더 다양한 강좌를 시도할 수 있었던 점도 있다. 외부 강사 중에는 작가로 이원승(개그맨 출신의 이탈리안 음식점 대표이자, 연극활동가), 양선형(소설가), 김은지(시인), 이소연(시인), 전안나(독서법 저자)가 있었고, 책방 공연에 응해준 빗물사운드(밴드), 리온(싱어송라이터), 이피아트 단원들(플루트앙상블)이 있었고, 미술 강사에는 양준화(수채화), 이은아(내가그린미술, 아크릴화) 외에도 일러스트 및 책 만들기에 김택수(책방 지구불시착 대표) 등 다양한 강사들이 책인감 강좌에 참여했다.

2021년은 책인감 프로그램 운영에 큰 변화가 있던 시기이다. 2020년 여름에 김은지 시인이 책방에서 '문학의 밤' 프로그램을 진행한 것이 인연이 되어 간혹 문학 프로그램을 함께했다. 그러던 중 이소연 시인을 소개받고 두 시인 함께 책인감 심야책방에서 온라인 라이브 문학 북 토크를 진행하며 친해졌는데 이소연 시인과 '2021 작가와 함께하는 작은 서점 지원사업'에 거점 문학 서점과 상주 작가로 신청하여 선정된 것이다. 2019년 선정 때와 달리 거점 문학 서점에서는 한 달에 4번 정도 프로그램을 운영해야 하고, 3번의 초청작가 북 토크도 할 수 있었다.

이소연 시인은 적극적인 활동력과 친화력으로 인해 금방 친해지기도 했지만, 프로그램 기획력과 추진력도 좋았다. 그 덕분에 책인감이 프로그램과 책 추천에서 문학에 중점을 두는 책방의 모습을 갖추어 갈 수 있었다. 상주작가로 활동한 7개월 동안 거리 두기로 인해 프로그램 운영에 기복이 있었지만 매주 수요일 오후 '타로문학상담실'은 예약한 고객들에게 타로와 문학 이야기를 나누면서 책을 추천했고, 매월 마지막 수요일 '발굴문학' 프로그램은 참여자들과 함께 일상에서 기록한 글을 소재로 시를 써보는 시간도 가졌다.

이처럼 재치 있고 흥미로운 문학 프로그램을 통해 책인감의 인지도를 높이기도 했고, 이소연 시인이 지인을 초대해서 시인 주변의 다른 문학 작가들을 알게 된 계기도 됐다. 이소연 시인과 김은지 시인이 항상 함께 다녀서 7개월간 마치 2명의 상주 작가를 보유한 풍성한 문학 책방이 되기도 했고, 두 시인이 있어 다른 프로그램도 시도할 수 있었다. 초청작가 북 토크에서는 정다연 시인, 최은영 소설가, 정지아 소설가의 북 토크를 진행할 수 있었다. (아쉽게도 정지아 소설가는 거리 두기로 인해 화상 북 토크로 대체했지만 소위 유명 작가들이 책인감을 방문하는 계기가 됐다)

'우리동네 책방 배움터' 지원사업에서는 두 시인과 함께 인문 책을 다루는 북 토크를 진행하기도 했다. 〈김종삼 전집 함께 읽기〉와 〈젠더 트러블 읽고 생각 나누기〉는 다소 무겁지만, 꼭 해보고 싶었던 주제의 책을 다루기도 했다. 심야책방 및 책라방 지원사업에서는 두 시인과 함께 혹은 두 시인이 문학을 주제로 라이브 북 토크를 진행하면서 다양한 온라인 방송을 시도하는 기회를 얻기도 했다.

동네책방은 프로그램을 진행하는 데 있어 작가와 협력하는 것이 많은 도움이 된다. 결국, 책방은 책을 판매하고, 책과 관련한 활동을 하는 것이 필요한데 작가와 함께하는 책방은 너무나 자연스러운 활동이기 때문이다. 상주 작가가 아니더라도 책방을 찾는 작가를 반기고 함께 프로그램을 기획하고 진행하면서 책방의 특색을 만들어가는 활동이 필요하다.

18 와인 모임, 즐거움을 찾는 시간

〈이미지 _ 와인 모임 안내_2021년 11월〉

책인감 금요 와인 모임은 내가 가장 좋아하는 '책방의 시간'이다. 내가 와인을 좋아하고, 사람들과 와인을 함께 마시며 대화 나누는 것이 일의 피로에서 벗어나 힐링하는 시간이기 때문이다. 처음 책인감을 오픈하고, 와인 모임을 시작할 때는 모임에서 수익을 내려는 마음도 있었다. 그러나 이내 수익은 내지 않기로 하고, 나를 포함하여 참가자들과 N 분의 1로 비용 분담하며 운영하고 있다.

처음 와인 모임을 시작할 때는 모객이 힘들었다. 책방이 오픈한지 얼마 되지 않은 시점이었고, 내가 사람들을 모은다고 해도 모임에 참여할 아는 사람이 많지 않았고, 책방에 오는 손님에게도 홍보했지만 낯선 사람과 함께 '술'을 마신다는 것을 부담스러운 것도 있었으리라.

처음 두 번 정도 힘들게 모객하다 보니 수익을 내려고 하면 내가 너무 스트레스받는 것 같았다. 수익을 내기 위해서는 많은 사람이 참여해야 하는데 그로인해 모객하는 스트레스가 커졌기 때문이다. 그래서 와인 모임에서 몇만 원 수익을 내기 위해 스트레스를 받느니, 차라리 그 시간을 힐링하는 즐거움을 가져가기로 하고, 수익은 신경 쓰지 않기로 했다.

몇 명이 모임에 참여하든 비용은 N분의 1로 나누는 것으로 했다. 3명이 오든 10명이 오든 그에 맞춰 비용을 쓰는 것으로 했다. 비용은 나중에 분배하는 것은 맞지 않으니 회비를 3만 원(2021년 12월 기준 3.5만 원)으로 정하고, 참여 인원과 회비에 맞추어 와인과 음식 및 안주를 준비했다. (나도 N분에 포함하여 계산했다)

와인은 코스트코와 롯데백화점에서 주로 구매했는데, 가성비를 고려해서 가격은 1.5만 원~2.5만 원 사이를 주로 골랐다. 평균가는 1.8만~2만 원 수준으로 맞추려고 노력했는데 가끔 욕심이 생겨서 1865을 준비하면(코스트코에서는 할인하면 3만 원 전후한 가격), 상대적으로 가격이 저렴한 1만 원 초반의 와인도 고르는 식이었다.

초기에는 치즈와 살라미, 과일 등의 안주를 준비했다. 이왕이면 와인에 어울리는 고급 안주를 준비하려 하니 회비에 맞추기 위해 낱개 포장된 것은 제외하고 용량이 큰 것을 샀다. 그러다 보니 내가 치즈나 살라미를 내가 자르고 플레이팅 할 일이 늘어났다. 그래서 일을 줄이기 위해 1년여 지난 시점부터는 가까운 음식점 사장에게 연어 및 튀김을 포장으로 사 오고, 공릉동도

〈사진 _ 와인 모임〉

깨비 시장이나 주변 가게에서 치킨(윙과 스틱), 곱창, 회 등을 음식겸 안주로 사 오고 있다.

와인 모임을 진행하면서 책인감 만의 원칙과 와인 문화를 만들려고 노력했다.

첫째, 와인을 좋아하면 누구나 참석할 수 있다. 나이 제한 없고, 혼자 혹은 친구나 연인, 부부, 가족과 함께 와도 언제나 환영이다. 다만 꼰대는 안 된다고 이야기한다. 여기에서 꼰대는 나이에 상관없이 남의 얘기를 듣지 않고 자기 얘기만 하는 사람이다. 처음 온 사람이 꼰대인지는 알 수 없지만 모객하면서 그 점을 강조하고, 모임 중에도 자주 이야기해서 자연스럽게 여겨지고 있다.

참석자 연령은 20~30대가 많은 편이지만, 40~50대와 60대도 많다. (와인 모임에 누구나 참여가 가능하고, 책방에 오는 손님 누구에게나 권하고 있다. 20대부터 60대 이상까지 남녀 불문하고 와인을 좋아하는 손님에게는 항상 권하고 있다)

둘째, 와인 기초 강좌이다. 매번 모일 때마다 강좌를 진행하지는 않지만,

신규 회원이 있으면 내가 와인 기초 강좌로 모임을 시작한다. 아는 만큼 맛있다고, 와인도 알고 마시면 더 이야깃거리가 많아지고, 맛있어진다. 내가 소믈리에는 아니지만, 그동안 와인을 마시며 알게 된 이야기와 책과 블로그, 기사 등에서 모은 와인 관련 자료를 정리하여 30분에서 1시간 정도의 강의를 진행하고 있다. 와인의 종류부터, 용어, 생산 대륙별 특징 등을 설명하고 실생활에 유용한 와인 구매법이나 오프너 사용법 등을 강의하고 있다.

특히 이 모임에서 좋은 점은 모임에 자주 참석하는 회원 중에 와인 전문가 한 분이 있다는 것이다. 고급 와인에 얽힌 이야기를 들려주고, 와인에 관해 깊은 지식을 갖고 있으면서, 책인감 와인 모임을 사랑해서 꼭 참석하려 하는 분이다(코로나 거리 두기 시절에는 자주 못 왔지만). 게다가 우리가 평소에 접히기 힘든 좋은 와인을 기증해서 우리에게 고급 와인을 알려주는 천사 같은 분이다.

셋째, 책인감 와인 모임은 사람이 좋고, 와인을 좋아하는 사람들이 오기 때문에 와인은 풍족하게 준비한다. 역대 모임을 보면 거의 1인당 1병을(혹은 그 이상) 마시고 있다. 사실 와인 모임에서 1인당 1병은 정말 많이 마시는 양이다. 대부분 참석자가 주량이 그 정도는 안 된다고 하지만, 새로운 와인을 오픈하면 마셔보고 싶은 생각에 지금 들고 잔을 비우다 보니 과음하는 경우도 생긴다. 그렇지만 많은 대화를 나누며 마시는 와인의 특성상 취하는 경우가 드물다. 저녁 시간 모이기 때문에 안주는 배를 채울 수 있는 것도 준비한다. 근처에 전통 시장도 있으니, 족발이나, 치킨 윙과 스틱, 곱창, 막창 등도 준비하고, 과일이나 크래커 등 가벼운 안주도 준비한다.

넷째, 지원사업을 통해 공연할 때면 와인 모임을 연계해서 뒤풀이로 와인 모임을 진행한다. 특히 심야책방 지원사업에서는 빗물사운드의 밴드공연이나 플루트 앙상블 공연을 진행한 후에 뒤풀이로 와인 모임을 했다. 빗물사운드와 이피아트 플루트 단원들의 책방 공연은 주인장과 손님의 인연으로 기회가 만들어졌다. 멋진 공연을 동네책방 안에서 마주하며 들을 수 있고, 공연 후 연주자들과 청중이 함께 와인과 음식을 나누는 시간은 호스트인 나에게 가장 시간을 만들기도 한다.

책인감 와인 모임은 금요 와인이란 이름으로 3년 넘게 매월 마지막 금요일 저녁에 진행했지만, 코로나 19 거리두기로 인해 정상적인 진행이 불가하다. 2018년 6월 첫 모임을 시작한 이래로 끊김 없이 매월 1회 진행해오다가 2020년 11월부터 모임을 하지 못하고 있다. 2021년 6월, 10월과 11월에 제한된 인원으로 재개하기도 했지만 2021년 12월 이후에는 모이지 못하고 있다. 2022년에는 금요와인이 다시금 북적북적한 모임으로 재개하길 기대한다.

책인감 와인 모임이 단지 술만 마시는 모임이었다면 이렇게 지속하지는 않았을 것이다. 책방지기로서 호스트가 되지만 사람들과 만나서 와인을 이야기하고, 공연도 즐기는 시간이기 때문이다. 지금까지 참석한 사람을 분석해보면 모임당 평균 8~10명 정도 참석하고(공연 때는 인원이 늘어난다), 한 번이라도 왔던 사람이 60~80%, 첫 참석이 20~40% 정도이다. 20~30대가 50% 이상 참석하지만, 40대, 50대, 60대도 비슷한 비율로 참석하고 있으며, 남녀 비율을 초기에는 30%(남), 70%(여) 정도였는데 최근에는

40%~50%(남), 50~60%(여) 수준으로 남성 참석자가 늘어났다. 책인감 와인모임은 남녀노소 누구나 참석할 수 있고, 혼자서도 부담 없이 참여할 수 있는 모임이다. 와인의 특성상 맥주나 소주처럼 원 샷으로 마시기 어렵고, 또 그렇게 마셔도 안 된다. 와인을 마시며 옆 사람 혹은 앞 사람과 이야기를 나눠야 하기 때문이다. 책인감 와인 모임은 그렇게 사람들과 이야기를 나눌 수 있는 모임으로 지속했으면 하는 바램이다.

참여하는 사람들을 위해서도 그리고 나를 위해서도 와인 모임은 힐링의 시간이다.

⑲ 책 쓰기 모임 그리고 1인 출판 과정 배우기

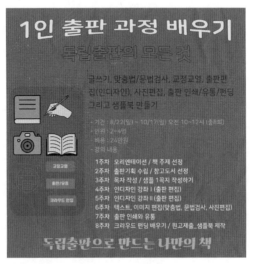

〈사진 _ 1인 출판 과정 배우기 모집 안내〉

동네책방을 운영하는 데 있어 또 다른 중요한 모임 중 하나가 '책 쓰기' 혹은 '책 만들기' 과정이라고 생각한다. 여러 번 이야기하지만, 현대인들은 책을 잘 읽지 않고, 책을 잘 사지 않는다. 그런데도 책과 책방에 관한 관심이 많은데, 그중에서도 글을 쓰거나 자신만의 책을 만들고 싶어 하는 사람이 많다는 것이다.

나도 동네책방을 준비할 때부터 내 책을 쓰고자 했다. 출판사 등록까지 할 생각은 없었지만, 책방 오픈을 준비하고 운영하는 과정에 관한 책을 쓰고자 했기에 글을 써야 했다. 그런데 나는 평소에 글쓰기를 잘하거나 좋아하지 않았기에 글쓰기에 자신이 없었다. 돌이켜 생각해보면 회사에서 회의록을 작성하는 것도 싫어했던 것 같다. 회의 때 기록했던 것에 자료를 최대한 조사해서 객관적으로 회의록을 작성하려는 습관이 있을 뿐이었다. 그래도 다행인 건 메모장이나 싸이월드에 간단한 글을 올리거나, 네이버 블로그에 맛집이나 가볼 만한 곳을 정리해서 글을 올리는 것 정도는 했다는 것이다.

그래서 무작정 함께 책 쓰기 할 사람을 모았다. 몇 년 전 회사 시절에 책 쓰기 강좌를 들었던 것을 회상하고, 책방을 오픈 한 초기에 청소년문화정보센터에서 진행한 독립출판 수업에서 인디자인(책 디자인 편집 tool)을 배우고, 은유 작가의 글쓰기 특강도 들었기에 그냥 밀어붙였다.

당시는 나도 경험이 없었고, 함께 배워야 하는 입장이라 모임은 무료로 시작했다. 다행이었던 건 모임에 참석한 사람들이 너무 좋았다는 것이다. 이미 독립출판을 했던 한 참가자 읽읽은 독립출판에 관해 많은 정보를 나누어 주었고, 등단을 준비 중인 다른 참가자는 문장 솜씨가 좋아서 글쓰기에서 배울 점이 많았고, 독립출판물에 관심 많았던 한 참가자는 책 편집 프로그램인 퍼블리셔스를 알려주기도 했다. 5명의 참가자는 나와 함께 약 5주간 책 쓰기에 필요한 지식을 나누고 함께 글을 쓰는 시간을 가졌다.

인디자인(책 편집/디자인) 프로그램은 동네책방 지구불시착 대표이자 일러스트 작가인 김택수 대표가 강의를 해줬고, 한 참가자의 재능 기부로 실제본을 배워보는 시간도 가졌다. 특히 내 첫 책인 '책방 운영에 관한 책'을 쓰면서 어려워했던 글쓰기에 관해 많이 배울 수 있었고, 책 초고의 60% 정도를 그때 완성할 수 있었다. 독립출판물 작가인 '읽앎'은 함께 책 쓰는 과정 중에 독립출판물 〈세상만사 그런대로〉란 책을 완성하기도 했다.

첫 책 쓰기 모임을 바탕으로 두 번째 책 쓰기 모임부터 유료 강좌로 진행하고, 모든 과정은 내가 진행했다. 내 특성이자 역량인 업무를 배울 때 과정을 기록하고, 특히 화면 캡처를 활용한 매뉴얼로 만드는 데 자신 있었다. 글쓰기 요령, 문법/맞춤법 검사기 활용하기, 출판 기획하기, 인디자인을 활용한 출판 편집/디자인, 유통, 인쇄 등 출판에 필요한 내용을 정리하여 〈나만의 책 쓰기 과정〉을 진행하기 시작했다. 8주 과정으로 직장인 대상으로 일요일 오전 10시~12시와 평일 저녁 강좌로 나누어 진행했다.

초기 강좌에서는 '책 쓰기'에 초점을 맞추어 진행했다면, 지금은 '출판 과정 배우기'라는 내용으로 글쓰기보다 책 만드는 과정을 강조하고 있다. 나의 강점이 글쓰기를 중점으로 진행하는 것보다 책을 만드는 구체적인 과정을 정리해서 강의하는 데 있다. 그래서 제목을 〈1인 출판 과정 배우기〉란 이름으로 운영하고 있다. 2021년에는 상주 작가인 이소연 시인과 협력작가인 김은지 시인이 도와줘서 '글쓰기 & 책 만들기'란 과정으로 진행하려 했지만, 코로나 거리 두기 강화로 3인 이상 모임이 어려워져 진행하지 못했다.

책인감 책 쓰기 & 1인 출판 과정 배우기 세부 내용은 다음과 같다.

〈책 쓰기 과정_ 2019년〉

1주차 : 참가자 소개, 책 쓰기 주제 선정 및 개인별 출간 계획서 작성

2주차 : 주제 잡기, 출판계획 수립 완료. 참고도서 선정 및 목차 잡기

3주차 : 글쓰기 실습. 개인별 샘플 글 작성하기. 쓴 글 상호 리뷰.

4주차 : 인디자인 강좌 및 실습. 개인별 노트북 지참

5주차 : (독립출판) 인쇄 및 디자인 강좌(사진 강좌. 인디고 인쇄 요령)

6주차 : 책 쓰기 작성 종합. 독립출판 유통 및 크라우드 펀딩 배우기,

7주차 : 책 쓰기 실습. 글쓰기 및 인디자인으로 편집하기

8주차 : 책 쓰기 실습. 글쓰기 및 인디자인으로 편집 및 인쇄하기

〈1인 출판 과정 배우기 _ 2021년〉

1주차 : 책 주제 선정. 주제(컨셉) 정하기(어떤 책을 만들 것인가?)

2주차 : 출판 계획 수립(출판 기획서), 참고 도서 선정. 디자인 설정

3주차 : 목차 작성. 샘플 글 완성하기

4주차 : 인디자인 강좌. 표지/내지 편집 요령 배우기

5주차 : 텍스트 편집과 이미지(사진) 편집 배우기. 맞춤법/문법 검사

6주차 : 출판 인쇄 강좌 _ 인디고 인쇄 vs 옵셋 인쇄, 업체 의뢰 방법

7주차 : 출판 유통 강좌. 대형/인터넷/독립서점 유통 방법

8주차 : 크라우드 펀딩 배우기

　책인감과 가까운 동네책방인 지구불시착(공릉동), 도도봉봉(창동)도 글쓰기 모임이 많고, 회원들의 책 출간을 돕는 활동을 하고 있다. 그런데 세 책

방은 각기 다른 특성의 글쓰기 혹은 책 만들기 과정을 진행하고 있다. 지구불시착 대표는 일러스트 작가이기도 하고 책방 손님들과 함께 감성 있는 글을 함께 쓰고, 일러스트 그림을 그려주고, 독립출판물로 쉽게 책을 만들어준다. 몇 년 전부터 '밀실의 소설가'란 이름으로 글쓰기 모임을 진행하며, 짧은 시간 함께 소설을 쓰곤 했다. 2021년에는 '글이다 클럽'이란 이름으로 글 쓰고, 읽고, 다시 쓰는 글 쓰는 모임을 진행하고 있다. 이렇게 글쓰기 모임을 통해서 모인 소설들을 책으로 내기도 했는데 〈하루만 하루끼〉라는 책으로 2020년 11월 출간해서 정식으로 판매되고 있다. 이 책에는 10명의 글쓰기 회원들이 쓴 13편의 짧은 소설이 담겨 있다. 지구불시착에서는 또 다른 모임으로 '독립출판의 시작 - 진 메이킹 클래스'라는 과정을 진행하기도 한다. 김택수 대표는 책 표지 작업부터, 책 편집뿐 아니라 글 중간중간에 일러스트 그림을 그려주며 책 출간을 돕고 있다.

친구네 거실 같은 서점으로도 불리는 도도봉봉(도봉구 쌍리단길)은 책방지기 허나영 대표가 문학을 전공해서 글쓰기 진행이 탁월하다. 책방지기뿐 아니라 도도봉봉에는 문학 재능을 가진 협력 작가들이 있다. 작가들과 함께 다양한 글쓰기, 출판 강좌를 진행하는 데 대표적인 강좌로 만화 작가가 진행하는 '생활 만화' 과정은 만화를 함께 그리고 이를 독립출판물로 제작하는 강좌이다. '지금 바로 도움이 되는 소설작법', '나만의 기록 에세이 만들기' 과정을 통해서는 소설을 쓰고, 에세이를 쓰는 과정을 진행하고 있다.

이처럼 동네책방이 꼭 해야 할 것은 아니지만, 글쓰기 책 만들기 같은 프로그램을 운영하는 것이 필요하다.

⑳ 동네책방과 지원사업

동네책방, 작은 가게에서 할 수 있는 지원사업은?

동네책방을 운영하다 보면 책방이 다양한 지원사업에 노출되는 것을 알게 된다. 책방은 영리를 추구하는 사업자(개인, 법인)이지만 문화공공재인 '책'을 취급하고 있기 때문에 비교적 다양한 지원사업에 신청이 가능하다.

예를 들면, 한국작가회의에서 주관하는 '작가와 함께하는 작은 서점 지원사업', 한국서점조합연합회 '심야책방', 지역문화진흥원 '동네책방 문화사랑방', 서울특별시평생교육진흥원 '우리동네 책방배움터', 한국출판문화산업진흥원 '지역서점 문화활동 지원사업' 등 동네책방을 대상으로 하는 지원사업이 있다.

꼭 책방만을 대상으로 하는 지원만 있는 것도 아니다. 마을의 문화 공간에 지원하는 사업에도 참여할 수 있다. 마을공동체지원센터에서는 '우리마을지원사업_공간'에 참여할 수도 있고, 한국예술인복지재단의 '예술인 파견 지원 사업_예술로'에도 협업 기업으로서 참여 가능하며, 서울마을미디어지원센터의 '마을 미디어 활성화 사업', 한국출판문화산업진흥원 '생활문화시설 인문 프로그램 지원사업' 등에서는 문화시설, 단체 등과 함께 책방이 대상으로 되는 경우가 많다. 또한 책방으로서 혹은 문화기획자로서 문화/예술 분야의 협업 파트너로서 참여 가능한 지원사업도 있다.

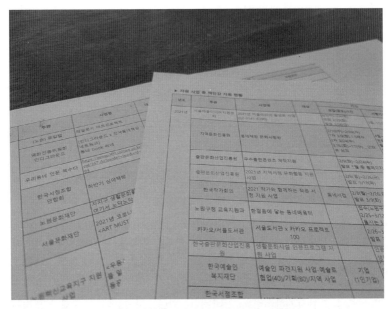

〈사진 _ 책인감 지원사업 정리 리스트〉

많은 동네책방이 '이벤트 없이, 책만 팔 수 있는 미래'를 꿈꾸지만, 현실
은 녹녹지 않다. 성인 독서량이 매년 감소하고, 학생 수의 지속적 감소는 책
을 구매하는 고객의 감소를 뜻하기도 한다. 또한 전자책이나 오디오북으로
전환되는 독서생태계에서 종이책을 판매할 수 있는 시장은 점점 줄어들고
있다. 그러나 다른 한편으로 책방이 할 수 있는 동네 사랑방, 문화공간으로
서 역할을 할 기회가 늘어나고 있다. 대한민국이 선진국으로 진입하면서 사
회 전반적인 문화, 복지 관련 예산이 증가하고, 다양한 문화 프로그램 지원
이 늘어나고 있다. 이런 지원프로그램에 책방이 참여할 기회도 늘어나고 있
다. 과거에는 도서관이나 문학관, 복지관 등 공공시설에만 지원하던 프로그

램이 동네책방을 대상에 포함하기도 하고, 마을의 다양한 공간(공방, 화원, 공연 단체 등)을 대상으로 하는 경우가 늘어나고 있다.

지원사업에 신청하려면 어떤 것을 고려해야 할까?

우선 지원사업 공모 내용을 정독해서 읽어볼 것을 권한다. 사업의 취지, 목적, 대상, 조건과 지원 내용, 특이 사항 등 공모에서 제시한 내용을 잘 살펴봐야 한다. 학생들이 입시를 준비할 때 모집 요강에 맞게 지원해야 합격률이 올라가듯 지원사업도 취지에 부합하는 계획을 세워야 선정될 가능성이 올라간다.

특히, 공모 내용에서 실제 책방에 지원되는 내용을 잘 살펴야 한다. 책방에 지원하는 내용에 기획비나 진행비 혹은 대관료가 포함되는지 확인하고, 지원 내용 중 선정된 책방에서 사용 가능한 비용에는 어떤 것이 있는지 확인해야 한다. (예전에는 도서관이나 문학관 등 공공시설만 대상으로 하다가 최근에는 책방이나 공방 등 지역에 있는 개인 사업자도 대상으로 확대되면서 기획료, 진행비, 대관료 등의 지급을 확대하는 추세이지만 아직도 많은 지원사업에서 운영공간이 얻는 수익을 제한하는 경우가 많다)

책방 운영자가 프로그램 강사를 할 수 있는지도 확인해야 한다. 책방지기는 독서프로그램을 진행하거나 북 토크 혹은 다양한 강의나 모임을 진행할 수 있는 역량이 있음에도 지원사업에서 자가 강사를 엄격히 금지하거나 이를 허용해도 강사료를 제한적으로 지급하는 경우도 있다. 책방에 지원되는 기획비나, 대관료가 없거나 적은 경우가 많은데, 그런 사업 중에도 책방지기가 강사로서 활동할 수 있다면 책방 운영에 도움이 될 수 있다. 지원사업에서 책방의 정체성을 나타내려면 책방지기가 진행하는 프로그램이 꼭 있었으면 한다. 책방에서 작가나 전문가가 진행하는 프로그램도 필요하지만, 그 책방만이 특색을 반영하기 위해서도 책방지기가 진행하는 프로그램을 기획해보자. 혹은 주변 책방지기를 강사로 초청하는 것도 고려하자. 동네책방의 특색을 살릴 수 있는 프로그램을 만들 수 있다. (예_동네책방에 관한 북 토크 및 동네책방들이 함께하는 글쓰기, 출판 프로젝트 등)

지원사업 프로그램 참가자에게 받을 수 있는 참가비도 고려해야 한다. 참가비는 프로그램 참가에 따른 강사비, 재료비, 기획비 등을 고려해서 받아야 하지만 지원사업에서 프로그램 참여자들에게 참가비를 받지 못하게 하는 경우도 많다. 실제 공공기관에서 하는 지원 사업의 경우 무료가 많지만, 책방에서는 수익을 위해 참가비를 받는 것도 필요하고, 노쇼 방지뿐 아니라 참여자들의 몰입도에서도 무료보다 재료비나 참가비를 받는 것이 더 나은 경우가 많다. 최근에는 재료비나 음료비를 고려한 참가비를 받거나, 노쇼방지를 위한 보증금 받는 것은 어느 정도 허용는 경우가 늘고 있다.

지원사업에서 또 하나 고려할 것은 너무 지원사업에만 의존해서는 안 된다는 것이다. 지원사업이 책방 수익에 도움이 되기도 하지만 모든 부분을 책임져 주진 않는다. 책방의 자체적인 프로그램을 통해서도 수익을 창출할 수 있어야 한다. 많은 지원사업에서 사업 이후 지속성을 권하지만 실제로는 책방에서 프로그램의 지속성을 논하기는 쉽지 않다. 특히 초청 강사료를 책방에서 부담하기는 어렵기 때문이다. 어떤 작가들은 책방을 사랑해서 자원하여 무료 강연을 하기도 하지만, 어떤 면에서는 그리 바람직하지 않은 점도 있다. 단발적인 무료 강의가 책방의 지속에는 별로 도움이 되지 않을뿐더러 오히려 책방의 유료 강의를 진행하기 어렵게 하는 요인이 되기도 한다. 그래서 책방 운영자가 진행하는 유료 프로그램이 필요한 이유이기도 하다. 이를 통해 프로그램을 지속해서 운영할 수 있는 방편이 되기도 한다.

수익을 위한 프로그램이 되기 위해서는 참가비를 적정하게 받는 것도 중요하다. 지원사업에서(책방뿐 아니라 도서관, 문학관) 참가비를 무료로 하는 경우가 많지만, 그로 인해 책방의 자생력에 역효과를 내기도 한다. 책방이 자체적으로 진행하는 프로그램에서 참가비를 받으면 거부감을 느끼는 참가자도 있다. 하지만 책방 프로그램이 차별성이 있고, 참가자가 흥미를 느낄 수 있는 주제로 운영한다면 참가비를 내는 것에 부담스러워하지 않는다. 책방 운영자는 지속적인 수익을 위해 프로그램의 차별화를 지속해서 유도하고, 참가자의 만족을 이끌 수 있는 프로그램을 기획하고, 다양한 시도를 하는 것이 필요하다.

📖 서점(동네책방)을 대상으로 한 지원사업

- 한국작가회의 〈작가와 함께하는 작은 서점 지원 사업〉,

- 서울도서관 〈서울형책방〉, 〈서점주간 문화행사 운영 지역서점 모집〉
- 한국서점조합연합회 〈심야책방〉, 상/하반기 나누어 공모
- 서울특별시평생교육진흥원 〈우리동네 책방배움터〉, 2021년 신설
- 대교/대교 문화재단 〈세상에서 가장 큰 책방(세가방)〉
- 한국출판문화산업진흥원 〈생활문화시설 인문프로그램 지원 사업〉, 도서관/복지관 등의 생활문화시설에 서점도 포함
- 카카오/서울도서관 〈서울도서관 x 카카오 프로젝트 100〉, 2020~2021년
- 한국출판문화산업진흥원 〈지역서점 문화활동 지원 사업〉
- 지역문화진흥원 〈문화가 있는 날, 동네책방 문화사랑방〉. ~2021년
- 마포출판문화진흥센터 〈PLATFORM-P 제2차 동네서점 큐레이션〉
- 한국출판인회의 〈모바일 북 페스티벌 2020 〈책 라이브 방송〉〉

📖 공간 대상으로 서점이 가능한 지원사업

- 지역 문화재단과 협업하는 공간 지원 사업, 〈여기서 노닥노닥, 노원문화재단〉
- 서울특별시평생교육진흥원&구청 〈한걸음에 닿는 동네 배움터〉
- 한국문화예술교육진흥원 〈꿈다락토요문화학교 일상의 작가 운영 공간〉, 2018~2020년
- (노원구) 마을공동체지원센터 〈우리마을 지원사업(공간, 활동)〉

📖 기타 신청 가능한 지원사업은?

- 한국문화예술위원회 〈코로나 19, 예술로 기록〉, 2021년 (예술인 대상)
- 서울문화재단 〈2021년 코로나 예술지원, ART MUST GO ON〉, 2021년 (예술인 대상)
- 책 읽는 사회 문화재단 〈독서동아리 지원사업〉, 5인 이상
- 예술인복지재단 〈예술인 파견지원 사업 – 예술로 협업/기획〉, 협업/기획을 함께하는 기업으로 참여 가능하며, 예술인과 협업 성과물을 공유할 수 있지만, 지원금은 없다.
- 서울 마을미디어지원센터 〈마을 미디어 활성화 사업〉
  ※ 라이브방송, 책 영상, 낭독 등을 활용한 기획 가능

지원사업은 주관하는 기관도 다양하고, 지원사업별로 지원 기준이나, 내용이 모두 다르다. 그렇기 때문에 각 지원사업의 공모 내용을 꼼꼼히 읽고, 지원 내용에서 실제로 책방에 지원되는 금액으로, 기획/진행비, 대관료, 강사료, 교재비, 다과비 등을 구분해서 파악해야 한다.

책방 프로그램 진행 시 고려사항

자체 기획 vs 외부 지원

수익 vs 기여

책방지기 강의 vs 외부강사 강연

도서관/문화센터 진행 프로그램과의 차별성은 무엇인가?

지속 가능한 강좌/모임인가?

책방 수익에 정말 도움이 되는가?

㉑ 도서관 납품에 관해

　최근 몇 년간 서울에는 주민센터를 새로 짓거나, 리모델링하면 작은 도서관도 함께 새로 짓는 경우가 많다. 작은 공공도서관 외에도 지자체에서 큰 규모의 도서관을 신축하기도 한다.

　우리나라가 고도 성장기를 지나 선진국으로 올라서면서 문화예산 지출이 점점 늘어나고, 공공도서관 투자가 늘어나고 있다. 그런데 책방의 처지에서는 공공도서관의 증가가 마냥 반갑지만은 않다. 현대인들의 독서량은 매년 급격하게 줄어들고 있는데, 공공도서관의 증가는 책을 빌려보는 문화를

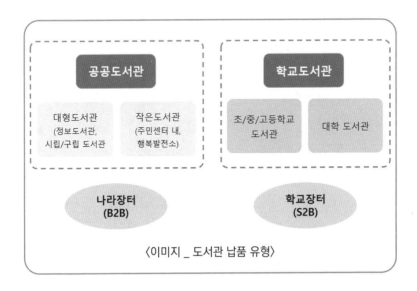

〈이미지 _ 도서관 납품 유형〉

확산하여 종이책 판매를 감소시키는 요인 중 하나가 되기 때문이다.

늘어나는 도서관에 관해 조금 더 알아보자

도서관은 크게 공공도서관과 학교도서관으로 나눌 수 있다. 공공도서관은 관에서 주도해서 만든 도서관이다. 지자체에서 관리하는 정보도서관을 비롯한 주민센터에 들어서는 작은도서관이나 행복발전소, 지혜의숲 등의 이름으로 생겨나는 지자체 관할 도서관이 있다.

예를 들어 노원구에는 가장 큰 도서관인 노원정보도서관(2022년 2월에 노원 중앙도서관으로 명칭 변경)에는 약 18만 권의 책이 있고, 어린이정보도서관에는 약 12만 권, 문화정보도서관 두 곳에는 각각 14만 권, 7만 권의 책이 있다. 그 외에 불암도서관에 3만 7천 권, 화랑도서관에는 2만 7천 권이 있다. 작은도서관 24곳과 협력도서관 4곳이 있는데 이 도서관에는 각각 1만2천 권~2만 권 정도의 책을 보유하고 있다. 노원구 공공도서관에서 보유하고 있는 책을 합하면 약 90만 권 이상이 된다. 그중 1년에 10% 정도 구매한다면 1년에 납품할 수 있는 책이 9만 권 정도이고, 권당 구매가격을 1만3천 원으로 계산하면, 약 11억 원이다. 이를 모두 노원구에 있는 서점이 납품한다면 한 곳당 얼마나 가능할까?

도서관에 납품할 수 있는 서점에 대해서는 논란이 있지만, 사업자등록에 업태와 종목에 책(도서)을 취급하고 있는 곳은 대체로 가능하다(최근에는 지역 서점 인증제를 통해 실제로 오프라인 서점을 운영하는 곳으로 인증받은

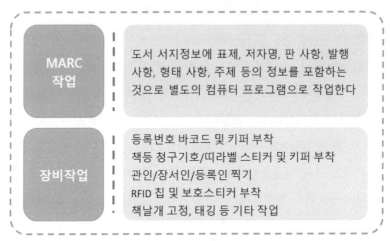

도서관 납품에 필요한 작업이란?

MARC 작업	도서 서지정보에 표제, 저자명, 판 사항, 발행 사항, 형태 사항, 주제 등의 정보를 포함하는 것으로 별도의 컴퓨터 프로그램으로 작업한다
장비작업	등록번호 바코드 및 키퍼 부착 책등 청구기호/띠라벨 스티커 및 키퍼 부착 관인/장서인/등록인 찍기 RFID 칩 및 보호스티커 부착 책날개 고정, 태깅 등 기타 작업

〈이미지 _ 도서도 납품에서 마크 작업과 장비 작업〉

곳에서만 납품이 가능한 지역이 늘고 있다). 노원구 서점의 개소를 정확하게 알 수는 없지만, 네이버 지도에서 검색하면 약 50개소가 나온다. 노원구에 있는 서점만 납품한다면 서점당 평균 2,300만 원(장서 91만 권 x 10%[1년에 구매 장서 추정] ÷ 50개소)을 납품할 수 있다. 서점에서 정가로 판매하는 소매 마진이 평균 25~30% 정도나, 도서관 납품의 경우 10%의 현금할인과 마일리지 혹은 포인트 제공 5% 한도의 도서정가제를 적용하고, 공공도서관은 대체로 10% 현금할인만 적용하고 있기에 납품 마진은 15~20% 수준이다. 실제 납품 시에 들어가는 관리 비용을 고려하면 10~15% 정도 수익을 낼 수 있기 때문에 2,300만 원 납품 시 230~340만 원 정도의 수익을 낼 수 있다. 실제 납품하는 서점은 50개가 아니라10개 정도일 것이다. 그리고 공공도서관 외에도 학교도서관도 있고, 지역 내 납품을 지역 내 서점만 할 수 있는 것도 아니겠지만 수치로 분석해 봐야 감을 잡을 수 있다.

학교도서관의 경우 공공도서관에 납품하는 방식과는 다소 차이가 있다. 공공도서관은 나라장터(B2B)에서 입찰을 통해 진행하거나, 작은 도서관은 구청 마을공동체과에서 수의계약으로 구매를 진행한다. 학교도서관은 학교장터(S2B)에서 입찰하거나 개별 학교에서 자체적인 구매를 통해 진행한다. 학교도서관에 납품하기 위해서는 입찰 외에도, 학교마다 1대1 영업을 해야 한다. 학교도서관 영업을 한다는 것은 학교마다 구매 담당자를 파악하고, 구매 시기, 구매하는 책들에 관한 추천할 수 있는 역량을 키우는 노력이 필요하다. 특히 책 목록을 선별해서 추천하는 역량은 단기간에 만들어지지 않는다. 여러 단체에서 추천하는 추천 책 목록도 살펴봐야 하고, 해당 학교 및 도서관 장서의 특성을 파악해서 적정한 추천 책 목록을 작성할 수 있는 역량이 필요하기도 하다.

공공도서관은 사서가 있는 도서관의 경우 수서 작업이라 해서 필요한 책 목록 작성을 전문적으로 할 수 있는 인력이 있기도 하지만, 작은 도서관이나 학교 도서관의 경우 사서 없이 자원봉사자나 일반 교사가 겸직하는 경우도 많아서 자율적인 수서 작업보다는 회원, 학부모의 구매 요청에 의존하는 경우도 많다. 이렇게 도서관 운영 및 구조에 대한 이해를 높이는 것이 도서관 납품에 앞서 상담 역량을 키우는 방법이 된다.

책방을 운영하면 공공도서관이나 학교도서관 납품도 고려하는 것도 필요하다. 일반 소비자가 충분히 책방에서 책을 구매한다면 납품을 하지 않아

〈사진 _ 공공도서관 납품시 적용할 장비작업 조사〉

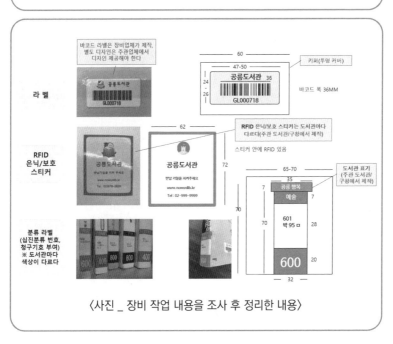

〈사진 _ 장비 작업 내용을 조사 후 정리한 내용〉

도 된다. 하지만 종이책을 읽거나 사는 사람들이 줄어드는 시대에 책방에서 직접 판매하는 책은 줄어들 수밖에 없기 때문에 도서관 납품도 책방을 유지하기 위한 고려사항이 돼야 한다. 앞에서도 공공도서관 납품에 관해 분석해 봤지만, 최근에는 공공도서관이 신규로 만들어지거나 기존 도서관도 리모델링을 통해 보유 책이 늘어나고 있다. 특히 작은 도서관이 많이 늘어나고 있으며, 작은도서관마다 책 보유량도 늘어나고 있다. 리모델링 시점이나 신축 시점에 구매하는 책 수량이 늘어나는 것은 당연하다.

(노원구는 작은도서관 24곳의 보유 장서가 2019년 24만 권에서 2021년 10월 기준 34만 권으로 늘었다)

즉, 책방으로서 지속가능한 책 판매를 유지 혹은 확대하기 위해서는 손님에게 판매하는 소매뿐 아니라 대량 판매할 수 있는 납품에 대해서도 고려해야 한다. 물론 선택은 오로지 책방 운영자의 몫이다.

도서관 납품을 위해서는 납품 시장의 흐름을 파악하는 것 외에도 납품 시 알아야 할 것들이 있다. 도서관에 책을 납품할 때는 마크(MARC) 작업이라는 도서정보를 입력할 수 있는 프로그램도 있어야 하고, 장비 작업이라는 바코드, 스티커, 프로텍터(투명 보호 스티커), 도장 날인 등의 물리적인 작업도 할 수 있어야 한다. 또한 납품 시 부가가치세 없는 도서 납품은 계산서(부가세가 없는)를 발행하고, MARC 및 장비 작업은 세금계산서(부가세가 있는)를 발행하는 것도 알아야 한다.

2021년 바뀐 세무로 간이과세자의 기준 매출이 상향되었다. 그런데 그

증가한 구간에 해당하는 간이과세자는 세금계산서를 발행할 수 있게 되었다. 간이과세자로인 책방에서 도서 납품분과 마크(장비) 작업분 금액에 대해 계산서와 세금계산서를 구분해서 발행하는 기준을 알아두자

항목		구분	일반 과세자	간이과세자		면세 사업자
				연 4,800만원 미만	연 4,800만원 ~ 8천만원	
도서관 납품시	도서	계산서	가능	가능	가능	가능
	마크/장비	세금계산서	가능	불가	가능	불가

〈표 _ 도서관 납품시 과세 유형에 따른 계산서, 세금계산서 발행〉

마크 작업이나 장비 작업은 도서관 납품을 전문으로 하는 업체들이 있다. 이런 작업은 지역에 있는 납품 전문 기업에서 가능하고, (웅진) 북센과 같이 도매상도 가능하다. 그런데 실제 장비 작업에는 도서관별로 사용하는 도서십진분류에 따른 도서분류 스티커 색상이 다른 경우도 있고, 청구기호 표시에서도 도서관별로 조금씩 상이한 경우가 있어 납품하는 책방에서는 이를 파악하고 처리할 수 있는 역량을 키워야 한다. (지역에 따라서는 도서관이 납품을 지역 책방에 순환하여 배분하는 경우도 있고, 납품업체에 전적으로 맡기고, 납품 후 계산서 발행만 하는 경우도 있지만 여기서 다루지는 않겠다)

도서관 납품은 책방을 시작하는 사람에게는 낯선 업무이다. 단지 책이 좋아서 책방을 열었는데, 도서관 납품은 비즈니스 마인드로 접근해야 하기

때문이다. 이는 책방 운영자가 할 수도 있고, 안 할 수도 있는 선택사항이 되려면 결국 도서 납품에 관해 알아야 한다. 내가 도서 납품에 관해 알지 못하면 이는 하지 않는 게 아닌 **'할 수 없는'** 영역이 되기 때문이다.

내가 책인감을 운영하며 원칙으로 삼는 것 중 하나가 내가 선택할 수 있는 영역을 늘리자는 것이다. 그러기 위해 선택 가능한 영역을 공부해서 알아가고, 그것을 알고 난 후에 선택하는 것이다

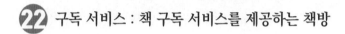

22 구독 서비스 : 책 구독 서비스를 제공하는 책방

동네책방에서 운영하는 인스타나 페이스북, 블로그에서 구독 서비스를 소개하는 곳들이 늘어나고 있다.

구독경제라는 용어의 사전적 의미를 보면, '온라인 비즈니스 모델과 소비 형태를 통칭하기 위해 만든 용어로 사용자가 일정 기간 구독료를 내고 상품이나 서비스를 이용하는 경제 활동'을 말한다.

신문이나 잡지처럼 매일 혹은 매월 정기배송을 통해 받아보는 것이 있고, 온라인에서는 마이크로소프트 오피스, 어도브 포토샵/일러스트/프리미어프로와 같은 프로그램 사용이나 음악 스트리밍, 전자책 오디오북처럼 보거나 듣는 서비스, 비데나 정수기, 침대 가구처럼 일정 기간 상품을 이용하는 서비스가 있다.

동네책방 구독 서비스에는 어떤 것이 있을까?

우선 회원제를 운영하는 책방이 있다. 책방에서 운영하는 회원제는 단순히 책을 사면 포인트를 적립을 적용하는 곳도 있지만, 책방에서 운영하는 정기 프로그램에 참여하는 회원제를 운영하는 곳도 있다. 부산 곰곰이 책방은 유료 회원제를 통해 책을 구입하고, 책방의 다양한 프로그램에 참여할 수 있도록 하고 있다. 곰곰이 책방은 단지 책만 파는 곳이 아니라 어린이를 위한 다양한 독서 프로그램을 20년 이상 운영하고 있으며 다수의 회원을 유치하고 있는 어린이 책 전문 서점이다.

또 다른 구독 서비스로 매월 추천 책을 선정해서 보내주는 방법이다. 매월 일정 금액을 내면(정기구독) 책방지기가 선정한 책 중에 한 권 혹은 여러 권을 받아보는 서비스이다. 현대인들은 바쁜 일상으로 인해 책을 선택하는 일도 쉽지 않다. 그래서 책방(혹은 북 큐레이션이 믿을만한 책방)에서 추천한 책을 정기적 받는 것을 원하는 고객들이 있다. 이는 동네책방을 후원하고 싶어 하는 사람들이 선택하기도 하고, 독자의 취향에 맞는 추천 책을 믿고 선택하는 경우도 있기 때문이다.

매월 회원에게 책을 보내야 하는 책방도 다양한 방식으로 진행한다. 어린이가 있는 가정에는 어린이 연령에 따라 적합한 책을 선정해서 보내기도 하고, 성인에게는 신간을 위주로 선정해서 보내거나 혹은 추천 책을 여러 권 제안 후 고객이 선택하게 하는 경우도 있다. 대전 우분투북스에서는 지인들을 위주로 시작한 추천 책 배송 서비스가 확대되어 많은 사람이 서비스를 받고 있다. 이는 책방지기 개인의 역량으로 맞춤식 추천을 하거나 정성을 곁들인 추천의 장점이 있는 반면에 큰 노력이 들기 때문에 많은 사람에게 제공하기는 어렵다는 단점도 있다. 특히 우분투북스 책방지기의 정성 어린 손편지는 많은 사람이 받고 싶어 하는 감성 서비스이기도 하다.

동네책방에서 제공하는 구독 서비스는 온라인 서점에서 제공하는 추천 책과 달리 책방지기 개인의 취향이 담긴 서비스를 받을 수 있다. 이는 동네 책방이 가진 친근감 때문이기도 하지만, 책방지기의 큐레이션 역량에 따라 좌우된다. 그 책방만의 큐레이션과 그에 공감하는 독자에게 구독 서비스를 제공해 보는 것은 어떨까? 받는 이들에게 기다리는 설렘을 느껴보게 하는 것은 어떨까? 한 달에 한 번, 정성스러운 포장과 글귀 혹은 손편지를 통해 그 책방만의 큐레이션을 받아보게 하는 것은 어떨까? 코로나 19로 인해 책방을 찾는 사람들이 줄고 있는데 구독 서비스를 통한 비대면 서비스로 독자를 만나 보는 것은 어떨까?

23 언택트 시대에 책방이 할 수 있는 것

비대면 책방 프로그램을 만들자

코로나로 인해 변화하는 세상에서 동네책방은 어떻게 변화해야 할까?

벌써 2년 넘게 지속하고 있는 코로나 19로 인해 아직도 우리의 일상은 회복되지 않고 있다. 코로나 19는 동네책방의 풍경도 많이 바꾸고 있다. 코로나가 본격화된 2020년부터 책방에서 운영하던 많은 프로그램이 비대면 온라인으로 변화가 시작되었는데, 2021년은 비대면 온라인 프로그램이 더욱더 늘어나고, 혹은 프로그램 기본 옵션으로 진행하는 일도 많아졌다.

특히 2020년 가을부터 시작된 수도권 유행은 책인감 프로그램에도 많은 변화를 가져왔다. 지원사업으로 진행하던 심야책방은 일러스트 배우기, 밴드 공연, 문학 토크 등 오프라인 기반 프로그램 진행이 불가능해졌고, 대한민국독서대전(제주)에 서울 동네책방으로 참여하여 진행하기로 한 책방 내 문학 프로그램도 정상 진행이 불가능하게 됐다. 특히, 2020년 9월 전후에 진행하기로 했던 프로그램들이 코로나 19의 수도권 대유행으로 인해 오프라인 진행을 미루고 미루다 어쩔 수 없이 비대면 온라인 프로그램으로 전환해야 했다.

그러나 갑작스럽게 온라인 프로그램으로 진행해야 하는데 일부 강사는 고사하는 일도 생기고, 책방에서의 공연은 취소해야 하는 상황에 맞닥뜨리

〈사진 _ 온라인 라이브 방송 및 화상회의로 진행하는 모임〉

게 됐다. 지원사업을 주관하는 책방지기로서 일정 내에 지원사업 프로그램은 진행해야 하는 처지에서 나름대로 대안과 효율적인 방법을 찾기 시작했다. 대한민국독서대전과 심야책방 프로그램은 책방대표가 강사를 할 수 있었고, 나도 책 저자로서 강사 기준에 문제가 없었기에 강사가 고사한 경우에는 내가 대체 프로그램을 온라인으로 진행하는 것으로 했다. 비대면 온라인 강좌는 인스타, 페이스북, 유튜브에서 라이브 방송을 할 수 있었고, 또 영상을 만들어 올릴 수도 있었다. 지원사업 특성상 해당 일정 안에 해야 했고, 책인감은 인스타를 통해 회원과 소통하고 있었던 만큼 인스타 라이브로 진행했다. 휴대폰으로 영상 송출이 가능하니 손쉽게 라이브 방송을 할 수 있지만, 방송 환경을 좋게 하기 위해 재료비로 마이크, 조명, 삼각대 등 필요한 장비를 샀다.

1인 가게로서 혼자 모든 것을 감당해야 하는 만큼 라이브 방송 세팅부터, 강의 준비, 댓글, 증빙을 위한 사진 남기기 등 혼자서 해야 할 일들이 많았다. 우선 라이브 강의는 책방 운영 실무, 동네책방 탐방기, 크라우드 펀딩 강좌 등 내가 할 수 있는 강좌를 중심으로 진행했다.

　라이브 방송과 녹화를 위해 현재 사용 중인 스마트 폰(갤럭시)뿐 아니라, 공기계로 갖고 있던 아이폰7 기기를 활용하고, 노트북으로 유튜브 라이브를 함께 송출하고, 반디캠 프로그램을 통해 영상 송출 장면도 녹화했다. 첫 라이브 방송에서는 실수도 잦았다. 인스타 라이브 방송에서 동시 시청자는 7~8명 정도였는데, 한참을 말하다 보면 소리가 잘 들리지 않는다는 댓글을 뒤늦게 보고서 라이브 방송을 껐다 켜기도 하고, 방송이 끊겼는지도 모르고 계속 혼자 떠들기도 했다. 대형 TV에 PPT를 띄어서 보여주기도 했는데, 방송에서는 카메라 성능 때문인지 배경 TV 화면이 거의 보이지 않았다. 또 셀프 영상은 잘 쓰지 않았는데, 셀프 영상은 좌우 반전으로 인해 책을 소개할 때 글자가 거꾸로 나오기도 하고, 카메라가 너무 가까우면 내 얼굴이 너무 크게 나와서 부담스럽기도 했다. 그래서 후면 카메라로 조금 떨어져서 방송하면 소리가 잘 들리지 않는다고 하고, 실시간 댓글을 살펴보기 어려웠다. 그래서 유선 마이크를 사서 스마트 폰과 연결하니 소리는 잘 전달됐다. 무선 마이크를 사면 좋겠지만 무선 마이크는 너무 비싸고, 유선 마이크가 저렴했기 때문이다. 댓글 리뷰와 대응을 위해 스마트 폰으로 영상을 보내면서 노트북으로는 라이브 방송을 시청하는 방법을 사용하기 시작했다. 스마트 폰 카메라는 뒷면 카메라로 조금 멀리 떨어져서 촬영하고, 무선 마이크를 연결해서 목소리가 잘 전달되게 하고, 테이블에 노트북을 올려놓고 라이브 방송 시청을 하면서, 라이브 화면의 댓글을 읽거나 나도 글을 남기기도 했다. 또한 방송 장면을 캡처해서 나중에 결과 보고 자료에 사용하기도 했다.

특히 혼자 방송하고 있을 때는 시청 중인 노트북에 이어폰을 연결해서 내 소리가 잘 들리는지 모니터링 해야 하는 데 내가 말하는 것과 방송에 나오는 시간 사이에 약 5초에서 10초 정도의 지연 시간이 있다. 그래서 집중에 어려움을 겪기도 하지만 방송을 위해 어쩔 수 없이 멀티 태스킹 마법을 부리고 있다.

라이브 방송 후 인스타와 유튜브에 동영상을 올리고, 인스타에 게시하여 영상을 알리는 등의 경험을 통해 라이브 방송에 필요한 방법과 장비를 배워갔다. 2020년 경험으로 책인감에는 라이브 방송에 필요한 장비를 다양하게 갖추고, 라이브 방송을 비교적 잘 진행하는 책방으로 알려지게 됐다

2021년에도 코로나 19가 지속하고, 수도권 대유행으로 인해 점점 거리두기가 강화되어 책방은 여전히 정상적인 프로그램을 진행하기 어려웠다. 2020년은 인스타 라이브 방송을 위주로 했다면, 2021년에는 인스타 라이브 방송과 더불어 화상 회의를 활용한 방식도 시작했다. 줌(ZOOM)으로 대변되는 화상 회의는 그동안 회의에서는 많이 사용했지만, 독서 모임이나 문학 토크 혹은 저자 초청 북 토크에서도 활용하기 시작했다. 우선 책방 자체 프로그램 중 '책방 운영 실무 강좌'와 '책방 세무'는 내가 진행하는 강좌로 그동안 오프라인으로만 진행했지만, 멀리서 오기 힘든 사람들을 위해 온라인 화상 강좌로 진행하게 됐다. 줌을 사용하는 사람들이 많았지만 1년에 149$의 구독료가 부담되고(무료 회원은 40분 단위로 사용 가능), 내가 쓰고 있는 웹 브라우저인 네이버 '웨일'에는 '웨일온'이란 줌과 유사한 화상 회의 도구(Tool)를 무료로 사용할 수 있어 '웨일온'으로 진행했다. 내가 하는 강좌의

경우 강연식 PPT 자료를 위주로 하고 있어 화상 회의 방식도 무리 없이 사용할 수가 있었다. 아니 오히려 멀리 있는 사람도 들을 수 있으니 어떤 면에서는 더 낫다고 할 수도 있다.

독서 모임은 화상 회의로 진행할 경우 모임을 유료화하기 쉽지 않아 아직은 시도하지 못하고 있다. 독서 모임을 책방에서 진행하면 음료가 포함된 참가비를 받기 때문에 일정부분 수익이 나고, 책도 판매할 수 있지만, 온라인은 참가비를 받는 것이 부담스러워 아직은 본격적으로 진행하지 않고 있다. 다만 카카오 프로젝트 100과 같이 지원을 받아서 하는 온라인 행동 프로그램에서는 유용하게 할 수 있었다.

2021년 진행한 책방배움터에서는 김은지 시인의 '김종삼 전집 함께 읽기', 이소인 시인의 '젠더트러블 읽고, 생각 나누기', 내가 진행한 '동네책방에서 독립서점에 관한 책 함께 읽기'를 모두 웨일온 온라인 방식으로만 진행했다. '김종삼 전집'과 '젠더트러블'은 애초에 오프라인으로 기획했으나 수도권 거리 두기 강화로 온라인으로 전환해서 운영했다. 프로그램에 참여자들도 그동안 화상 회의 방식에 익숙해져서 별 무리 없이 진행할 수 있었다.

라이브 방송으로 진행하는 것과 화상 회의 방식으로 진행하는 것 그리고 동영상을 만들어 올리는 것 등 언택트 시대에 책방에서 할 수 있는 방식이기도 하지만, 코로나 19가 안정되어도 온라인 방식이 계속해서 필요할 것이다. 동네책방은 대형서점이나 체인점과 달리 그 동네에 가야만 만날 수 있었다. 지금은 내 동네에 찾아오기만을 기다릴 수는 없는 시대이다. 온라인에서 동네책방을 알리고 멀리서도 동네책방의 프로그램에 참여할 수 있는 시대가 되기 때문이다.

온라인 방송 혹은 영상 녹화를 위해 필요한 팁과 장비는?

스마트 폰, 태블릿

평소 사용하는 내 폰으로 라이브 방송을 할 때는 꼭 방해금지 모드를 사용하자. 여분의 스마트 폰이 있으면 더 좋다. 방송 촬영을 위해서도 필요하고, 와이파이에서는 두 개의 카메라로 활용하거나, 라이브 방송에 참여 시 방송 모니터링과 댓글 리뷰 및 캡처를 통해 증빙자료 활용이 가능하다. 혹은 백신 패스의 QR 코드 확인에도 사용할 수 있다.

마이크와 젠더

방송촬영 시 스마트폰과 멀리 떨어져서 촬영하면(2~3m 이상) 소리가 작게 들리는 경우가 많다. 그래서 마이크(유선 혹은 무선)를 연결하면 소리가 훨씬 잘 들린다. 아울러 유선 마이크를 연결하면서 충전이 필요한 경우에는 젠더를 통해 스마트폰의 단자에 충전기와 마이크를 동시에 연결 할 수 있어야 한다.

마이크 연결 시 3극과 4극 연결 단자의 차이도 알아야 한다. 일반적인 스마트폰과 전자제품에는 4극 단자를 사용하지만, 전문가용 영상장비에는 3극 단자를 사용하는 경우가 많다(모양이 비슷해서 연결은 되지만 녹음되지 않을 수 있다).

특히 멀리서 촬영할 때, 가로 보기 촬영의 단점으로 인해 인스타 라이브에서는 세로로 촬영하는 경우가 많다. 그럴 때 스마트 폰은 되도록 멀리서 촬영하는 것이 화면이 잘 나온다. 이때 별도의 마이크를 연결해야 소리가 잘 전달되는 데 스마트 폰용 무선 이어폰(마이크 겸용)을 사용하는 것도 방법이지만, 전용 마이크를 따로 준비하는 것이 좋다. 다른 방법으로 앰프와 마이크를 활용하는 방법이 있다. 스마트 폰에 마이크를 연결하지 않아도 일반 마이크와 앰프를 통해 소리를 키우면 방송에서도 잘 들리는 효과가 있다.

구도와 빛

사진이나 영상 촬영에 있어 중요한 요소가 구도와 빛이다.

(화면)구도를 어떻게 잡는가에 따라 보는 이들에게 안정감이나 흥미를 줄 수 있다. 라이브 방송에서는 가능하면 가까이 촬영하는 것이 좋은데, 이는 스마트 폰으로 시청하는 사람이 많은 라이브 특성상 너무 멀리서 촬영하면 얼굴을 알아보기 힘들기 때문이다. 구도에서는 촬영 각도도 고려해야 한다. 카메라를 낮은 위치에서 촬영할지, 얼굴과 같은 높이에서 촬영할지에 따라 안정감이 다르다.

빛도 중요한 고려 사항이다. 빛이 잘 들어오는 공간에서 촬영할 경우에는 역광을 주의하되 빛을 등지고 촬영하는 것이 좋지만 너무 그림자가 생긴다면 블라인드를 내리거나, 직사광을 피하는 곳에서 촬영하는 것이 좋다. 밤에 촬영할 때는 조도(빛의 세기)를 고려해야 한다. 책방이나 카페는 대체로 조도가 낮고 스팟 조명이 있는데 이런 곳에서 촬영할 때는 별도의 촬영용 조명이 있으면 좋다. 촬영에 적합한 조명은 일반 스탠드형보다는 LED 조명 등 촬영용 조명이 유용한데, 인터넷에서 판매하는 USB용 저렴한 LED 조명도 있다. 다양한 조명 중 내 책방에 적합한 조명을 찾아보자.

삼각대

셀카봉 겸용 삼각대를 사용해서 촬영하면 잔 진동이 생각보다 많다. 촬영 시 가능하면 안정적인 삼각대를 사용하는 좋다. 동네책방이 거창한 장비를 갖출 수는 없어도 스마트폰이나 DSLR 카메라로 촬영할 때도 안정적인 삼각대만 있어도 좋은 영상을 얻을 수 있다.

장비대여

영상 촬영을 조금 더 잘하고 싶다면, 장비 대여하는 것도 생각해 보자. 장비 대여를 사설기관에서 하면 비싸지만, 마을미디어지원센터 등에서 회원 가입 후 장비 대여한다면 보다 저렴하게 대여할 수 있다. (지원사업에서는 장비 대여를 비용으로 처리할 수도 있고, 미디어센터에서는 조건에 따라 무

료로 대여해 주는 경우도 있다)

　마을미디어지원센터에서는 장비 대여뿐 아니라 시설 이용을 통해 영상 녹화, 편집을 할 수도 있다. 노원구에는 〈노원마을미디어지원센터〉가 있어 정회원으로 가입 후 소정의 교육을 이수하면 장비 대여와 시설 이용을 보다 저렴하게 할 수 있다. 특히 코로나 19로 인해 많은 지원 프로그램이 오프라인에서 온라인 방송이나 영상 제작을 겸하는 경우가 늘고 있다. 더욱 좋은 품질의 영상을 위해 DSLR 카메라와 무선 마이크를 대여해서 해보면 어떨까? 책 소개를 영상으로 제작하고, 작가와 함께하는 북 토크 촬영 시 조금 더 좋은 영상에 담아보는 것은 어떨까?

동네책방에서 독립서점에 관한 책 함께 읽기

동네책방

걱정을 해서, 걱정이 없어지면, 걱정이 없겠네.

책방을 운영하든, 어떤 사업이나 가게를 운영하든 걱정만 하는 것보다 한 번 시
도해 볼 것을 권한다. 시도를 해봐야 잘했거나, 못했거나 결과가 있고, 이를 개선할
방법도 생기기 때문이다. 일단 시도해 보자.

에피소드 3부 : 책방과 사업을 지속하기 위한 것

24 책방지기가 할 수 있는 강의 / 230

25 사업자 교육 및 정보는 어디에서 배울 수 있나? / 237

26 책방 운영에 관해서는 어디에서 배울 수 있나? / 248

27 대외 활동에 관한 고려사항 / 256

28 의사 결정하기 : 잘 모르는 일을 결정할 때 / 266

29 세무신고에 관한 이야기 / 273

30 세무신고 직접 하기 : 홈택스에서 세무 신고하는 방법 / 285

31 공인인증서 그리고 홈택스와 정부24에서 필요 서류 발급하기 / 303

32 인터넷에서 판매하기 / 309

33 책방에서 할 수 있는 다양한 사업? 책인감의 미래? / 319

별첨 : 창업 준비 리스트(책방&카페 겸업 기준) / 329

🏚 책방지기가 할 수 있는 강의

　나는 책인감을 준비할 때부터 강의와 교육을 책인감 사업구조의 한 축으로 생각했다. 동네책방이 책만 팔아서 수익 내기 쉽지 않고, 다양한 프로그램을 운영해야 한다고 생각했는데, 그중 강의를 책방 내에서나 외부에서 진행하고자 했다. 책방을 소개할 때도 '책人감'의 '人'은 강좌와 모임을 통해 사람이 모이는 공간으로 설명했다.

　우선 책방에서 할 수 있는 강의로 첫해에는(2018년) 홍보를 위해 시작한 〈직장인을 위한 엑셀 초급/중급 강좌〉와 〈동네책방 운영 실무 강좌〉, 〈전국 이색 동네책방 투어〉, 〈제주 힐링 여행 강좌〉 등이 있었다. 책 쓰기 모임을 시작한 후 2018년 말부터 〈책 쓰기 일요반/평일반〉을 유료 강좌로 진행하기 시작했다. 이후에도 다양한 강좌를 만들어 진행했는데 과학을 좋아해서 〈문과 출신 주인장이 들려주는 과학 강좌〉로 '코스모스 우주 편, 지구/생명 편', 정재승의 책 '열두 발자국'을 강좌로 만들기도 했다. 내가 책을 만들고, 경험한 크라우드 펀딩 과정을 담아서 〈크라우드 펀딩〉 강좌를 진행하기도 했고, '책 쓰기 모임'은 〈1인 출판 과정 배우기〉란 이름으로 지금까지 강의를 계속하고 있다. 책방 운영 강좌에서 파생된 〈책방 세무와 지원사업〉도 진행하고 있다.

나는 왜 이처럼 많은 강좌를 만들어 시도하는 것일까?

현대인에게 독서란 어떤 것일까? 종이책을 사고, 종이책을 읽는 것을 좋아하는 사람도 많지만, 독서 문화는 많은 변화를 겪고 있다. 종이책 중심에서 전자책이나 오디오북 시장의 비중이 확대하고 있으며, 문학을 접하고, 지식을 얻는 방법에서도 변화가 생기고 있다. 소설이나 시처럼 문학책을 읽기도 하지만, 영화나 연극, 뮤지컬처럼 공연을 통해서도 문학 작품을 접하는 기회가 늘어나고 있고, 책을 통해 지식을 얻는 방법에서 블로그나, 팟캐스트, 유튜브 영상을 통해 정보를 얻기도 하고, TED나 TV 방송프로그램을 통해서도 볼 수 있다. 이런 변화가 책을 모두 대체하는 것은 아니다 각각 보완재로서 과거에는 책을 통해서만 얻을 수 있었던 지식이나 감명이 다양한 방식을 통해 전달되고 있다.

동네책방을 운영하는 것도 마찬가지이다. 책을 판매하는 기회는 자연스레 줄고 있지만 이를 보완할 수 있는 다양한 방법이 있다. 내게 있어 강연하는 것은 책을 만드는 과정과 비슷하다. 책으로 전달하고 싶은 내용을 강의에

담는 것이다. 책방에서 강연을 진행하고, 이를 홍보해서 외부 강연으로 확장해 나가고, 경험이 쌓이면 책 출간을 검토하는 것이다.

내가 책방에서 진행할 강좌를 만드는 것은 나의 의지와 노력에 따라 얼마든지 가능하지만, 외부에서 강의하는 것은 그렇지 않다. 나처럼 전혀 다른 업종의 일을 하다가 책방을 낸 사람이 외부 강연에서 할 수 있는 기회는 많지 않다. 그런 내가 외부 강연을 시작한 과정을 살펴보자.

2018년 봄 공릉동 마을공동체에서 주관하는 '꿈길장' 플리 마켓과의 인연을 통해 마을공동체 사람들을 알아갔다. 5월부터 11월까지 매월 마지막 토요일에 진행하는데 당시에는 가까운 공용화장실이 없어서 '꿈길장' 참여 단체와 스텝들이 편하게 이용할 수 있도록 책인감 화장실을 쓰게 했다. 사실 별것 아니지만, 다른 가게들은 화장실 개방에 난색을 보였다. 플리마켓 때 화장실을 오픈하면 지저분하게 쓰는 경우가 많아서였다. 책인감은 2층이라 홍보를 위해서도 화장실을 오픈하는 게 좋다고 생각했고(2층은 생각보다 자주 올라오진 않는다), 책방 구조상 내가 있는 데스크 옆에 화장실이 있어서 지저분하게 쓰기는 어려웠기 때문이다. 화장실 개방은 꿈길장 스텝들에게는 고마운 일이었고, 마을공동체 활동을 하는 사람들에게 내가 좋은 인상을 심어준 계기가 됐다(기존 51페이지 때도 화장실 개방을 했기에 나에게도 요청이 이어진 것이다).

꿈길장과의 인연으로 당시 마을 활동가 한 분이 노원정보도서관 관장을 소개했다. 일부러 차를 마시러 함께 책인감에 왔는데 이때 인연으로 도서관에서 강연을 진행할 수 있었다. 노원정보도서관에서 〈도서관, 인문강좌〉로 책방 운영 강연관 '책방 투어' 프로그램을 진행했고, 노원평생학습관에서 〈도서관, 동네책방과 만나다, 동네책방에 가다〉라는 강연을 진행했다. 총 4번의 강연은 수익도 얻었지만 외부 강연이 가능하다는 자신감도 얻을 수 있었다. 아쉬웠던 건 도서관에서는 인문강좌를 지속하고 있지만 두 도서관과 다음에도 강연을 이어가지는 못했다.

2019년에는 또 다른 기회가 찾아왔다. '전국동네책방네트워크(책방넷)'가 창립하면서 많은 동네책방과의 교류가 생기고 내 책방을 아는 다른 책방이 많아졌다는 것이다. 그 인연으로 5월에는 '한겨레교육'에서 〈서점/책방학교〉 과정을 개설하면서 강사 요청이 온 것이다. 강의 커리큘럼을 개설하면서 3시간짜리 10강 중 8강을 현재 동네책방을 운영하는 대표가 맡았는데 그중 '책방 운영 실무' 강연으로 내가 추천된 것이다. 한겨레교육 〈서점/책방학교〉에는 2019년 1기, 2기 때 강사로 참여하고, 2020년에는 빠졌다가, 2021년부터 다시 참여하고 있다(2022년 3월 7기 〈책방 창업 스쿨〉에도 강사로 참여한다).

그리고 지방 자치단체에서 진행한 〈인천책방학교〉와 〈광주책방학교〉에서도 한 번씩 '책방 운영 실무' 과정을 강의했다.

2019년에 진행한 외부 강연 중 하나는 답십리도서관에서 〈도서관 과학강좌〉가 있었다. 책방에서 진행한 〈문과 출신 주인장이 들려준 과학강좌〉를 도서관 사서가 보고 나에게 요청한 것이다. 주부들 대상으로 코스모스 강좌를 진행하는데 참여자들이 과학을 이해하는 데 어려움이 많았다고 한다. 내가 진행한 과학 강좌 블로그를 보고, 쉽게 이해하는 특강으로서 좋겠다고 해서 요청한 것이다. 덕분에 도서관에서 '과학 강좌'도 진행한 책방지기가 됐다.

외부 강연이 늘어날 것이란 기대와 달리 2020년에는 2번만 있었다. 코로나 19로 인해 많은 대면 강연이 사라진 요인도 있을 것이고, 내가 강의 전문가라고 하기엔 경력이나 전공이 부족했고, 책방을 오래 운영한 연륜도 없었기 때문이다. 그러던 중 한국서점조합연합회(서련)에서 진행한 〈43기 서점학교(2020년 6월)〉에서 '책방 세무/회계' 강의 요청이 왔다. 서점학교 프로그램을 기획하는 담당자가 내가 쓴 책방 세무 관련 블로그 글을 읽고 연락한 것이다. 블로그 글은 책방에 필요한 세무에 관한 것이었다. 평소에 세무 업무를 직접 처리하면서 정리한 것을 쓴 글이었다('강사료 원천징수액은 3.3%로 해야 하나요? 8.8%로 해야 하나요?', '책인감 세무 이야기 1, 2'). 43기 서점학교는 온라인 방송으로 진행했는데 50분 동안 50~80명에게 강의를 진행하고 질의응답 시간도 가지면서 온라인 방송에 대한 경험을 쌓을 수 있었다.

또 하나는 가까이 있는 서울과학기술대학교(서울과기대)에서 〈재능 공유 원데이 클래스〉로 학생과 일반을 대상으로 한 강의 프로그램이었다. 서울과기대에서 자체 운영하는 것이 아닌 지원사업 주관 기관으로 프로그램을 기획하여, 나를 비롯한 공예가, 메이크업 등의 원데이 클래스를 진행했다. 나는 '혼자서 하는 책 쓰기와 1인 출판'이란 강연을 2시간 진행했다.

2021년은 갑작스럽게 외부 강의가 많아졌다. 코로나 19로 인해 거리 두기가 일상화됐지만, 강의는 온라인 대체가 늘어나고, 나도 3년여 책방을 운영하며 제법 알려졌기 때문인 것 같았다.

첫 외부 강연으로 시작한 것은 서울여자대학교에서 진행한 〈창업콘서트: CEO와의 만남〉이라는 과정으로 한 학기 동안 지역 내 사업대표나 전문가들이 한 명씩 원데이 클래스로 강연하는 것이다. 10여 명의 사업자 대표 중 한 명으로 참여했고, 온라인 수업에 따라 영상 녹화 작업을 했다. 1학기 수업에 이어 2학기 수업에도 강사로 참여했다.

2021년 외부 강연을 나열하면 노원휴먼라이브러리 〈휴먼북 초대석 : 작심삼월〉 영상 강연, 책방연희의 〈1인 가게 운영자를 위한 세무회계 클래스〉 줌 강좌, 한국서점조합연합회 44기, 45기 〈서점학교 : 책방 세무/회계〉, 2021 대한민국독서대전 〈부산 독서문화 포럼 - 서점활성화〉 패널 참석, 북적북적 경기서점학교 7기 〈서점 운영/창업 준비 실무〉 영상 강좌, 노원구 〈마을, 청년을 만나다〉, 노원 50플러스 센터 〈책방 운영, 1인 가게 운영 실무 가이드〉, 마을여행단 대상 〈출판 강좌〉, 도봉 펠로우쉽 멘토링 〈크라우드 펀딩 강좌〉, 책방넷 회원 대상 〈책방 세무와 지원사업〉, 광운대학교 마을 강좌 〈책인감 운영 강연〉, 멘토링 강좌 〈직장인을 위한 엑셀 강좌〉 등 18회의 외부 강연을 진행했다.

내부 강연과 달리 외부 강연은 나를 알리고 커리큘럼을 꾸준히 개선하는 과정이 필요하다. 2021년은 책방 운영에 도움이 될 정도로 외부 강연이 많앗지만, 지속성 측면에서는 개선해야 할 부분이 많다. 우선 '책방 운영 실무'와 '책방 세무' 강연은 책인감을 대표하는 강연이고, 책방 운영과 직접적인 관련성이 있지만, 강연 기회가 많지 않은 단점이 있다. 대체로 일회성에 그치는 강연이고, 강연 횟수가 많지 않으니 꾸준하게 할 수도 없다.

그래서 2022년에는 보다 꾸준하게 강연할 방법을 모색하려 한다. 도서관이나 문화재단에서 진행할 수 있는 커리큘럼을 개발하되 나만이 할 수 있는 것을 만들려고 한다. 출판 과정 배우기를 확장해서 참여자들이 글을 쓰고, 그림을 그리고 편집을 통해 책을 만드는 강의를 만들고자 한다. 또 하나는 책방 실무 과정을 활용한 강의를 확대하기 위해 지원사업, 문화사업으로서 공간을 운영하고, 문화재단을 비롯한 도서관, 지자체와 협업하는 과정을 정리하고, 개선할 방법을 담아서 전국의 문화재단, 지자체, 도서관에서 강의할 수 있는 강사가 되는 목표를 갖고 있다.

이처럼 끊임없는 노력과 개선을 해야 어제보다 나은 내일 그리고 미래가 있는 책임감 운영자가 될 것이라 기대한다.

25 사업자 교육 및 정보는 어디에서 배울 수 있나?

사람은 무엇을 하든 배워야 한다. 새로운 일을 할 때도 배워야 하고, 기존에 하던 일도 개선할 방법을 배워야 한다. 학생들은 대한민국 국민으로 살아가기 위해 의무교육을 배우고, 대학에서는 자신이 선택한 전공을 배우고, 회사에서는 새로운 업무를 배우게 된다.

작은 가게를 운영하는 경우에 가장 어려운 것 중 하나가 사업 운영 노하우를 배우는 것이다. 프랜차이즈 사업을 창업한다면 본사가 제공하는 교육과 운영지원 프로그램을 통해 체계적인 교육을 받을 수 있지만, 개인사업자는 누군가 자세하게 알려주는 것이 아니다. 사업자 스스로 배움을 찾아야 한다.

(개인) 사업자는 어디서 배워야 할까? 음식점을 하기 위해서는 조리사 교육을 받아야 하고, 공방을 운영하려면 나무 공예나 금속 공예 등 해당 분야에서 가르치는 과정을 배워야 한다. 꼭 학원에서 강좌를 수강하는 것은 아니라도, TV 방송이나 유튜브(YouTube) 등을 통해서도 배울 수 있고, 같은 업종에 종사하는 전문가나 사업자를 찾아다니며 배울 수도 있고, 혹은 직원으로 근무하면서 배울 수도 있다.

초등학교가 기초 교육을 담당하듯, 사업자를 위한 기본 교육을 국가에서도 제공하고 있다. 아울러 소상공인을 위한 교육에는 K-BIZ(중소기업중앙회) 관할 지역별 단체에서도 제공하는 교육이 있다. 여기서는 사업자가 배울

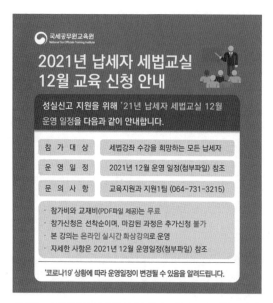

〈사진 _ 국세공무원교육원 납세자 세법교실 신청 안애〉

수 있는 기본적인 사업자 교육에 대해 알아보자.

1. 국세청에서 진행하는 〈납세자세법교실〉

예전에는 '신규 사업자를 위한 〈세금안심교실〉'이 오프라인 교육으로 있었다. 서울지방국세청 주관으로 세무서 관할구 단위로 1년에 두 번 오프라인 교육을 운영했다. 나는 책인감을 오픈하고 노원/도봉세무서에 교육 신청을 했는데 마감되었고, 세무서의 안내로 성동구에서 교육받을 수 있었다.

2021년에 다시 검색해보니 〈세금안실교육〉은 찾을 수 없었고, 〈납세자세법교실〉이란 과정을 온라인으로 들을 수 있다는 사실을 알았다. 〈납세자세법교실〉은 '국세공무원교육원' 홈페이지에서 신청할 수 있는데 대상은 '신규 사업자를 비롯하여 세법강좌 수강을 희망하는 모든 납세자'이다.

국세공무원교육원은 국세청 직원을 교육하는 사이트이지만 〈납세자세법교실〉은 일반 납세자를 대상으로 진행하는 과정이다. 코로나 19 이전에도 교육을 진행하고 있었으나, 지역별 오프라인으로 운영하던 과정이 2020년 7월부터 세무교육 활성화를 위해 온라인 교육 과정으로 개설하여 적극적으로 운영하고 있다. 교육은 실시간 온라인으로 진행하며 선착순으로 신청할 수 있다. 또한 국세공무원교육원 홈페이지에서는 납세자세법교실 메뉴에서 신청뿐 아니라 동영상 교육 자료와 세무, 세법 관련 강의 자료를 무료로 다운로드 받을 수 있다. 부가세를 비롯하여 소득세, 양도세 등 세무에 관련하

2 교육 운영

○ (참가신청방법)

홈페이지 접속	납세자세법교실	교육 참가신청
국세공무원교육원 (https://taxstudy.nts.go.kr)	홈페이지 우측 상단 「납세자세법교실」 클릭	참가신청서 작성 후 수강 신청

1) 별도 회원가입 없이 본인 인증 후 신청기간 첫날 오전 09:00부터 참가 신청 가능
2) 계획인원 초과 시 선착순 마감, 마감된 과정은 추가 신청 불가
3) 보유 중인 세금포인트를 사용하여 우선수강권을 통한 교육 신청 가능
4) 휴대폰번호는 「신청 조회/취소」 및 「강의 안내문자」 발송에 사용

〈사진 _ 참가 신청 방법(국세공무원교육원 홈페이지에서 발췌)〉

여 많은 자료가 영상으로 제공되고 있다. 그런데 이런 무료 세무 교육을 알지 못하는 사업자가 너무도 많다. 세무에 대해 무관심한 사람도 많다. 사업자는 세무신고를 필수로 알아야 한다. 홈택스를 통해 직접 하던지, 세무사를 통해 대행하더라도 세무의 기본은 알아야 한다. 세세한 절차는 몰라도 되지만, 사업자는 현금을 비롯한 자산의 흐름과 수익에 대해 알아야 한다. 사업자가 세무에 대해 알려는 의지도 없다면 사업을 제대로 할 의지가 없다는 것이기도 하다.

특히 동네책방을 운영하는 사업자라면 운영하는 업태와 종목에 따라 차이는 있지만, 소득세, 부가가치세, 소득별 원천징수에 관해서는 배울 것을 권한다. 비영리법인에 관한 세무 교육도 있으니 이점도 참고하기 바란다.

♣ 서울지방국세청 '신규사업자를 위한 〈세금 안심교실〉 강의 목차 (2018년 5월)

① 기초세금 및 유익한 세무 정보
② 홈택스 가입/이용 방법
③ 일자리 안정 자금 지원사업 안내
④ 소통 데스크 운영 : 현장 세무 상담

♣ 2021년 납세자세무교육 일정 및 교육 내용

교육 월	세부 교육 일정 및 교육 내용
2021.03월	30일 부가가치세 면세제도 실무
2021.04월	16일 업종별 부가가치세 신고서 작성 사례
2021.05월	12일 업종별 종합소득세 신고서 작성 사례
	20일 신규 사업자가 알아야 하는 세무신고 절차
2021.06월	24일 유형별 증여세 신고서 작성 사례
2021.07월	07일 부가가치세 기본
	14일 부가가치세 신고서 작성 사례
	15일 양도소득세 기초
	29일 신규 사업자를 위한 세법교실(부가)
	30일 증여세 기본
2021.08월	06일 소득별 원천징수 실무
	13일 양도소득세 신고 실무
	20일 비영리법인의 세무
	27일 신규사업자를 위한 세법교실(소득)
2021.10월	08일 신규사업자를 위한 세법교실(소득)
	14일 수정신고, 경정청구, 기한 후 신고 및 불복제도
	15일 소득별 원천징수 실무
	22일 가산세 실무(국세기본법)
	28일 양도소득세 비과세/감면(자경농지, 공익수용 등)
2021.12월	01일 기초 세법(양도)
	02일 기초 세법(법인)
	03일 기초 세법(부가)
	09일 기초 세법(소득)

2. 소상공인을 위한 K-BIZ 소기업소상공인회 리더스 아카데미

소규모 자영업을 운영하거나 창업하는데 필요한 교육으로 지역별 소기업소상공인회가 운영하는 〈리더스 아카데미〉가 있다. K-BIZ(중소기업중앙회)는 중소기업의 이익을 대변하기 위하여 설립된 경제단체이다. 자치구별 협동조합 형태로 〈소기업소상공인회〉가 있으며, 이 단체에서 지역 내 기존 사업자와 사업 예정자를 대상으로 사업에 도움이 되는 교육을 받을 수 있다. 상가법을 비롯한 노무, 세무, 마케팅, 서비스 교육 등 2시간씩 8회 진행하는 교육 과정은 사업을 운영하는 데 필요한 실질적인 내용을 다루고 있다.

노원구에도 〈K-BIZ 노원구소기업소상공인회:노소회〉라는 이름으로 단체가 운영되고 있었다. 책인감 오픈 후 주변의 카페와 음식점 운영자들과 교류하면서 〈리더스 아카데미〉란 교육을 알게 됐고, 기존에 참여했던 사업자의 추천을 받아 신청했다. 교육은 지역별 단체에 따라 조금씩 다르지만 대체로 연 2회 진행한다. 1회 2시간, 일주일에 한 번씩 8주간 교육 과정이다. 대부분 다른 지역의 교육은 평일 오후에 진행하기 때문에 혼자 책방을 운영하는 나는 참여하기 힘들었을 것이다. 그런데 운 좋게도 노원구는 교육에 참여하는 사업자들을 위해 금요일 오전 8시~10시에 교육을 진행하여 나도 참여할 수 있었다. (책인감은 영업시간이 오후라 참여가 가능했다)

노원구소기업소상공인회에서 2018년 5월~6월 실시한 〈리더스 아카데미 9기〉 교육 내용은 다음과 같았다.

8주간의 교육 후 노원구청 강당에서 수료식과 함께 특강을 진행했다.

> 1) 개정 상가법을 통해 보는 임차 상인의 권리
>
> 2) 소상공인이 알아야 할 노무 지식
>
> 3) 유머 경영과 이미지 메이킹
>
> 4) 소상공인을 위한 마케팅 전략 및 금융기관 활용법
>
> 5) 사업경영자가 알아야 할 절세와 세무 위험(Tax Risk) 관리
>
> 6) 소상공인의 판로 개척, 온라인 오픈 마켓 유통 창업
>
> 7) 온라인 SNS 홍보마케팅
>
> 8) 고객접점 고객대응 및 스트레스 관리
>
> 9) 나를 찾아 떠나는 미래 여행 강좌 및 수료식

이처럼 사업자에게 실질적으로 필요한 교육을 하면서도 교육비는 무료였다. 다만 교육 수료 후 '노원구소기업소상공인회(이하 노소회)' 가입을 권유받고, 회원 가입 시 연회비가 있으나 부담되는 수준은 아니었다(당시 노원구 노소회 가입 연회비 20만 원이었으며, 코로나 19 기간 동안 연회비는 할인하고 있다). 노소회 가입이 강제사항은 아니다 선택사항이지만 대부분 교육을 수료한 사업자는 이어서 노소회에 가입하고 있다.

사업하면서 동료를 얻는다는 것은 매우 중요하다. 책방이나 카페 혹은 공방 등 다양한 사업에서 동종 사업을 하는 사람들과 교류할 수도 있고, 지역 소상공인회에서 다른 업종의 사업자들과 교류할 수도 있다. 이는 선택의 문제이니 개인이 정하면 된다. 노소회에서 '리더스 아카데미 9기' 교육을 신

〈사진 _ 리더스 아카데민 수강생 모집 공지〉

청한 사업자 혹은 예비 사업자는 총 65명이었고, 그중 50여 명이 교육을 수료했고, 노소회에 가입한 정회원은 40여 명이었다. 이후에도 사업자를 폐쇄하거나, 이전 등의 사유로 탈퇴한 사람들이 있는데 2022년 2월 기준으로 20여 명의 회원이 활동을 지속하고 있다.

노소회 전체로는 수백 명의 회원이 활동하고 있으며, 소규모로 친목 동아리(산악회 등)를 운영하거나, 별도의 교육 과정(마케팅, SNS 등)을 통해서 회원들의 지속적인 교육도 진행하고 있다. 특히 다양한 분야의 사업자들이 있기 때문에 사업 운영에 필요한 정보를 얻을 수 있는 장점이 있다. 혹은 친목을 위해 참여하는 사업자도 있다. 나는 1인 가게로 운영하고 있기 때문에 시간상 노소회에 적극적인 활동이나 참여는 어렵다. 그러나 다양한 사업자와 교류할 수 있고, 교육을 중요하게 생각해서 모임에 참여하고 있다. 대신 영업시간을 고려해서 모임은 가끔 참여하고 있다. (코로나 19로 인해서 모임이 어렵지만, 단체 카톡방으로 소식을 전하고 있다)

지역별 소기업소상공인회에서는 각각 〈리더스 아카데미〉 참여자를 모집하고, 교육하고 있다. 현재는 대부분 과정이 온라인으로 운영하고 있다. 내 지역에서는 언제 교육하고, 어떤 사업자들이 참여하고 있는지 알아보는 것도 좋다.

3. 소상공인, 자영업자를 위한 커뮤니티 〈아프니까 사장이다〉

2017년 말, 책인감 창업을 준비하면서 사업자로서 어떤 것을 해야 할 지 고민이 많았다. 회사에서 기획서를 쓰듯이 창업과 운영에 필요한 사항을 정리하면서 여기저기에서 정보를 찾았다. 그러다 우연히 〈아프니까 사장이다〉라는 카페를 알게 되었고 올려진 글에서 내게 필요한 정보가 있는지 찾아보았다. 그중 눈에 띄었던 것은 '지도 앱에 내 가게 정보를 올리는 방법'을 정리한 글이었다. 그 글에는 T-맵을 비롯한 네이버, 다음카카오, 구글, 현대/기아 내비게이션, 아이나비 등에 내 가게 등록하는 법을 PDF 파일로 잘 정리한 글이었다. 내게 필요한 것이라 PDF 파일을 다운받고, 사업자등록을 하면서 각 지도 앱에 내 가게를 등록했다. 특히, 네이버는 마이 비즈니스(현재 스마트 플레이스)에 사업자로 등록해서 올려야 내가 원하는 정보(소개, 사진, 영업시간 등)를 정확하게 올릴 수 있을 뿐 아니라 네이버 검색 시 상단에 노출되는 것이다. 비즈니스 정보가 먼저 나오고, 그다음에 블로그(리뷰) 정보가 나오기 때문에 꼭 필요한 부분이었다. 구글지도에서도 마찬가지여서 마이 비즈니스에 사업자로서 등록하면, 몇 주 후에 실물 우편이 사업장으로 오는데 거기에 적힌 승인번호를 사이트에 입력해야 등록이 완료된다.

이처럼 사업자에게 유익한 정보가 있는 〈아프니까 사장이다〉 카페는 2017년에는 20~30만 명 회원에서 2021년 12월 기준 90만 명이 넘게 가입한 대한민국 대표 소상공인, 자영업자 커뮤니티이다. 많은 소상공인이 참여하는 커뮤니티이다 보니 사업자 유형도 많고, 정보도 넘쳐난다. 그래서 카페에는 다양한 업종과 상황에 맞는 메뉴들이 있고, 메일 서비스를 통해 내게 소식을 알려주고 있다.

카페에 올려진 정보 중에는 내게 필요한 정보가 있는 경우가 많고, 이를 자세하게 설명해 주는 수많은 소상공인이 있다. 재난지원금 받는 방법을 잘 설명해 주거나, 아르바이트 채용 시 필요한 세무나 노무를 자영업자의 관점에서 알려주는 소상공인도 있고, 영업 노하우를 알려주는 등 소상공인에게 꼭 필요한 정보를 올려주는 고마운 사람들이 많다. 너무 많은 정보로 인해 어느 곳에 필요한 정보가 있는지 찾기 어려울 때도 있지만 자주 이용하다 보면 요령도 생기게 되니 이용해 보도록 하자.

동네책방 운영의 모든 것 TIP

1. 국세청 교육

  - 국세청에서 진행하는 〈납세자세법교실〉

2. K-BIZ(중소기업중앙회) 소기업소상공인회에서 진행하는 교육

  - 중소기업중앙회(KBIZ. www.kbiz.or.kr) 산하에는 자치단체별 소기
    업소상공인회가 조직되어 있으며 자치단체별로 1년에 2회(지역별 상
    이) 〈리더스 아카데미 교육〉 과정을 개설해 운영하고 있다.
  - 〈리더스 아카데미〉에서는 소상공인에게 필요한 재무, 회계, 마케팅 등
    다양한 교육을 할 뿐 아니라 지역 내 친목과 이익단체의 역할도 하고
    있다. 서점이나 카페를 운영하는 데 도움이 될 수 있으니 이를 참고하
    자.

3. 소상공인, 자영업자 카페

  - 〈아프니까 사장이다〉 카페에는 많은 정보가 있는 공간이다

책방 운영에 관해서는 어디에서 배울 수 있나?

　책인감은 동네책방&카페로 운영하지만 동네책방에 중점을 두고 있다.
그래서 책방 운영이 중요하다. 그런데 책방 운영은 어디서 배울 수 있을까?

 경기도 〈경기 서점 학교〉

　다른 동네책방을 방문한다고 제대로 배울 수 있는 것은 아니다. 물론 많
은 책방을 다니고 운영자와 이야기할 수 있다면 배우는 것도 있겠지만, 내가
그 일을 하기 전에는 실무를 배우기 쉽지 않다. 마침 경기도에서는 콘텐츠진
흥원 후원으로 '경기서점학교'라는 교육 프로그램을 진행하고 있었다. 〈예비
창업자 과정〉과 〈서점주역량강화 과정〉이라는 두 개의 과정을 개설하여 운
영하고 있었다. 처음 서점을 창업하거나 운영 중인 경우에도 도움이 될 수 있

다(나는 2018년 8월 2기로 참여하여 '서점주역량강화 과정'을 수료했다).

북적북적 경기서점학교는 경기도와 경기콘텐츠진흥원에서 후원하는 서
점 예비 창업자와 업계 종사자를 대상으로 '경기도 책 생태계 활성화 사업'
프로그램 중 하나로 진행한다. 2018년 1월 1기를 시작으로 2021년 7기까
지 진행했다. 2018년 1~3기는 '예비 창업과 과정(16~18시간)'과 '역량 강화
과정(8시간)'으로 나누어 진행했고, 2019년 4~5기는 '서점 창업 기본 교육
(16시간)'과 '서점 운영 노하우 교육(4시간)'과 '컨설팅(4시간)'으로 진행했다.
2020년은 6기는 코로나로 인한 온라인 교육 전환과 교육 대상 구분 없이 하
나의 과정으로 통합되어 온라인 14개 강좌로 진행했으며, 2021년 7기는 온
라인 8개 강좌로 진행했다. 8월 9일부터 22일까지 2주간 8개의 온라인 영상
강의를 수강할 수 있게 했으며, 200명의 사전 신청자를 모집하여 운영했다.

커리큘럼에는 '출판유통 이슈로 알아보는 사업 환경 분석', '독립서점 사
례를 통한 창업과 운영의 실제', '북 큐레이션', '공간 기획' 등의 다양한 내용
이 구성되어 있다.
경기 서점학교는 무료로 수강할 수 있으며, 경기도민이 아니어도 서점 창
업과 운영에 관심 있는 사람은 누구나 지원할 수 있다.

〈경기 서점학교 7기 모집 개요〉

- 모집기간   2021년 7월 5일(월) ~ 7월 25일(일), 3주간
- 교육대상   서점 예비 창업자 및 서점 업계 종사자, 200명
              경기도민이 아니어도 신청 가능합니다.
- 교육비용   무료
- 교육기간   2021년 8월 9일(월) ~ 8월 22일(일), 2주간
- 교육방법   선정 수강생 200명에 한해, 온라인 강의 8강 수강
- 교육신청   온라인 신청(네이버 폼)

〈경기서점학교 커리큘럼(2021년)〉

시간	주제	강의명 / 강사명
1강	사업 환경	출판유통 이슈와 서점 / 최성구 출판유통지원 팀장
2강	창업 실무1	**책방 창업과 운영에 필요한 실무 / 이철재 책인감 대표**
3강	창업 실무2	서점-이제, 정말 시작했습니다 / 이춘수 오롯이서재 대표
4강	운영과 실제	서점의 일, A부터 Z까지 / 박경애 자상한시간 대표
5강	북 큐레이션	책, 당신의 삶에 말을 걸다 / 이성영 느티나무도서관 사서
6강	서점의 미래	서점의 꽃, 서점주 / 노희정 곰곰이서점 대표
7강	공간 기획 1	책방이라는 공간 / 박훌륭 아직독립못한책방 대표
8강	공간 기획 2	책방과 도서관의 대담 / 김현민 우주소년 매니저 +
		박영숙 느티나무도서관장

한국서점조합연합회 〈서점학교〉

한국서점조합연합회에서 주관하는 서점학교 강좌가 있다. 한국서점조합
연합회는 오랜 역사만큼 전국의 서점 및 서점 운영 예정자를 위한 교육을 꾸
준히 해왔는데 2021년은 44기, 45기 서점학교를 두 차례 진행했다. 2019년
까지는 오프라인 강좌로 진행했는데 2020년부터 실시간 온라인 강좌로 진행
하고 있다.

한국서점조합연합회 서점학교의 교육 내용은 서점 개론, 출판/유통, 북
큐레이션, 오프라인 소매업 마케팅, 회계/세무 등 서점 창업에 대한 전반적인
이론 교육과 실제 서점에 운영에 대해 들을 수 있는 실무 교육이 함께 제공되
고 있다. 4주간 총 16시간 교육과정으로 2020년, 2021년에는 선착순 신청
자만 실시간 온라인(Zoom) 시청을 통해 교육에 참여할 수 있었다. 서점학교
는 예비 서점창업인 및 서점업 종사자를 대상으로 하고 있어 누구나 신청이
가능하나 사전에 선착순 신청을 하는 만큼 공지하는 곳을 미리 알아두면 좋
다. '서점on' 사이트와 한국서점조합연합회, 출판문화산업진흥원 홈페이지

에서 공지하고 있다. 무료 강좌로 진행하니, 책방 운영에 관심 있는 사람들은 꼭 신청해서 듣기를 권한다. (나는 '서점 세무/회계 실무'를 2020년부터 강의하고 있다)

〈45기 서점학교(2021년 9월) 교육 일정과 커리큘럼〉

	10/6 (수)	10/13 (수)	10/20 (수)	10/27 (수)
13:00~13:30	서점개론	출판산업과 서점의 좌표	북 큐레이션	거점서점과 문화프로그램
13:30~14:00	(강사) 손재완	(강사) 백원근	(강사) 조성은	
14:00~14:30				(사회) 허희 (문학평론가)
14:30~15:00	출판유통 이슈와 서점	도서 납품		(패널) 이한별 (꿈꾸는 별책방 대표)
15:00~15:30	(강사) 최성구	(강사) 김성열	다시 서점, 그리고.	이정온 (뼘오책방 대표)
15:30~16:00			(강사) 김경현	이선경 (초롱빛책방 대표)
16:00~16:30	서점 세무 및 회계 실무	서점 공간 활용		
16:30~17:00	(강사) 이철재	(강사) 김미정		

📖 한겨레교육 〈책방 창업 스쿨〉

성인 대상 교육 과정이 잘 갖춰진 한겨레 교육에서 진행하는 유료 과정으로 〈한겨레 책방 창업 스쿨〉이 있다. 2019년 시작한 〈한겨레 책방 창업 스쿨

〉은 2021년까지 6기수를 진행했고, 2022년 3월 7기 과정을 진행한다. 초기에는 10명의 강사가 3시간씩 10강 강좌로 진행했으나, 2021년에는 7강 과정으로 운영하고 있다. (유료 과정, 10강 75만 원 → 7강 45만 원)

한겨레교육에서는 1강당 3시간 강의로 비교적 깊이가 있는 강의로 진행하는 특징이 있다. 다른 강의와 달리 2021년에도 대면 강의로 진행했고, 강사 대부분은 책방을 운영하는 강사진으로 실무에 강점이 있다. (나는 책방 창업/운영 실무를 맡고 있다)

〈한겨레 책방 창업 스쿨 커리큘럼〉 _ 2022년 3월

제1강 : 서점의 좌표와 비즈니스 모델 : 백원근 '책과사회연구소' 대표

제2강 : 서점과 북 큐레이션 : 이용주 '우분투북스' 대표

제3강 : 지속 가능한 동네 책방 경영 : 한상수 '행복한책방' 대표

제4강 : 서점 프로그램 운영의 실제 : 김현정 '타샤의책방' 대표

제5강 : **책방 창업 실무 : 이철재 '책인감' 대표**

제6강 : 서점의 마케팅 활동과 고객관리 : 김기중 '삼일문고' 대표

제7강 : 서점탐방

책방 운영 뿐 아니라 사업장을 운영하는 사업자로서 같은 일을 하는 사람들과 교류하는 것을 추천한다. 1인 책방일수록 더욱더 교류할 것을 권한다.

가게를 혼자 운영하면 모르는 부분이 너무 많다. 동종업계 사람들과 교류하면 내가 알지 못하던 정보를 얻을 기회가 늘어나게 된다.

가능하다면 가까운 동네책방과 함께 모임을 하면서 교류하는 것도 권한다. 다른 책방은 어떻게 운영하는지? 이런 상황에서 어떻게 대처하는지? 특별한 책은 어디서 구할 수 있는지 등 책방 운영에 필요한 사항을 배울 수 있기 때문이다. 가게 주변의 다른 사업자들과도 친하게 지낼 것을 권한다. 주변 사람들과 잘 지내다 보면, 그때그때 필요한 사항에 대해 도움을 받을 수도 있고, 서로의 애환을 나눌 수도 있기 때문이다.

동네책방이라는 공간을 운영하기 위해서는 다양한 역량과 전문성이 필요하다. 책방에서 할 수 있는 콘텐츠를 배워야 하므로 책방 관련 교육과 콘퍼런스 등을 접하고, 혹은 다른 책방들과 교류 그리고 내가 경험한 책방 운영을 토대로 나만의 운영 노하우를 쌓아가야 한다. 1인 책방을 운영하는 경우 배우는 시간을 내기 쉽지 않지만, 오늘이 아닌 내일을 위한 준비로 배움의 기회를 지속해서 가졌으면 한다.

💡 동네책방 운영의 모든 것 TIP

1. 경기도 〈북적북적 경기서점학교〉

- 경기콘텐츠진흥원에서 후원하고, 용인시서점조합연합회에서 주관
- 2021년 7기 일정 : 2021년 8월 9일 ~ 8월22일,
- 무료 온라인. 2020~2021년 기간 내 동영상 시청 가능
- 신청은 경기도민이 아니어도 가능

2. 한국서점조합연합회 〈서점학교〉

- 2021년 44기 서점학교. 6월 2일 ~ 23일(매주 수요일)
- 2021년 45기 서점학교. 10월 6일 ~ 27일(매주 수요일)
- 무료 온라인. 2021년 실시간 온라인으로 진행

3. 한겨레 교육 〈한겨레 책방 창업 스쿨〉

- 2021년 5기 6월 5일 ~ 22일(매주 토요일)
- 2021년 6기 11월 6일 ~ 27일(매주 토요일)
- 2022년 7기 3월 12일 ~ 4월 2일(매주 토요일)
- 대면 강의. 마포구 한겨레교육센터(신촌역)

㉗ 대외 활동에 관한 고려사항

1인 가게 혹은 소규모 자영업을 운영하면서 어렵지만, 꼭 필요한 것 중 하나가 대외활동이다. 사실 혼자 가게를 운영하면 대외 활동에 많은 시간을 투자하기 어렵다. 영업시간 중에는 대외 활동이 불가능할 경우도 있고, 많은 외부 활동은 영업에 지장을 줄 수도 있기 때문이다.

나는 책방과 카페를 함께 운영하면서 비교적 많은 외부 지원사업과 강의를 진행하고 있다(특히 2021년). 조금 과하다고 할 수도 있지만 내가 어떻게 분야별, 지역별로 활동하고 있는지 소개하고자 한다.

나는 책인감을 오픈하기 전에는 18년간 대기업 직원으로만 사회생활을 해왔다. 2018년 1월, 회사를 그만두고 바로 책인감을 오픈했으니 이전에는 개인사업자들과 직접 교류할 기회가 별로 없었다. 회사에서는 영업관리직(국내/해외)에 있으면서 본사 직원으로서 혹은 지점 직원으로서 대리점의 창업/교육/지원 등을 관리했으나 직접적인 업무보다는 간접적인 지원이 주 업무였다. 대리점을 상대하다 보니 개인사업에 관해 조금은 알 수 있었지만, 세세한 운영까지 알기는 어려웠고, 책방과 카페를 오픈하는 데 도움이 되는 개인사업자는 거의 없었다. 그래서 책방의 시작과 함께 이전에는 알지 못하던 사람들과 인맥을 쌓고, 도움을 주고받아야 하는 처지가 되었다. 다만, 개업 2년 전부터 책방 투어를 취미 삼아(여행이 취미였는데 책방을 테마로 다닌 것이다) 전국의 책방 60여 개소 방문한 것은 실제 책방 운영에 많은 도움이 됐다. 책방이 어떻게 돌아가는지 세세한 시스템을 알지 못해도, 다양한 책방들이 가진 내외 인테리어나, 프로그램 특색 정도는 알 수 있었다. 특히 몇 곳의 책방은 자주 방문하면서 대표자와 많은 이야기를 나눌 수 있어서 책방 투어 경험이 실제 책방 운영에 도움이 됐다.

책인감을 오픈하고('18년 1월 27일) 며칠 뒤에 서울 몇몇 동네책방의 저녁 모임에 갔다. 모임 회원 중 한 곳인 고요서사 대표와는 책방 오픈 전에 몇 번 방문하며 이야기를 나눴기에 책방 모임을 알고 나도 나가고 싶다는 의사를 밝혔다. 당시 모임에는 혜화동 책방이음, 해방촌 고요서사, 전농동 아무책방, 책방 사춘기 등 10여 개 책방이 한 달에 한 번 점심이나 저녁을 함께하는 가벼운 모임으로 운영되고 있었다. 페이스북 페이지에 '북적북적 서점이야기'라는 이름으로 개설된 책방 모임이 있는데 그중 서울에 있는 동네책방이 한 달에 한 번 모여 이런저런 이야기를 나누는 모임이었다. 서울 책방 모임은 책방이음 대표가 발의해서 1년 정도 운영하고 있었으며, 책방 대표들이 한 달에 한 번 함께 식사하고 이야기 나누는 모임이었다.

초보 책방지기인 나는 그 모임에 무작정 참여한 것이다. 사전에 모임의 성격이 어떨지 따지지 않고 내가 책방을 운영하는 데 도움이 될 것 같았기 때문이었다. 당시 모임에서는 비교적 젊은 대표들은 가벼운 주제를 주로 이야기하고, 비교적 나이 든 대표들은 책방 정책 등에 관한 이야기를 나누는 편이었다. 나는 둘 다 좋았다. 우선 같은 일을 하는 사람들이 함께 모여 이야기를 나눈다는 것 자체가 좋았다. 회사로 보면 퇴근 후 동료들과 밥 한 끼,

술 한 잔 나누는 기분이었다. 더구나 책방 운영에 대해 모르는 것이 많았던 나에게 정책이든 가벼운 이야기든 얻을 수 있는 정보가 많았다. 그러나 서울 책방 모임이 오래 지속하지는 않았다. 별도의 목적성 없이 친목 위주로 하다 보니 점점 모이는 책방이 줄었기 때문이다.

책인감이 있는 노원구를 비롯하여 서울 동북부에는 동네책방이 많지는 않다. 마포구나 서대문구에는 많은 동네책방이 있지만 책인감과 거리도 멀고, 독립출판물을 위주로 취급하는 책방은 나와 교류할 부분이 많지 않기도 했다. 그래서 서울 동북부의 책방들과 가끔 식사하는 자리를 만들었다. 노원구 지구불시착과 책인감, 도봉구 도도봉봉, 동대문구 아무책방, 광진구 책방 사춘기(나중에 마포로 이전), 경기 동두천시 코너스툴까지 가끔 모이는 자리

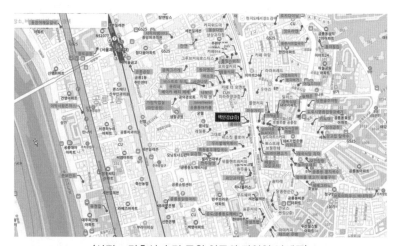

〈사진 _ 경춘선 숲길 공원 인근의 자영업 가게들〉

를 만들었다. 이렇게 교류를 하다 보니, 정보도 공유하지만, 지원사업에 함

께 참여하는 계기가 되기도 했다. 책인감과 아무책방이 '2019년 작가와 함께하는 작은 서점 지원사업' 함께 했고, 책인감, 지구불시착, 도도봉봉은 〈책지도 북클럽_라이브 북 토크〉를 함께 진행하기도 한다.

책인감이 대외적으로 참여하고 있는 활동 중 대표적인 것이 〈전국동네책방네트워크(이하 책방넷)〉이다.

책방넷은 2018년 6월 4일에 일산 '행복한 책방'에서 주관한 〈전국 동네책방 워크숍〉을 통해 전국 30여 개 동네책방이 참여한 활동을 통해 시작되었다. 책방 네트워크에 대한 필요성에 공감한 동네책방들이 〈전국 동네책방네트워크 준비위원회〉를 만들었고, 나는 서울 운영 위원으로 참여했다.
준비과정을 통해 2018년 10월 22일에 부산 '책과아이들'에 모여 창립총회를 하고, 회장단과 부서장을 선출하면서 하나의 조직체로 출범했다. (초대회장은 부산 '책과아이들' 김영수 대표)

〈책방넷〉는 이익단체가 아닌 여러 동네책방이 모여서 느슨한 네트워크(연대)를 형성하고 서로 돕는 조직으로 시작했다. 1인 혹은 비교적 작은 규모의 동네책방으로서 기존의 서점 단체에 가입하지 않은, 독립서적보다는 단행본을 주로 취급하는 동네책방을 대상으로 시작했다.

현재 책방넷은 2대 회장인 동화나라 정병규 대표를 비롯한 사무국, 정책국, 도서유통국, 교육국, 사업기획국 등으로 나누어져 있다. 처음에 40~50개소로 시작해서 2022년 3월 기준 동네책방 131개소가 함께하고 있다. 나는 책방넷에서 사무국 일과 함께 교육자료를 많이 올리면서 활동하고 있다. 회사에서 업무 매뉴얼을 만들어 교육하던 습관도 있고, 2019년 3월에 책방운영 실무 책을 내면서 파악한 자료들을 책방넷 회원들에게 자주 공유하며 올리고 있다. 2021년 2월부터는 사무국 차장 일을 맡아서 전체적인 실무 진행을 돕고 있다.

책방넷 활동의 특징은 우선 동료애를 느낄 수 있는 사람들이 있어서 좋다는 것이다. 같은 일을 하다 보니 서로 공감하고, 위로해 줄 수 있는 부분이 많다. 책방 운영에 필요한 정보를 보다 손쉽게 얻을 수 있는 장점도 있다. 다양한 공모 지원사업을 공유하고, 납품이나, 책방 운영에 필요한 정보를 서로 알려주고 있어 실질적인 도움이 많이 되고 있다. 예를 들면 청소년 그림책을 추천해달라는 어느 책방의 요청에 '집단 지성'의 힘을 발휘해서 좋은 그림책 리스트를 순식간에 만들기도 했다. 또한 단체로서 대외에 알려지기 시작하면서 협업하는 사업이 생겨나면서 책방에 실제로 도움 되는 사업을 진행하기도 한다.

책인감이 있는 경춘선숲길공원길은 총 길이 6.5km다. 중랑천에서 화랑대역까지 이어진 공원길 중에 책인감이 있는 약 700m의 중심 구간은 '공트럴파크', '공리단길'로 불리며 많은 카페와 베이커리, 음식점이 있다. 경춘선숲길공원은 총 3단계로 조성됐는데 1단계 완성이 2016년 여름이었고, 2019년에 3단계까지 조성 완료가 되면서 현재의 모습을 갖추고 있다. 2018년 4월 '공트럴파크' 구간에 있는 몇몇 카페와 음식점 대표들과 모임을 시작했다. 마실자리(카페&hope), 뽀스뜨레(카페&베이커리), 플랫커피(카페), 프라이팬고기(음식점), 카페277(카페), 일상다반(음식점), 상상과자점(베이커리&카페), 던모스(카페) 등 약 20개 정도의 카페&음식점 대표들이 모였는데, 각자 개성도 다르고, 공동 이권에 관한 주제가 별로 없기 때문에 상인회보다는 친목 형식으로 모임을 시작했고, 현재는 10명 정도의 상인들이 함께하고 있다.

주변 상인들과 친목 모임을 하니 도움받는 일이 많다. 우선 카페 영업에 있어 문외한이었던 나는 카페 운영이나 메뉴, 주문하는 것 등에 있어 많은 도움을 받았다. 특히 코로나 재난지원금 신청에 있어 비슷한 조건이다 보니 서로 많은 정보를 공유할 수 있었다. 그러나 대부분 1인 혹은 작은 규모여서 영업시간에 교류하기는 쉽지 않고, 한 달에 한 번 정도 영업시간 이후에 모임을 하곤 했으나 영업종료 시간이 달라서 한 번에 모이기는 쉽지 않다.

K-BIZ 사단법인 노원구소기업소상공인회

또 다른 모임으로 K-BIZ 노원구 소기업소상공인회가 있다. K-BIZ(중소기업중앙회) 산하에는 지역별로 소기업소상공인회가 있고 이들이 운영하는 〈리더스 아카데미〉 과정을 수료한 사람들이 회원가입을 하는 모임이다. 앞서 교육 부문에서 다뤘지만, 가게를 운영하는데 필요한 교육으로 〈리더스 아카데미〉가 매우 유용하고, 함께 수료한 사람들과 소상공인 커뮤니티 활동으로 참여하는 것도 사업에 도움이 될 수 있다.

어떤 사업을 운영하든 사업을 운영하는 데 있어 다른 사업자와의 교류는 매우 중요하다. 노원구소기업소상공인회는 자치구 내의 다양한 소상공인을 알아가고 도움을 주고받을 수 있을뿐더러 〈리더스 아카데미〉 과정 외에도 다양한 스터디와 친목 교류가 이어지고 있다. 특히 성공적인 사업체를 운영하는 사업자가 많으니 한편으로 배울 기회가 많고, 내 사업을 알리는 기회가 되기도 한다. 나는 1인 사업자로서 영업시간에 진행하는 모임에는 거의 참석하기 어렵지만, 늦은 시간까지 이어지는 경우에는 영업시간 종료 후에 참가하기도 했다(코로나 19로 인해서 모이기는 어려웠지만).

지역별로 소상공인/소기업회는 자치구마다 운영 스타일은 조금씩 다르다. 어느 협회는 친목 위주인 경우도 있고, 내가 속한 노소회의 경우 친목도 많지만, 교육적인 부분이 잘되어 있어 사업을 운영하는 입장에서는 많은 도움을 받을 수 있었다.

이렇듯 책인감을 운영하는 나는 여러 모임에 참여하고 있는데, 이는 운영자가 선택할 문제이다. 꼭 어떤 모임에 가입해야 하고, 교류해야 하는 것은 아니다. 단순하게 이익을 따져 나에게 득이 되기 때문에 참가할 수도 있고, 득보다는 실이 많아서 참여하지 않을 수도 있다. 혹은 사람들이 좋아서 참여할 수도 있다.

모임에 참여하는 것은 전적으로 운영자의 '선택 문제'이다.

여기서는 내가 여러 모임에 참여하면서 느꼈던 점을 말하고자 한다. 우선 내가 많은 돈을 내고 참여하는 '이익단체'가 아니라면, 이런 모임들은 '수평적'이고 '상호 교류'가 중심인 경우가 많다. 내가 참여한 책방넷이나, 동네 카페모임, 노소회 등 모두가 내가 함께하는 모임이지, 일방적으로 내가 무엇을 받는 모임이 아니라는 것이다. 즉, 내가 모임에 참여하는 것은 내가 알고 있는 것을 나누고, 다른 사람들과 교류를 하는 것이지 눈치만 보면서 필요한 정보만 얻어가는 것은 안 된다. 1인 가게 혹은 소규모 사업을 한다는 것은 그만큼 운영자가 많은 것을 해야 하므로 대외활동을 하기 어렵고 모임에 적극적으로 참여하기 어렵다. 하지만 다른 사람도 마찬가지인 상황에서 노력하고 있는 것이다. 내가 꼭 다른 사람만큼 많은 것을 할 수는 없어도 일정 부분을 내가 기여하지 못한다면 다른 사람은 나에게 더는 도움이나 정보를 주지 않으려고 한다. 물론 내가 가게를 너무나 잘 운영해서 다른 사람의 도움이나 교류가 필요 없다면 안 해도 된다. 사람들과 교류하는 것에는 많은 정신적 피로가 동반되기 때문이다. 중요한 건 사업을 하고 있다면, 누구도 나에게 일방적으로 도움만 주는 사람은 없다는 것이다.

현대 사회는 점점 복잡한 사회로 변화되고 있으며, 경쟁은 심해지고 있다. 과거와 달리 개인 사업은 이익 내기가 점점 어려워지고 있다. 최저 인건비 상승은 자영업자들에게 직원을 채용하기 어렵게 하고, 사업 운영자는 더 많은 업무를 해야 하는 상황으로 내몰리고 있다. 이런 환경 속에서 나 혼자서 모든 것을 감당하기 어려운 시대가 되고 있다. 그렇기 때문에 대외 활동을 통해 다른 사업자들과 교류하는 것이 점차 중요해지고 있다. 단순한 기술

이야 네이버 혹은 유튜브를 통해 쉽게 배울 수도 있지만 같은 업종에서 혹은 같은 동네 사람과 공감대를 형성하고 소통하는 교류는 내가 먼저 다가가야 하고, 나도 함께 참여해야만 지속적인 교류가 될 수 있다.

동네책방 운영의 모든 것 TIP

1. 대외 활동

- 대외 활동은 필수가 아닌 '**선택의 문제**'이다. 어떤 모임이든 내가 주체적으로 참여하는 모임이어야 한다. 억지로 참여하는 모임은 유지하기 어렵다. 내가 교류할 수 있는 모임에만 참여하자.
- 내가 속한 분야의 최고 전문가가 아니라면, 아니 전문가라도 같은 업종의 사람들과 교류할 것을 권한다. 누구도 모든 것을 알 수는 없다. 특히 내가 속한 분야에 대해 배우려면 가장 효과적인 방법은 그 분야의 전문가에게 배우는 것이다. 전문가들과 교류하며 배우자.
- 우리나라는 카페 공화국으로 카페가 정말 많다. 개인이 운영하는 카페도 많고, 카페마다 전문가가 있다. 드립 커피 전문가, 스페셜 커피 전문가, 아메리카노 전문가, 라떼 전문가, 디저트 전문가, 마카롱 전문가, 스콘 전문가 등. 주변 상인과 잘 교류할 수 있다면 이런 든든한 우군을 갖는 것이다.
- 책방을 운영하면 다른 책방과 교류할 수 있는 기회를 갖자. 같은 지역에 있든, 단체에 가입하든, 같은 지원사업에 참여했든 교류할 기회를 만드는 것이 필요하다.

28 의사 결정하기 : 잘 모르는 일을 결정할 때

책방, 가게를 운영하거나, 생소한 분야나 업종에 발을 들여놓게 되면 모르는 것에 대해 자주 마주하게 된다. 세상일이 늘 그렇듯이 나에게 미리 알려주는 것도 아니고, 내가 아는 것에 대해서만 일이 벌어지는 것도 아니다. 특히 1인 책방 혹은 1인 가게를 운영하면 혼자서 모든 것을 해결해야 하고, 누군가 대신해줄 사람은 없다고 보면 된다. 친한 친구나 혹은 주변에 좋은 사람이 많아서 일부는 도움을 받을 수도 있지만 결국 '내'가 대부분의 일을 해야 하기 때문이다.

의사 결정은 어떻게 해야 하는가?

가게(책방)를 운영하다 보면 수없이 많은 의사결정 상황에 노출된다. 어떤 책을 선택할 것인가? 제안된 독립서적, 출판사 기획 제품에 대해 어떤 결

정을 내릴 것인가? 어떤 가구를 들여놓을 것인가? 에어컨을 놓을 것인가? 선풍기를 놓을 것인가? 등 다양한 선택의 기로에 서게 된다.

일단 의사결정 중 '반복되는 것'과 '단발성인 것'을 구분해야 한다. 반복되는 의사결정의 예를 들면 책방에 신규 책을 입고할 때 책을 결정하는 방법에 관한 것이나, 독서 모임에서 선정할 책을 고르는 일 등이 있다. 단발성 의사결정의 예를 들면 책장을 새로 들이거나, 여름철 에어컨이나 선풍기를 사거나, 세무신고(부가가치세, 종합소득세)를 어떻게 할 것인가 등이 있다.

먼저 반복되는 의사결정에 관해서는 의사결정 과정을 정리해서 이를 매뉴얼화하는 것이 필요하다. 책방에 입고할 새로운 책을 검색하는 방법이나 입고할 책의 적정성을 판단하는 과정 등을 세분해서 정리하는 것이다.

책인감에서 새로운 책을 입고하는 과정을 보면 책인감에는 8백여 종, 1천여 권의 책을 판매하고 있다. 보유한 책이 많지 않으니, 어떤 책을 입고해서 판매할지 결정하는 것이 매우 중요하고, 보유한 책 중에서도 어떤 책을 반품하고, 어떤 책을 새로 입고할지 결정하는 것은 책방 운영자로서 중요한 의사결정이다.

나는 주기적으로(일주일 정도) 네이버책 사이트를 통해 교보, 예스24, 알라딘 등 대형 인터넷 서점의 베스트셀러나 스테디셀러, 신간 도서를 검색한다. 검색한 책 중에 내 책방에 어울릴 책을 고른다. 최근 유행하는 책을 검색하되 이를 항상 들여놓지는 않는다. 동네책방은 결코 교보문고나, 예스24

등과 같은 큐레이션으로 경쟁 구도를 가져서는 안 된다. 그래서 베스트셀러나 스테디셀러만으로 큐레이션 할 수는 없다. 두 번째는 SNS를 통해 다른 동네책방이나, 독서량이 많은 사람이 추천하는 책을 점검한다. 이를 위해 평소 SNS에서 소개된 책은 화면 캡처 기능을 통해 정보를 모아두었다가 입고 책을 점검할 때 함께 검색하여 결정한다. 세 번째는 빨간책방(이동진) 매거진이나 월간 '책'처럼 책을 소개하는 앱이나 잡지를 통해 선정할 책 정보를 얻고 있다. 네 번째는 내가 과거에 읽었던 책이나 최근에 읽은 책을 중심으로 내가 자신 있게 소개할 수 있는 책의 리스트를 정리하는 것이다. 책인감에 비치한 '나의 7년간의 독서 리스트' 등을 통해 내가 읽은 책을 소개하고, 그중 적정한 시점이 되었다고 생각되는 책이 있으면 이를 판매하기도 한다. 이 외에도 네이버 책 문화 코너, 고객 주문 책, 추천 책 코너 등을 통해 책 정보를 얻고 있다.

여기서 중요한 것은 후보 책 중에 입고할 책을 결정하면서 나만의 결정 방법이 있어야 한다. 내가 읽지 않은 책에 관해 결정한다는 것은 쉽지 않은 일이다. 책을 검토할 때, 블로거가 써 놓은 리뷰를 통해 검색하는 것은 참고는 되어도 절대적인 지표가 될 수는 없다. 그래서 나는 네이버 책 사이트에서 '네티즌 평점(10점 만점)'과 '네티즌 리뷰 건수'를 1차 선별 기준으로 정하고 있다. 즉, 대중적인 판매 가능성을 평가하기 위해 평점 8점 이상과 많이 판매된 것을 보기 위해 네티즌 리뷰 30건 이상의 책을 기준으로 평가한다. 물론 이는 절대적인 기준이 아니고, 내가 책에 대해 전혀 모를 때 참고하는 기준이다. 네티즌 평점은 대중에게 쉽게 읽히는 책인가? 아닌가를 판단하고, 리뷰 건수는 많이 팔렸는가의 기준이 된다.

예를 들면 한강의 소설 채식주의자는 네이버 평점 7.74, 리뷰 2,690건 (2022년 3월 1일 기준)이었다. 이는 한강의 소설을 많은 사람이 읽고 리뷰를 남겼으며, 평점으로 보면 책이 어려워서 대중에서 쉽게 읽히지는 않았다는 것을 뜻한다. 내가 자주 보던 이동진의 '빨간책방 매거진(2020년까지 운영)'에서는 매월 8~10권의 책을 소개했는데, 이동진의 독서 수준이 상당하여 좋은 책을 권하고 있지만, 대중적인 판매는 부진할 수 있다. 이때 네이버 평점과 리뷰 수가 책을 선택하는 데 도움을 준다. 물론 이런 평점과 리뷰에 상관없이 내가 읽은 책은 전적으로 내 판단에 따른다. 그래서 가능하면 많은 책을 읽기 위해 노력하고 있다. 그러나 내가 읽지 않은 책을 입고할지 정할 때는 의사결정의 프로세스를 통해 가능한 객관화된 기준을 갖고 판단하려 한다.

단발성 의사결정은 상황마다 의사결정 프로세스를 만들어 놓을 필요는 없으나, 기본적인 의사결정 기준은 필요하다. 즉, 의사결정을 해야 하는지 목적을 분명히 하고, (시장) 조사, 대안 수립, 대안 선택, 피드백 등을 하는 것이 필요하다.

특히 1인 혹은 소규모 가게를 운영하는 경우 해당 일에 대한 지식과 경험이 부족한 경우가 많다. 그러므로 나보다 많이 알 수 있는 주변 사람의 도움을 받는 것도 중요하다. 유사 업종에 근무하는 사람의 경우 비슷한 경험이 있기 때문에 유용한 정보를 얻는 수 있는 경우가 많다.

책방에 책장을 들이는 경우를 보자.

우선 책장은 어떤 목적을 갖고 들이려고 하는가? 책을 꽂아 놓는 것을 목적으로 하는가? 아니면 책을 잘 보이게 하려고 들이는가? 책을 꽂아 놓기 위한 목적이라면 최대한 많은 책을 넣기 위해 천장까지 닿는 높은 책장이 필요할 수도 있고, 크기가 다른 책들을 최대한 많이 넣으려면, 칸과 칸 사이 높이에 대한 고민이 필요하고, 강연할 때 이동하기 편한 책장이 필요할 수도 있다. 책이 잘 보이게 하는 것이 목적이라면, 높이가 높거나 낮은 곳은 잘 보이지 않으니, 책장 아래쪽은 재고 공간으로 사용할 수 있다. 또 책을 전시하면서 책등이 아닌 표지를 보이고 싶다면, 한 권 한 권 보이는 전시에 유리한 책장을 고를 수도 있다. 이렇게 구매 목적을 정리하면서 내게 정말로 필요한 것이 무엇인지 파악하는 과정이 필요하다.

구매할 물품에 관해 시장 조사를 하기 위해서 몇 가지 고려할 사항이 있다. 물건을 살 때는 눈대중으로 하지 말고 정확한 수치를 기준으로 구매할 것을 권한다. 책장의 경우 높이, 폭, 깊이를 정확하게 자로 측정해야 함은 물론 책장 한 칸의 크기도 정확하게 측정해야 한다. 가장 큰 책이 들어갈 수 있는지, 가장 작은 책을 놓았을 때 균형이 맞는지 알아야 한다. 그래서 처음 구매하는 경우에는 실물을 비교하면서 결정할 것을 권한다. 매장을 갖추고 있는 이케아, 대형마트 가구 코너 혹은 가구 전문점을 방문하면 실물을 볼 수 있을 뿐 아니라 촉감도 알 수 있고 직원에게 문의도 할 수 있기 때문이다. 네이버 쇼핑, 쿠팡 등 인터넷에서 검색하는 방법도 있다. 이 경우 실물에 대한 어느 정도 감이 있다면, 사이즈와 재질에 대한 안내를 보면서 다양한 상품을 저렴하게 살 수도 있다. 내 가게의 규모에 맞고, 내 의도에 맞출 수 있는 전시가 필요할 경우 가구공장이나 인테리어 업체를 통해 맞춤 책장을 살 수도 있다.

의사결정을 한다는 것은 이런 과정을 통해 조사된 책장의 장단점을 파악하여 내 가게에 맞는 책장을 선택하고, 선택된 결정에 대한 피드백을 통해 향후 의사결정에 참고할 수 있어야 한다.

단발성 의사결정이라고 해서 즉흥적으로 하면, 매번 좋은 결정을 내리기 어렵다. 조금 번거롭고 힘들더라도 이런 의사결정 과정을 매뉴얼화해서 보다 나은 결정에 도움이 되길 바란다.

동네책방 운영의 모든 것 TIP

1. 모르는 일에 대한 의사결정

- 소규모 가게나 1인 가게의 의사결정은 대부분 운영자가 해야 한다. 나를 대신해 줄 사람은 없다.
- 의사결정 대상이 반복되는 것인지? 단발성인지? 구분하자.
- 반복되는 의사결정은 과정을 프로세스로 정형화하자. 입고 책 점검 시, 음료 주문 기준(재고량 체크 기준)
- 단발성 의사결정은 결정단계에 대해 점검하는 습관을 들이자. 신규 메뉴 도입 시, 인테리어 공사 시, 인테리어 가구 도입 시 외
- 눈대중으로 하지 말고 가능한 수치화 하는 습관을 만들자

㉙ 세무신고에 관한 이야기

　동네책방뿐 아니라 자영업자에게 세무신고는 대부분 어려워하는 분야이다. 좋은 세무사를 만나 걱정 없이 세무를 맡기고 있다면 좋겠지만, 비교적 작은 규모의 사업장을 운영하는 경우 비용 부담으로 직접 세무신고를 하려고 하지만 막상 부가세 신고나 (종합) 소득세 신고를 해 보다가 힘들어서 다시 세무사에게 맡기기도 한다.

　사업자에게 세무신고는 절대로 피할 수 없는 분야이다. 직접 세무신고를 할 수도 있지만, 세무사에게 맡긴다고 사업자가 세무 업무를 등한시해도 안 된다.

　자영업자 대부분이 세무신고를 어려워하지만, 특히 동네책방을 운영하는 사람들이 더 어려워한다. 책을 좋아하는 사람들이 대체로 숫자에 약하다고 하는데 이는 꼭 그 때문만은 아니다. 사실 책방을 운영하는 데 있어 책만 판매하면 세무가 그리 어렵지 않다. 그런데 책방 운영이 그리 단순하지 않다. 직원이나 아르바이트가 있는 경우 월급과 함께 4대 보험을 관리해야 할 수도 있고, 판매 품목도 면세품인 책 외에도 과세품인 엽서나 노트, 책갈피 등 문구류를 취급하기도 하고, 카페나 북스테이를 병행하고 문학 프로그램을 운영하며 강사비를 지급하거나, 도서관 납품 등 업무가 다양해지면 고려해야 할 세무 관련 사항이 많아져서 세무 관리가 어려워지는 측면이 있다.

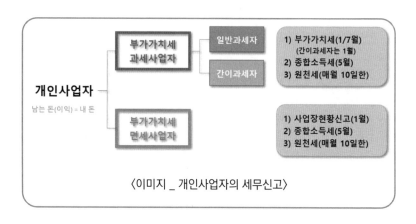

〈이미지 _ 개인사업자의 세무신고〉

책방 세무가 어려운 이유를 정리해 보면

첫째. 면세(책)와 과세(카페, 문구, 북 스테이 등)를 함께 하는 경우 세무
　　　신고가 다소 복잡해진다.
둘째. 지원사업을 할 경우 강사료 원천세 지급이나 전자 (세금)계산서 발
　　　급 등 평소에 하지 않던 세무 업무를 하면서 겪는 어려움이 생긴다.
셋째. 1인 혹은 2인(가족) 운영이 많은 편인데 매출 규모상 세무신고를
　　　직접 하는 경우 겪는 세무신고 용어나 시스템(홈택스) 이해를 어려
　　　워한다.
넷째. 세무사 상담 시 동네책방의 특수성(면세와 과세의 혼합, 강사료 원
　　　천세 등)을 잘 몰라서 상담해도 대화가 잘 안 된다.

그 이유를 하나씩 살펴보자

첫째, 면세와 과세를 함께 한다는 점이다. 동네책방은 대체로 면세품인 책만 판매하는 것보다 과세품인 문구를 함께 판매하거나, 과세 업종인 카페, 공방, 북 스테이를 병행하면서 부가세 신고도 함께하는 혼합 사업자((과세사업자 + 면세사업자)로 운영하는 경우가 많아지고 있다.

책은 부가가치세(이하 부가세)가 면제되는 면세상품이다. 국가에서는 국내에서 거래하는 모든 재화나 서비스 거래에 있어 부가세(물품 가액의 10%)를 부과하고 있는데 국민에게 꼭 필요한 필수품에는 국민의 부담을 줄이기 위해 부가세를 면제해 주는 품목이 있다. 쌀이나 고기, 생선, 과일, 꽃 등 국내에서 생산하고 가공되지 않은 1차 농수산물을 비롯해 의료비, 교육비 등을 면세품으로 지정하는데 그중에 책도 포함되어 있다.

그래서 동네책방이 책만 판매한다면 부가세를 신고할 필요가 없게 되어 부가세 신고를 면제받을 수 있다(단, 매년 1월에 세무서나 홈택스에서 사업장현황신고를 해야 한다). 그런데 많은 동네책방이 수익을 위해 카페나 북 스테이 혹은 문구를 비롯한 팬시 용품을 팔고 있다. 이때는 사업자의 업태와 종목에 이를 추가하고, 면세사업자가 아닌 과세사업자로 등록해서 부가세신고를 해야 한다.

과세와 면세품을 동시에 취급하는 사업자를 혼합 사업자라고도 하지만 부가세를 내야 하는 과세사업자가 면세품인 책도 취급하는 것이다. 부가세 신고할 때는 부가세 포함 매출과 면세 매출을 구분해서 신고하는 것이다.

그런데 여기서 동네책방의 세무신고에 어려움을 느끼는 점이 생긴다. 과세품만 판매하는 경우 전체 매출액에서 얼마가 판매 금액이고, 얼마가 부가세인지 명확하게 나온다. 면세품인 책만 판매하는 경우에도 전체 매출액 모두가 부가세가 없는 면세 매출이 된다. 그런데 둘 다 취급하는 경우 얼마를 과세매출(금액+부가세), 얼마를 면세 매출로 적용할지 계산을 해야 한다. (세금) 계산서 매출의 경우 매출 거래 시 부가세가 있는 것은 세금계산서로 발행하고, 부가세가 없는 면세 매출은 계산서로 발행하는데 이는 세무 신고 자료가 명확하게 계산이 된다.

카드 매출의 경우 POS를 통하거나 VAN사의 시스템에 등록된 내용을 근거로 과세와 면세매출액을 계산해야 하는데 부가세가 있는 것과 없는 것의 합계를 정확하게 구분해서 신고해야 합계 금액에 문제가 없기 때문이다. 참고로 POS나 단말기에 입력된 과세매출과 면세매출 금액은 표시만 될 뿐이고, 실제로 세무신고할 때는 POS나 단말기에 등록된 매출(과세/면세)을 참고해서(즉, 단말기에 표시된 과세와 면세 금액에 상관없이) 과세와 면세 금액을 구분해서 신고하는 것이다.

국세청에서 운영하는 홈택스나 블로그, 유튜브에 부가세 신고 시 참고할 영상이나 정보가 꽤 있지만 이처럼 과세와 면세를 함께 신고하는 경우에는 관련 정보도 부족하고 이해하기도 쉽지 않아서 더 어렵게 느껴지는 것이다. 이는 사이트에서 과세만 혹은 면세만 신고하는 방법을 찾아서 배우기는 비교적 쉬운 편인데, 혼재하는 경우에는 업종에 따라 방법에 차이가 있어 내가 신고할 조건에 딱 맞는 정보를 찾기 어렵기 때문이다.

책인감은 사업자 업태와 종목에 〈도소매-책〉, 〈서비스-출판업〉, 〈소매-전자상거래업〉, 〈음식점업-커피 및 맥주〉를 포함하고 있다. 서점이니 〈소매-책〉은 당연히 있어야 하고, 1인 출판사를 만들어서 책을 다른 서점에도 판매하기 때문에 〈서비스-출판업〉과 〈도매-책〉도 포함하고 있다. 출판사로서 책을 제작할 때는 인쇄소에 부가세가 포함된 인쇄비 혹은 제작비를 지급하지만, 책 판매할 때는 면세로 해야 한다. 카페로서 음료도 판매하고 있는데 음료를 판매할 때는 부가세가 있지만, 음료 재료를 매입하는 과정에서 일부 재료는 구매 시 부가세가 포함되어 있지만, 우유와 과일은 부가세 면세품이기도 하다. 병 음료는 완제품으로 들어와서 판매하는 과세품이다. 이처럼 면세와 과세품을 살 때도, 팔 때도 섞여 있고, 좀 더 깊이 들어가면 어디에서 샀는가에 따라서도 부가세 신고에서 고려해야 할 경우가 생긴다. 같은 재료를 사더라도 백화점, 대형마트, 편의점에서 사는가에 따라 부가세 신고 시 공제와 불공제가 다르게 지정되기도 하는데 이를 세밀하게 하나하나 조정(수정)할 수도 있지만, 업무의 효율성도 생각해서 특별한 경우가 아니라면 홈택스에 등록된 기본 공제, 불공제 구분을 그대로 사용하기도 한다.

이처럼 매출 규모에 상관없이 취급하고 있는 품목과 구매 경로에 따라 과세, 면세를 잘 구분해야 한다. 세무사라고 해서 이런 특성을 자세하게 알지 못해서 잘못된 상담을 하는 경우도 많다. 과세와 면세가 복잡하다 해서 너무 어려운 것은 아니다. 세무신고 할 때 이런 특성을 잘 기록해서 다음번에 조금 더 수월하게 할 수 있다면 세무가 꼭 어려운 것도 아니다. 대부분 책방은 매출 규모가 작고, 인력이 단순(1인)하다면 과세사업자로서 세무신고 시에도 간편장부대상으로 지정되어 비교적 손쉽게 신고할 수 있다.

둘째, 다양한 문화 지원사업에 참여할 경우 강사료 지급이나 (세금) 계산서 발행 등 평소에 하지 않던 세무 관련 업무가 증가하는 경우이다.

책방은 다양한 문화 지원사업을 진행하는 경우가 많다. 책방이 영리를 추구하는 (개인) 사업자인 경우가 많지만, 취급하는 책이 갖는 문화공공재 특성으로 인해 다양한 지원사업에 신청하고 선정될 수 있다. 지원사업은 출판문화산업진흥원, 지역문화진흥원, 마을공동체지원센터나 구청, 도서관 등 다양한 공공기관이나 지자체에서 진행하고 있다. 지원사업으로 예산을 받아서 프로그램을 운영하다 보면 강사료나 활동비를 지급하는 경우가 생기는데 이때 강사료나 활동비를 지급하면서 강사료의 일부를 원천징수하고, 원천세 신고를 해야 한다. 원천세란 사업주가 근로자나 인력에게 월급이나, 강사료 등을 지급하면서 국가가 징수할 세금을 대신 징수하고 납부하는 것을 말한다. 즉 월급이나 강사료를 받는 사람이 내야 할 세금이지만 국가가 징수를 원활하게 하기 위해 지급하는 사업주가 원천세를 제외 후 지급하고, 사업주가 원천세를 국가에 대신 납부하는 것이다.

근로계약을 맺은 직원이나 아르바이트 혹은 강사가 있는 경우(사업소득은 전액, 기타소득은 월 12.5만 원 초과 시 원천세를 징수해야 한다)에는 근로/사업/기타 소득세를 사업주가 원천징수하는 것이다. 직원이나 일정 시간 이상 근무하는 아르바이트의 4대 보험료도 근로자 개인 분담금을 사업주가 원천징수해서 사업주 분담금과 함께 납부해야 한다. (직원이 없는 1인 사업장의 경우 지역가입자로 분류되어 사업주 1인의 연금과 건강보험료 전액을 내야 한다)

책방에 장기 고용된 근로자나 아르바이트가 있다면 세무사를 통해 월 기장과 원천세 납부 등의 업무를 관리하는 것도 필요하지만 대체로 1인 혹은 부부가 직원 고용 없이 운영하는 책방은 간혹 발생하는 초청 강사료 지급 등의 원천세 신고 관련 업무가 다소 부담스럽기도 한다.

셋째, 동네책방이 1인 혹은 2명의 소규모로 운영하는 경우가 많다. 세무 신고를 위해 세무사와 계약하여 대행한다면 업무가 수월하겠지만 비용 부담(기장, 부가세 신고, 종합소득세 신고 비용)으로 인해 직접 세무신고하는 경우도 많다. 면세사업자면 세무신고가 비교적 간단하지만, 과세사업자는 매출 규모에 따라 간이과세자와 일반과세자로 나누고 일반과세자도 매출이 적으면 간편장부 대상, 매출이 일정 수준 이상이면 복식부기 대상으로 나누는데 '간이과세자 〉 간편장부 〉 복식부기' 순으로 세무 관리 및 신고 난도가 높아진다.

면세사업자는 부가세 신고가 면제되기 때문에 5월 종합소득세 신고와 강사료나 아르바이트 월급 지급 시 원천세 신고만 하면 된다. 과세사업자에 중 간이과세자는 부가세 신고가 추가되는데 1년에 한 번만 하면 된다(1월).

일반과세자 중 매출 규모가 크지 않고(간편장부작성대상), 직원이 없다면 세무신고가 비교적 간단하고, 세무서에서 제공하는 〈신고지원 서비스〉를 이용하면 부가세나 종합소득세 신고 시 아르바이트생의 도움으로 더 쉽게 세무신고 할 수 있다. 그러나 2020년과 2021년은 코로나 19로 인해 〈신고지원 서비스〉는 사회적 약자(노인, 장애인)만 이용 가능해지면서 직접 신고

구 분	제 출 시 기
근로·퇴직·사업소득·종교인소득·연금계좌	다음연도 3월 10일
간이지급명세서 (근로소득)	기존과 동일하게 1월, 7월 말일까지 신고
일용근로소득지급명세서, 간이지급명세서 (거주자의 사업소득)	일 기존 1월, 7월말 용직, 거주자의 사업소득 간이지급명세서는 신고에서 → '21.7월 소득분부터 → '21.8월부터 매월 말일까지 신고로 바뀜
간이지급명세서 (거주자의 사업소득)	지급일이 속하는 달의 다음달 말일
일용근로소득	지급일이 속하는 달의 다음달 말일
이자·배당·기타소득 등 그 밖의 소득	지급일이 속하는 연도의 다음 연도 2월 말일

〈이미지/표 _ 원천세 신고 유형과 지급명세서 신고 기준〉

하는 사람들이 어려움을 겪었다. 그러나 간편장부대상자의 경우 2021년 종합소득세 신고에서 국세청에서 제공한 세무신고 산출내용을 근거로 더 손쉽게 신고할 수 있게 도움을 주고 있다.

과세사업만 신고하거나, 면세사업만 신고하는 경우에 비해 혼합사업자(일반 과세사업자로 등록되어 있으면서 면세품을 함께 취급하는 경우)는 홈택스에서 신고할 때 장표는 잘 선택하고, 특히 면세 매출액이 누락되지 않도록 신경 써야 한다. (나는 부가세 신고 시 면세 매출액 입력을 두 번이나 누

락해서 나중에 신고 수정을 통해 정정했다)

넷째, 세무사 상담 시 동네책방의 특수성(면세와 과세의 혼합, 강사료 원천세 등)을 잘 이해하지 못하는 경우이다. 세무사는 상담 유형에서 동네책방은 그 수가 많지 않은 데 비해 세무에 관련한 사항이 매우 다양하게 나타난다. 그래서 세무사가 동네책방의 다양한 세무 사례를 모두 알기는 어렵다(오랫동안 상담해준 세무사가 아니라면). 음식점이나 카페는 사업자 수가 많고, 과세 매출만 발생하고 매입이나 비용처리가 단순한 편이다. 그런데 책방은 면세품인 책만 판매하는 것이 아니라 과세품인 문구나, 음료, 스테이 등을 취급하는 경우가 많고, 도서관 납품의 경우에는 면세(책)와 과세(MARC 및 장비작업)가 함께 있고, 매출액도 늘어나게 된다. 특히 다양한 지원사업을 진행할 때 주관 단체나 규모에 따라 세무, 회계 처리 기준도 다르고, 강사료나 대관료 지급 등 비정기적으로 발생하는 비용에 관한 원천세 관리 기준도 세세한 사항을 모를 수 있기 때문이다.

예를 들면 작가를 초빙해서 프로그램을 진행한 경우 작가의 소득 구분에 따라 사업소득 혹은 기타소득을 적용한 원천징수를 해야 하는데 이는 일반 사업자에게는 거의 발생하는 부분이 아니라 세무사도 잘 모를 수 있다. 조금 더 깊이 나가면 지원사업에서 지원을 받는 주체가 책방 사업자로서 받을 수도 있고, 개인으로서 받을 수도 있다. 마을공동체 지원사업의 경우 개인으로서 지원금을 받는다면 강사료 등의 원천세 신고도 사업자가 아닌 개인으로서 신고해야 한다.

동네책방은 매출 규모보다 다양한 세무 관련 사항을 고려해야 하는 경우가 있는데 전담 세무사가 있다면 상담을 비교적 세세하게 받을 수 있지만 일년에 2~3번 부가세와 소득세 신고 시에만 거래하는 경우에는 세세한 상담을 받기도 어렵다. 또한 세무사가 해당 책방의 다양한 세무 관련 사항을 알기에는 보수와 비교해 비용적, 시간적 투자를 하기 어려운 측면도 있다.

이처럼 동네책방 세무신고가 어렵다고 해서 무조건 두려워할 필요는 없다. 책방에서 발생하는 다양한 세무 관련 사항에 관해 그때그때 처리하는 데만 급급하지 않았으면 한다. 사실 세무 관련 사항은 하나씩 분리해서 보면 그리 어렵지 않다. 그런데 요즘 책방이 다양한 취급상품과 프로그램으로 인해 고려할 사항이 많기 때문에 이를 한 번에 알려주기 어렵고, 상담할 수 있는 세무사나 전문가가 별로 없기 때문에 어려운 것이다

나도 책인감을 운영하면서 원칙으로 삼은 것이 세무를 포함해서 모든 일은 가능한 내가 하기로 했기에 처음부터 세무신고도 직접 했다. 내가 경험한 회사 업무 및 회계는 결국 절차와 증빙을 잘 지키고 있는가를 따지는 것이다. 세무신고도 마찬가지다 세무신고의 절차를 준수하고 관련 서류 혹은 자료를 기준에 맞게 정리하면 된다. 그런데 문제는 처음 할 때 어디에서 무엇을 해야 할지 잘 모른다는 것이다.

우선 내가 해야 할 세무 관련 사항이 어떤 것인지 파악하고(원천징수를 해야 하면 어떻게 하고, 원천징수 후 국세와 지방세 납부는 어떻게 하고 등등), 이를 처음 실행할 때는 방법과 절차를 배워야 한다. 국세청 홈택스에서

배우든, 블로그나 유튜브에서 배우든 혹은 세무사를 통해서 하든 우선은 배워야 한다. 그렇게 배운 방법과 절차를 메모하거나 매뉴얼로 만들 것을 권한다. 많은 사업자가 어렵게 세무신고를 하고, 다음번에 다시 리셋(reset)되어 처음부터 다시 배우거나 혹은 '알았던 거 같은데'라는 편견으로 더 큰 실수를 저지르는 경우도 있다. 세무신고든 시스템을 사용하든 잘못된 것을 바로잡는 데는 몇 배의 어려움이 생긴다. 그로 인해 세무신고를 포기하는 경우도 생겨난다. 그러니 처음 한두 번 할 때 그 과정을 잘 기록해서 다음을 위한 메모를 남기거나 절차에 관한 매뉴얼을 남길 것을 권한다.

NO	항목	계정	지급처	지급기준	증빙서류	예산기준		집행기준액	
						예산	실지급	금액/월	실수금액
1	작은서점 대관료	210-07 임차료	작은책방1(00책방)	대관료 및 프로그램 진행비 회당 350,000원. ※ 원천세 징수 별동	전자계산서 먼저 발행, 견적서				
2	작은서점 대관료	210-07 임차료	작은책방2(00책방)		전자계산서 먼저 발행, 견적서				
3	상주문학작가 급여	110-02 기타직보수	상주작가(000)	급여세금시 4대보험 개인부담금과 근로소득원천세를 제외하고 지급	급여대장/주민등본사본/통장사본/근로계약서				
4	상주문학작가 개인부담금	110-02 기타직보수	→책연금에 입금	4대보험 개인(근로자)부담금 + 근로소득 원천세를 실제 지급하는 거점서점 담당에게 지급	4대보험 납부 명수증 + 근로소득 원천세(21,470)				
5	상주문학작가 회사부담금	210-12 복리후생비	→책연금에 입금	4대보험 회사(고용주) 부담금 담당에게 지급	4대보험 납부 명수증				
6	파견문학작가 사례비	210-01 일반수용비	파견작가1(00책방)	사례금 지급시 원천세 제외 후 지급 작가가 소득신고시 사업소득으로 하면 3.3% 제외, 기타소득으로 하면 8.8%(18기 이후 적용) 제외	수당 등 수수료 내역서/서명 필 수/사업소득지급대장				
7	파견문학작가 사례비	210-01 일반수용비	파견작가2(00책방)		수당 등 수수료 내역서/서명 필 수/사업소득지급대장				
8	초청문학작가 사례비	210-01 일반수용비	초청작가(00책방)		수당 등 수수료 내역서/서명 필 수/사업소득지급대장				
9	파견/초청 문학작가 원천세	210-01 일반수용비	→책연금에 입금	원천세 지급이 여러 공연 경우 거점서점 대표에게 송금하고, 대표작가 원천세를 전체율 한 번에 납부해야함(국세청 & 홈택스)	원천 납부 명수증 (4~5건/파견/초청작가 각각)				

〈이미지 _ 작은 서점 지원사업을 할 때 사용하는 엑셀 관리 매뉴얼〉

e나라도움 시스템을 사용하는 작은 서점 지원사업에서 매월 시스템에서 정산해야 하는 항목을 금액과 함께 누구에게 지급해야 할지를 관리하고 있다. 매월 정산한 금액을 써넣어서 예산 안에서 잘 사용하고 있는지도 함께 점검하고 있다.

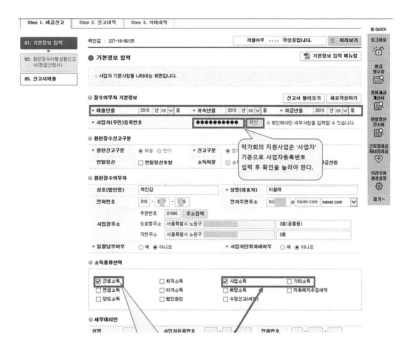

〈이미지 _ 원천세 납부를 관리하기 위한 매뉴얼〉

홈택스에서 원천세를 납부하는 과정을 하나하나 화면캡처 하고, 입력할 때 필요한 사항을 순서대로 매뉴얼로 만들어 놓으니, 매월 하는 원천세 신고가 어렵게 느껴지지는 않는다. 단, 처음 매뉴얼을 만들 때는 상당한 노력이 필요하다.

㉚ 세무신고 직접 하기 : 홈택스에서 세무 신고하는 방법

〈이미지 _ 홈택스 신고/납부〉

국세청 홈택스에서 부가세 신고 직접 하기

개인사업에서 세무신고는 중요한 사항이다. 사업자는 사업 운영을 통해 얻은 이익을 국가에 신고하고, 세금을 내야만 한다. 개인사업자의 세무신고는 세무사를 통해 할 수도 있고, 국세청 홈택스란 앱을 통해 직접 할 수도 있다. 여기서는 세무신고의 기본 개념을 이해하고, 홈택스를 통한 직접 신고

방법에 대해 알아보자.

　사업자가 부담해야 하는 세금에는 세 가지가 있다. 부가가치세, (종합)소득세, 원천세가 있다.

　부가가치세란 상품 또는 서비스의 제공 과정에서 사업자가 창출하는 부가가치에 대해 부과되는 세금이다. 부가가치세는 사업장별로 신고 납부해야 하는데, 내가 운영하는 사업체가 두 개 이상이라면 각각 신고 납부 하는 것이다. 책방 혹은 카페를 두 개 운영하고 있다면 발생하는 부가가치세는 사업장별로 각각 신고 납부해야 한다. 책만 파는 면세사업자의 경우 부가가치세 납부를 하지 않으니 해당 사항이 없지만, 문구나 음료 등 부가세가 발생하는 경우에는 이를 신고 납부해야 한다.

　(종합) 소득세는 사람별로 신고 납부하므로 여러 사업체를 갖고 있어도 한 번만 신고하고, 한 사업체를 여러 사람이 공동으로 운영하는 경우에는 각자 신고해야 한다. (종합) 소득세에는 사업소득, 기타소득, 이자소득 등이 있는데, 이를 모두 합산하여 신고한다.

　원천세는 책방 운영에 관계된 직원이나, 강사에게 지급하는 소득(근로, 사업, 기타 소득 외)에 대해 원천세를 제외한 후 지급하고, 이를 사업자가 직원이나 강사가 내야 할 세금을 대신 국가에 납부하는 것을 말한다.

　세무신고 과정을 좀 더 자세히 알아보자.

1. 부가가치세

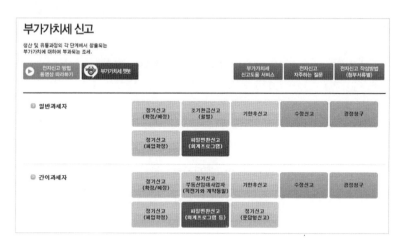

〈이미지 _ 홈택스 부가가치세 신고 화면〉

(개인) 사업자는 과세사업자와 면세사업자가 있다. 도서만 취급하는 서점이나, 교육사업의 경우 면세사업자로 분류가 된다. 면세사업자는 부가세 신고 제외 대상으로 연초에 '사업장현황신고'만 하면 부가세 신고를 하지 않아도 된다. 그러나 책방에서 문구나 굿즈를 파는 경우 혹은 카페를 겸업하는 경우는 과세 대상으로 부가세 신고를 해야 한다. 과세사업자는 일반과세자나 간이과세자로 나누며 부가세 적용 기준이 다르다.

일반과세자는 부가세율이 '공급가액 x 10%'이지만, 간이과세자는 '공급대가 x 업종별 부가가치율 x 10%'로 일반과세자 대비 부가세율이 매우 낮게 책정되어 있다. 대신 일반과세자는 매입할 때 낸 부가세를 공제받을 수 있지만 간이사업자는 매출 부가세율이 낮은 대신 매입 부가세는 공제받지 못한다. 부가세 신고도 일반과세자는 1년에 2회(1월 1일~25일, 7월 1일~25일) 해야 하나, 간이과세자는 1년에 한 번 신고한다(1월 1일~25일).

납부세액 = 매출세액(매출액의 10%) - 매입세액(매입액의 10%)

처음 사업자 개설 시 부가세율 측면에서 보면 간이과세자가 유리하다. 간이과세자의 경우 연 매출 8천만 원이 넘으면 일반과세자로 전환되나 개업 초기에는 매출 기준이 없으니 간이과세자로 신청할 수 있다. 그러나 계산서 발행이나 매입세액 공제에서 차이가 있으니 이를 고려해서 해야 한다.

부가세 신고는 연 2회이다. 매년 1월 25일과 7월 25일이 부가세 신고 마감 기한이다. 부가가치세 납부세액은 과세대상 매출세액(매출액 x 10%)에서 과세대상 매입세액(매입액 x 10%)을 뺀 금액을 내야 한다. 즉 1월 25일과 7월 25일까지 부가세 신고를 마치고 산출한 납부세액을 국세청에 내야만 한다. 사업자가 이를 위해 신고 매출과 매입자료, 특히 부가세 부과된 매출과 매입 자료에 대해 잘 준비해서 신고하면 된다.

2. 종합소득세

종합소득세란 '개인'이 지난 1년간의 경제활동으로 얻은 소득에 대해 내야 하는 세금이다. 종합소득세 신고납부 기간은 5월 1일~31일이다. 종합소

〈이미지 _ 홈택스 부가가치세 신고 화면〉

득세의 구성은 이자소득, 배당소득, 사업소득, 근로소득, 연금소득, 기타소득을 합산하여 계산하나 여기서는 사업소득에 관해서만 이야기한다.

사업자의 소득금액은 총수입에서 필요경비를 제외한 것이다. 총수입은 사업체에서 판매한 책, 굿즈, 카페 음료 등이 있고, 필요경비에서는 책, 굿즈, 카페 음료를 구매한 금액 등 매출 원가와 사업체를 운영하기 위한 임대료, 전기료, 통신료 외 지출 경비 등이 있다. 사업소득 중 사업자가 공제받는 금액이 있는 경우 이를 제외한 금액을 과세표준으로 납부세액을 정하고 있다.

과세 표준액 구간에 따라 세율은 6%에서 42%까지 부과된다.

종합소득세 신고는 사업 규모에 따라 기장신고와 추계신고 대상으로 나

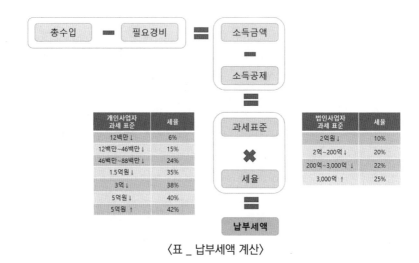

<表 _ 납부세액 계산>

누어지며, 업종별 매출 규모에 따라 복식부기, 간편장부 작성으로 나누거나, 추계신고 대상은 기준경비율이나 단순경비율 작성 대상으로 나눈다.

3. 원천세(원천징수세)

원천징수란 종업원이나 외부 사람에게 지급하는 각종 소득(급여/강사료/대관료 등)을 지급하는 사업자가 소득자의 세금을 미리 징수하여 국가에 대신 납부하는 것이다. 책방에서 직원을 고용하고 있으면 직원에게 월급을 줄 때 4대 보험 개인 분담금과 더불어 근로소득세 원천징수를 해야 한다. 혹은 외부 강사를 초빙해서 강의하고 지급하는 강사료도 원천징수 후 지급해야 하고, 원천징수한 징수한 세금은 익월 10일까지 신고 및 납부해야 한다.

〈사진 _ 지방세(주민세)를 신고하는위택스와 서울시 ETAX 화면〉

(분기나 반기 단위로 신고가 가능하다. 그러나 원천세 납부를 지원사업에서 정산/증빙 해야 하는 경우 매월 신고해야 한다)

급여인 근로소득은 일반적으로 간이근로소득세 기준에 따라 원천세율을 정해서 공제 후 지급한다. 직원은 연말정산할 때 이미 지급한 소득세액과 비교해서 환급받거나 추가 납부한다(간이근로소득세표를 기준으로 80%, 100%, 120%를 적용한다).

강사료의 원천세는 지급받는 강사가 소득신고 하는 기준에 따라 사업소득은 3.3%, 기타소득은 8.8%의 원천세를 적용한다. 사업소득으로 신고하는 경우 모든 금액을 원천세 신고 후 지급해야 한다. 기타소득은 동일인에게 월 12.5만 원 이상(2021년 기준) 지급 시 신고해야 하며, 12.5만 원 미만 지급 시에는 신고하지 않는다. 강의가 주업(학원 강사 및 전업작가)일 경우에 사업소득, 강의가 부업일 경우 기타소득으로 신고해야 한다. 혹 잘못 신고했다

해도 이는 강사가 다음 해 종합소득세 신고 기간에 수정하면 된다. 강사료를 지급하는 사업자의 처지에서 정확히 구분하기 어렵다면 기타소득으로 신고하자 주로 기타소득 신고 대상이기 때문이다.

원천세를 납부할 때는 국세와 지방세(=주민세)로 구분해서 납부한다. 국가(정부)에 내는 국세 중 근로소득의 경우 간이근로소득세 기준에 따라 월급과 부양가족 수에 따라 정해진다. 납부 비율(80%, 100%, 120%) 중 하나를 선택해서 적용한다. 국세 중 사업소득은 지급액의 3%, 기타소득은 8%를 홈택스(모바일은 손택스) 혹은 세무서에서 신고 및 납부할 수 있다.

지방세(=주민세)는 사업자가 속한 광역지자체에 신고/납부하는데 지역에 상관없이 '위택스'(wetax.go.kr)에서도 신고/납부할 수 있고, 서울시는 '서울시ETAX'(etax.seoul.go.kr, 모바일은 서울시STAX)에서 신고/납부할 수 있다. 지방세는 국세의 10%이다. 근로소득 지방세는 국세의 10%, 사업소득 지방세는 0.3%(3%의 10%), 기타소득은 0.8%(8%의 10%)에 해당한다.

TIP. 홈택스, 위택스에서 원천세 신고 후 바로 납부할 수 있다. 그러나 납부확인서는 은행에서 납부하는 것이 다소 간소하다. 국세와 지방세는 신고 즉시 은행 국세, 지방세 납부에서도 가능하다. 홈택스, 위택스에서 납부하는 경우 납부확인서 출력이 조금 복잡하고, 다시 조회해서 출력할 때도 찾기 불편하다. 그래서 은행을 통해 납부하고, 비교적 간단한 은행 '납부확인서'를 증빙서류로 사용하는 것도 가능하다.

- 원천징수란 종업원이나 외부 사람에게 지급하는 각종 소득(급여/강사료/대관료 등)을 지급하는 사업자가 소득자의 세금을 미리 징수하여 국가에 대신 납부하는 것.
- 강사에게 지급하는 강사료는 원천징수 후에 지급한다. 징수한 세금은 익월 10일까지 신고 후 납부해야 한다.
- 소득을 신고하는 강사의 소득 신고 구분에 따라 사업소득은 3.3%, 기타소득은 8.8%의 원천징수세를 공제 후 지급한다(잘 모르면 기타소득으로 신고하자 전업 강사가 아니면 기타소득에 해당한다).
- 사업소득은 모두 징수하며, 기타소득은 월 지급액이 12.5만 원 이상이면 원천세를 징수하고, 미만이면 징수하지 않는다.

그런데 세무신고에서 원천세는 (매월) 신고/납부한 것으로 끝나지 않는다. 홈택스 등에서 원천세를 신고할 때는 사업자나 개인이 지급한 원천세의 합계 인원과 금액만 신고하는 것이다. 누구에게 지급했다는 세부내용을 신고하는 것은 아니다. 그래서 누구에게 소득을 지급하고 원천세를 적용했는지는 '지급명세서'를 작성해서 신고해야 한다. 소득 유형에 따라 신고 일자가 다른데, 근로소득세 간이지급명세서는 1월과 7월에 6개월 단위로 신고하고, 사업소득 지급명세서는 다음 해 3월 10일까지, 기타소득 지급명세서는 다음 해 2월 말일까지 신고해야 한다. (※ 일용직 근로자 및 보험사업자에게 지급하는 소득의 원천세 신고는 2021년 8월부터 매월 신고로 바뀌었는데 책방에서 지급하는 근로/사업/기타 소득에는 대부분 해당하지 않는다)

TIP. 강사료 지급 시 지원사업에 따라 '개인'으로 운영하여 개인 자격으로 신고할 수도 있고, 사업자 자격으로 운영하면 사업자로 신고해야 한다(구분하여 신고).

세금계산서 발행과 품목 영수증

처음 지원사업에서 지급된 돈을 받았을 때 세금계산서 발행을 요청받았다. 사실 20만 원에 6차례나 결과보고서를 써야 했던 비효율적인 사업이었지만 돈은 받았으니, 세금계산서 발행은 해야 했다. 지원금은 계좌로 송금받았고, 이에 대한 증빙으로 '세금계산서'를 요청했는데, 이는 세무 용어를 잘못 사용한 것이다. 우선 책방이라는 곳을 보면, 책 외에 다른 과세품을 취급하면 일반사업자로서 '일반과세자'와 '간이과세자'로 나눌 수 있고, 책만 판매하는 경우 '면세사업자'가 될 수 있다.

면세사업자는 부가세가 없는 '계산서'만 발행할 수 있으며, 일반과세자는 부가세가 있는 '세금계산서'를 발행할 수 있다. 하지만 당시에는 간이과세자는 '세금계산서'를 발행할 수 없고 '계산서'나 '현금영수증'만 발행할 수 있었다. (2021년 7월부터 간이과세자 중 기준 매출 4,800만 원 ~ 8,000만 원이면 세금계산서를 발행 의무가 생겼다)

사실 이런 세밀한 사항은 세무사가 아니면 정확하게 알기는 어렵다. 그러다 보니 운영위원회에서 메일을 보내는 사람이나, 이를 받는 책방 운영자도 잘 모르는 경우가 많다. 나도 처음에는 이를 확인하기 위해 운영위원회에 전화해보고 책방 운영이자 카톡 방에서 상담을 통해 정리했다. 우선 지원 금액에 대해 운영위원회에서 요구하는 바는 '세금계산서', '계산서', '현금영수증' 중에 가능한 항목으로 발행하여 증빙해 달라고 요구한 것이다. 그래서 책인감은 '계산서'를 발행하는 것으로 했고, 이를 위해 국세청 홈택스를 이용하여 '전자계산서' 발행을 했다. 책인감은 부가세 신고를 직접 하기 위해 홈택스를 가입했고, 이를 통해 전자 계산서나 세금계산서 발행이 가능했기 때문이다. 다만, 계산서 발행을 위해서는 은행에서 '계산서 발행 전용 공인인증서'가 있어야 한다. 은행에서 무료로 받은 개인 은행/신용카드/보험용 공인인증서는 불가하며, (세금) 계산서 발행 전용 공인인증서는 4,400원/년의 수수료가 있고, OTP 보안 인증(4,400원)을 사용해야만 한다.

발급받은 전자(세금)계산서용 공인인증서를 이용하여 〈책의 해 운영위원회〉에 지원된 금액에 대해 계산서 발행을 마쳤다. 동네책방은 이런 정부나 지자체 혹은 문화센터 등과 연계된 지원을 받을 기회가 제법 많다. 그렇다면 이처럼 지원받은 금액에 대해 증빙은 필수이다.

POS(판매시점관리)를 사용하는 경우와 (카드)단말기를 사용하는 경우에 발생하는 차이 중 하나는 품목 인쇄에 관한 것이다. POS는 컴퓨터처럼 다양한 정보를 내재하고 있어서 판매상품의 바코드를 읽으며 상품 하나하나 표기된 영수증을 받을 수 있지만, (카드) 단말기의 경우 합계 금액으로만 발행할 수 있다. 단말기의 경우 POS처럼 품목을 입력하는 바코드 리더기가 연결되지 않았고, 단말기에 품목을 등록할 수도 없기 때문이다. 그런데 손님 중에는 구매한 책을 증빙해야 하는 경우도 있다. 학교 도서관에서 근무하는 분이 구매한 책에 대해 품목이 인쇄된 영수증이 필요하다고 했다. 판매 시점에서는 우선 단말기에서 제공된 총액 영수증만 주고, 품목이 인쇄된 영수증은 추후 인쇄할 수 있게 보내주기로 했다.

이를 위해 우선 품목 인쇄되는 영수증을 참조했다. 책인감 인근 카페의 도움을 받아 품목 인쇄된 영수증을 참고하여 엑셀로 양식을 만들었다. 결국 영수증이란 내 가게의 정보가 인쇄되어 있어야 하고, 해당 거래명세에 대한 승인번호와 거래자의 카드 정보와 품목 정보가 들어가면 된다. 그래서 구매 시 발급된 영수증의 정보를 입력하고, 총금액을 책 제목으로 품목 구분하여 인쇄할 수 있게 했다. 실제 영수증과 비슷한 크기로 인쇄할 수 있게 엑셀로 파일을 만들었고, 이를 다시 PDF 파일로 변환하여 수정할 수 없는 영수증으로 만들어 메일로 보냈다.

계산서 발행이나, 품목이 인쇄된 영수증 발행은 모두 정확한 증빙을 위한 방법이다. 지원금을 받을 때나, 고객이 책을 구매를 증빙하는 데 어려움이 없어야 내 가게를 좀 더 잘 운영할 수 있을 것이다.

📖 홈택스 활용 시 주의사항 정리

1. 홈택스 가입은 미리 하자

부가가치세 및 종합소득세 신고 기간에 가서야 홈택스에 가입하지 말고 미리 회원 가입(공인인증서 필요)해서 메뉴 사용법을 익히자. 프로그램을 익히는 시간도 걸리고, 어떤 메뉴가 있는지 알아야 한다. 홈택스에서 제공되는 자료와 내가 따로 챙겨야 할 자료를 미리 알아보는 것이 좋다.

2. 개인 사업자의 사업자 카드 발급, 개인 카드 등록은 빠를수록 좋다.

내 경우 2018년 1월에 신규 사업자로 등록했으나, 사업자 신용카드 발급과 개인카드를 홈택스에 등록을 3월 말에 했더니, 등록 이전에 사용한 카드 매입 실적은 홈택스에서 조회가 되지 않았다. 그래서 개인 카드 사용실적은 카드사 홈페이지에 접속하여 사용명세를 받았다. 사업자 카드나 등록된 개인 카드의 매입공제는 사용처의 업종에 따라 매입공제 대상이 자동으로 구분되나, 이렇게 등록 이전 시점의 카드 사용명세는 자동으로 분류되지 않아 내가 일일이 구분하고, 대상 금액을 건별로 홈택스에 입력해야 했다.

3. 매출자료 산출할 때 과세와 면세를 어떻게 구분하는가?

POS를 사용하는 경우 과세/면세 실적 구분이 비교적 수월하다. POS기에 연결된 디스플레이에서 매출 구분에 따라 카드, 현금, 과세대상, 면세 대상을 따로 분류하여 볼 수 있기 때문이다. 그러나 POS가 아닌 (카드) 단말기만 사용하는 경우 이를 산출하기 어려울 수 있다. 단말기에서 월별 매출액을 카드 매출과 현금 매출을 구분할 수는 있었으나 과세와 면세매출이 구분되지 않았다. 그래서 단말기 회사인 'KSNET' 홈페이지 접속하여 매출 자료를 과세와 면세를 구분하여 엑셀로 내려받아 확인했다.

단말기 회사 ID/PW와 매출 분석 메뉴도 미리 확인해 놓자. 신고 시점에서 자료를 찾느라 헤맬 수 있다. 내가 직접 신고를 하지 않고 세무사에게 의뢰하더라도 대행하는 세무사에게 DATA를 넘겨줘야 하므로 이는 꼭 필요한 부분이다. 세무사는 홈택스에서 나를 대행할 권한을 갖는데 홈택스에서 조회되지 않는 자료는 따로 전달해야 한다.

※ 과세 사업자와 면세 사업자를 두 개로 운영하면서, 카드단말기도 두 개를 운영하기도 하고, 과세-면세 품목을 모두 운영하면 POS를 꼭 사용해야 하는 것으로 잘못 알고 있는 경우도 있다. 일반 단말기도 과세와 면세를 구분하여 매출을 표시할 수 있다.

4. 가게 운영에 유용한 앱을 사용하자

'캐시노트'란 앱이 있다. 이 앱을 설치하면 카드 매출이나, 홈택스에 연계하여 계산서 발행명세, 계좌 입출금 명세, 카드 사용 명세를 받을 수 있다. 이를 통해 카드 매출 대금이 제때 들어오고, 혹은 누락된 것이 있는지 알 수 있고, 일일 마감 실적과 월간 마감 실적도 알 수가 있다. 물론 POS를 통해서도 매출 명세를 알 수 있고, 홈택스에서는 전자 계산서 발행 내용을 알 수 있으나, 캐시노트를 통해 한 곳에서 알 수 있는 장점이 있다. 또한 카카오톡을 통해 빠르게 조회할 수 있어서 손쉬운 관리를 할 수 있다. 일반적인 서비스는 무료이나 고급 기능은 유료로 이용할 수 있기 때문에 이는 선택하면 된다. 한 가지 아쉬운 것은 매출자료 조회 시 과세와 면세 매출 구분이 되지 않아서 이는 단말기 회사 홈페이지나 POS 시스템을 통해 관리해야 한다.

5. 홈택스 부가세 신고 시

나는 처음부터 부가세 신고를 홈택스를 통해 직접 하고 있다. 사실 부가세 신고는 그리 어려운 것은 아니나 앞서도 언급한 바와 같이 익숙하지 않은 용어와 메뉴가 초보자에게 많은 어려움을 안겨주기 때문에 이를 직접 시도하다가 결국 세무사에게 넘기는 경우가 많다.

홈택스 부가세 신고는 면세상품만 취급하는 경우 해당 사항이 없다. 부가세는 최종소비자가 부담하는 비용인데 책은 면세로 부가가치세가 없기 때문에 신고하거나 낼 것이 없다. 하지만 굿즈를 취급하고, 차나 음료를 판매하는 경우에는 부가세가 있기 때문에 매출 신고 시 이를 잘 구분하여 신고해야 한다.

신고 시 과세 매출(카페, 문구, 기타)과 면세매출(도서)을 구분하여 필요한 서식을 지정해야 한다. 도서는 '면세'상품이지 '영세'상품은 아니다. (※ 나도 이것 때문에 헷갈렸는데, 영세는 원래 과세하여야 할 상품이 수출 등의

사유로 부가세를 '0'으로 운영하는 것이다. 그래서 이는 수출자나 특수한 상황에만 해당한다)

상반기 부가세 신고는 7월 1일부터 25일까지나, 계산서 등 정보 조회는 7월 15일 이후에 모두 가능하므로 그때 하는 게 좋다. 다만 필요한 데이터는 미리 뽑아 놓자. 신고를 완료하면 내야 할 부가세를 7월 25일까지 입금해야 한다. 환급 대상이면 낼 필요가 없고, 다음 달에 국세청에서 내 계좌에 입금해 준다.

부가세 신고 시 세무사에게 맡기는 경우도 사업자는 제출 자료에 대해 빠진 것이나 잘못된 것은 없는지 꼭 점검해야 한다. 난 개인카드를 홈택스에 등록하기 전에 사용해서 부가세 신고 시 누락된 구매 실적을 하나씩 입력했다. 세무사가 대행하면 세세한 부분까지 챙기기 어렵다.

6. 종합소득세 신고 시

개인 사업자가 해야 할 또 다른 세금 신고는 종합소득세로 매년 5월에 신고한다. 부가세는 비교적 쉽게 할 수 있으나 종합소득세는 좀 더 복잡하다. 회계 계정에 대해 이해하고 있어야 하고, 절세할 방법에 대해 미리 점검하는 것도 필요하다.

개인사업자는 부가가치세 과세사업자와 부가가치세 면세사업자로 나누고, 과세사업자의 경우 일반과세자와 간이과세자로 나눈다. 도서만 취급하는 경우 면세사업자에 해당하나, 굿즈를 판매하거나 카페를 겸하는 경우 과세사업자에 해당한다. 면세사업자는 책 외에도 꽃(화원)을 취급하거나, 의료, 교육사업, 농수산물(가공되지 않은) 취급 시 해당하니 이점을 참고해야 하고, 면세 사업만 취급하는 경우 1월 홈택스에 〈사업장 현황 신고〉를 해서 부가세 대상에서 제외됨을 등록해야 한다.

7. 계산서 발행

일반과세자는 세금계산서와 계산서를 모두 발행할 수 있고, 간이사업자는 2021년 7월부터 기준 매출이 올라가면서 매출기준에 따라 세금계산서 발행 유무가 정해진다. 간이과세자 기준 연 매출은 4,800만 원에서 8,000만 원으로 올라갔다. 기준 매출 4,800만 원 이하는 전과 동일하게 계산서만 발행할 수 있지만, 기준 매출 4,800만 원~8,000만 원은 세금계산서 발행 의무가 생겨서 세금계산서 발행이 가능하다(물론 면세품은 계산서도 발행할 수 있다). 현금 영수증은 일반과세자, 간이과세자, 면세사업자에 상관없이 발행할 수 있다.

계산서 발행을 위해서는 은행 등에서 제공되는 무료 개인 공인 인증서로는 불가하며, (세금) 계산서 발급용 공인 인증서(연간 사용료 4,400원)를 은행에서 별도로 발급받아야 한다. 보안 카드는 OTP기를 발급받아 사용해야한다.

8. 세부 품목 인쇄

POS 기는 판매된 책이나, 음료명이 표기되는 품목 인쇄가 가능하나, (카드) 단말기를 사용한다면 품목 인쇄가 불가하다.

품목 인쇄는 따로 프린터기로 인쇄해주는 방법도 있다. 판매점 정보와 카드 승인번호 등 인쇄 양식으로 만들고, 품목을 넣어서 인쇄한다면 대부분 문제가 없다(필요하면 단말기 영수증과 별도의 품목이 인쇄된 것을 함께 제공할 수 있다).

공인인증서 그리고 홈택스와 정부24에서 필요 서류
발급하기

공인인증서

〈이미지 _ 공인인증서 종류와 용도〉

사업을 하면 공인인증서가 필요한 경우가 많다. 은행거래에서 기본으로 필요하고, 각종 민원서류를 발급받을 때도 필요하며, 전자(세금)계산서를 발행하거나, 지원사업에서 사용하는 이나라도움 시스템이나 입찰을 위해 나라장터에 로그인할 때도 공인인증서가 필요하다.

공인인증서란 전자상거래를 할 때 신원을 확인하는 일종의 사이버 거래용 인감증명서이다.

공인인증서의 종류에는 개인용 공인인증서와 사업자용 공인인증서가 있다. 개인용이나 사업용 공인인증서는 각각 범용과 용도 제한용으로 나누어 발급할 수 있다. 범용 공인인증서는 다양한 용도로 사용할 수 있어서 편리하지만, 비용이 있고, 용도제한용은 무료 혹은 비교적 저렴한 비용으로 사용할 수 있다.

개인이 은행거래 시 사용하는 공인인증서는 은행/신용카드/보험용으로 무료로 사용할 수가 있지만, 용도가 제한적이다. 현재 이를 대체하여 클라우드에 기반한 무료 '금융인증서'로 개인 공인인증서를 대신하는 추세이다. 개인의 경우 더 많은 곳에서 사용하기 위해서는 개인-범용 공인인증서가 필요한데 발급 비용이 4,400원으로 3년간 유효하다. 개인용 범용인증서는 거의 사용하지 않지만, 일부 기관에서 범용인증서를 요구하는 경우도 있다.

사업자용 공인인증서는 연간 사용료가 있다. 나라장터를 비롯한 전자 계약/입찰/구매 등에 참여하기 위해서는 사업자용 공인인증서(110,000원/년)가 있어야 하고, 입찰 정보까지 접근할 수 있는 '사업자용+입찰 정보' 공인인증서(330,000원/년)가 있다. 나라장터 혹은 학교장터 등에서 입찰하는 경우가 아니라면 사업자용 범용 공인인증서까지 필요하지는 않지만, 납품 및 대관료 등을 지급받는 경우에는 (세금)계산서 발행을 위해 전자(세금)계산서 발행용 공인인증서(4,400원/년)가 있어야 한다.

Tip. 사업자에 따라 세금계산서를 발행할 수 있는 조건이 다르다. 일반과세자의 경우 세금계산서(부가세 포함된)와 계산서(부가세 없는) 발행이 모두 가능하나, 부가가치세 면세사업자와 간이과세자는 부가세가 없는 계산서만 발행이 가능하다(※ 2021년 7월부터 간이과세자 기준 매출액이 늘어나면서 연 매출 4,800만 원~8,000만 원 간이과세자는 세금계산서 발행 의무가 생겼다. 연 매출 4,800만 원 미만은 계산서만 발행할 수 있다).

예를 들면 도서관에 책을 납품하는 경우에는 부가가치세 면세사업자나 간이과세자도 계산서는 발행할 수 있지만, 마크와 장비 작업의 경우 과세품목이기 때문에 원칙적으로 세금계산서 발행이 불가하다(간이사업자 중 연 매출 4,800만 원~8,000만 원인 경우 2021년 7월부터 세금계산서 발행 가능). 일부 도서관에서는 책 납품가에 이를 포함하는 경우도 있으나 이는 올바르지 않은 방법이다. 문구나 각종 굿즈는 세금계산서(과세), 대관료는 사업자에 따라 면세사업자는 계산서(면세)를 발행하나 과세사업자의 경우 부가세가 있는 세금계산서를 발행해야 한다.

공인인증서도 단순하게 생각하면 별거 아니지만, 용도에 맞는 공인인증서 사용이 필요하고, 혹은 과도한 비용을 지불할 필요도 없다.

홈택스와 정부24에서 필요서류 발급하기

사업을 운영하면서 특히 책방을 운영하며 다양한 사업을 신청하거나, 은행 업무, 납품이나 지원사업에 관련한 서류 작업을 하다 보면 필요한 서류가 제법 많다. 사업자등록증 사본을 비롯한 주민등록등초본이나 가족관계증명원, 인감증명서, 부가가치세 과세표준증명원 등의 서류를 제출하는 경우가 생긴다.

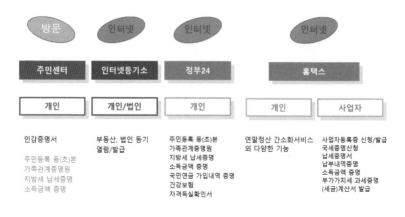

〈이미지 _ 서류 발급 기관과 유형〉

　서류를 발급받으려고 주민센터나 세무서에 꼭 직접 방문할 필요는 없다. 대부분 서류는 방문 없이 국세청 홈택스나 정부24 사이트에서 발급받을 수 있다. 가정용 프린터도 대부분 공인 프린터로 등록되어 있어 발급서류를 인쇄해서 제출해도 된다. 서류 작성 시 제출 양식으로 파일(PDF, JPEG)을 요구하면 증명서를 파일로 저장해서 첨부하면 된다.

　가정이나 사무실에서 발급받을 수 있는 서류에는 무엇이 있을까?

　홈택스에서는 사업자등록증 신청이나 수정뿐 아니라 사본 발급도 가능하며 납세사실증명, 소득금액증명, 부가가치세 과세표준증명 등 세무서에서 발급하는 대부분의 서류를 홈택스를 통해서도 발급할 수 있다.

　정부24(구_민원24)에서 발급받을 수 있는 서류에는 주민등록등초본을 비롯하여 가족관계증명원, 지방세납세증명, 소득금액증명, 건강보험자격득실확인서 등을 발급할 수 있다. 홈택스와 마찬가지로 주민센터에서 발급받

〈이미지 _ 서류 발급 기관과 유형〉

을 수 있는 서류의 대부분을 정부24에서도 받을 수 있다.

단, 인감증명서는 직접 방문해야 한다. 본인이 직접 방문하거나, 위임장을 받은 대리인만 수령할 수 있다.

사업에 필요한 서류를 받는 곳은 홈택스와 정부24만 있는 것은 아니다. h-well 국민건강보험 사회보험통합징수포털에서는 4대 보험에 관련한 개인 및 사업장 보험료 납부뿐 아니라 납부내역 관련해서 증명서를 발급받을 수 있다.

대법원 인터넷등기소에서는 부동산 등기, 법인등기에 관한 열람과 발급을 받을 수 있다. 가게 임대차 계약뿐 아니라 개인의 부동산 거래에서도 등기부등본을 통해 부동산 소유 현황뿐 아니라 담보 설정 현황도 확인할 필요가 있다.

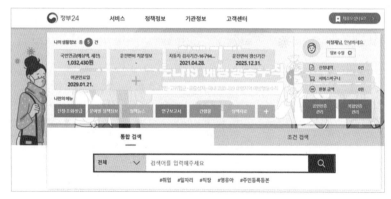

〈사진 _ 정부 24 홈페이지〉

이처럼 개인이든 사업을 하든 다양한 필요 서류나 증명서는 직접 방문하지 않아도 온라인상에서 발급받을 수 있다. 바쁜 현대사회를 살아가며 효율적인 업무를 위해서도 가능하면 빠르고 편리한 방법을 알아두는 것이 좋다.

32 인터넷에서 판매하기

자영업에서 보면, 카페나 음식점은 매장 안에서 이루어지는 매출과 포장과 배달 매출이 있다.

대형 서점의 경우 오프라인 판매와 더불어 온라인 판매를 하고 있는데 점점 온라인 매출 비중이 늘어나고 있다. 특히 코로나 19를 겪으면서 온라인 구매와 배달의 증가는 점점 늘어나고, 코로나가 종료되더라도 줄어들 것 같지는 않다.

그렇다면 책방은 이런 시대를 어떻게 대응해야 할까?

동네책방이 대형 서점과 온라인 판매를 경쟁할 수는 없다. 대형 서점은 10% 현금 할인, 5% 포인트 적립 외에도 택배비 무료라는 강력한 무기가 있다. 그런데 동네책방은 공급받는 책값이 대형 서점보다 높기 때문에 할인을 많이 하면 수익이 나지 않고, 택배비는 대체로 손님이 부담해야만 하기 때문이다. 동네책방은 가격 경쟁 측면에서 대형 서점과 동일한 '단행본'을 인터넷으로 판매하는 것은 거의 불가능하다.

전국 어디서나 구매 가능한 똑같은 책을 온라인 서점과 동네책방이 인터넷 판매 경쟁을 한다는 것은 사실상 불가능하다.

그러나 독립출판물은 상황이 다르다. 일반 유통을 하지 않는 독립출판물

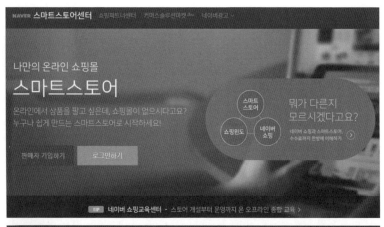

〈사진 _ 네이버 스마트스토어 화면〉

의 경우 온라인 서점에서 구매가 불가하기 때문에 네이버 '스마트스토어'를 중심으로 판매가 이루어지고 있다. 대체로 동네책방에서 판매하는데 대부분 정가 판매와 택배비 소비자 부담으로 이루어지고 있다. 〈스토리지북앤필름〉〈별책부록〉〈유어마인드〉 등 독립출판물 전문 동네책방에서는 스마트스토어 판매 비중이 상당히 높고 전문성이 있다. 꼭 독립출판물 전문 취급점이 아니더라도 내가 운영하는 〈책인감〉을 비롯하여 독립출판물 취급량이 많지 않아도 인터넷 판매를 하고 있다. 대체로 정가 판매에 일정 금액 이상 구매 시(3만 원 혹은 5만 원) 택배비 무료이다.

인터넷 판매는 오프라인 대비 5% 정도의 수수료 차이가 있다. 카드 결제를 기준으로 매장에서 결제 시 수수료는 0.8%이다. 스마트스토어에서 판매 시 네이버 수수료 2% + 카드결제대행 수수료 약 3.8%로 합계 5.8% 수수료가 있다(계좌이체, 핸드폰 등 결제 방식에 따라 수수료가 조금씩 다르다).

그리고 택배비는 실제 발생 택배비 + 포장비를 고려해서 판매가에 포함한다.

인터넷 판매를 한다면 꼭 독립출판물만 취급할 필요는 없다. 일반적인 유통을 하는 단행본의 경우에도 저자 사인본 혹은 동네서점 에디션으로 제작된 책은 책방 인터넷 판매로도 어느 정도 경쟁력이 있다. 책만 판매할 필요도 없다. 책방에서 취급하는 다양한 굿즈도 판매할 수 있다. 책갈피나 독서링, 엽서, 액세서리 등 책과 관련된 혹은 관련되지 않더라도 다양한 굿즈를 인터넷 판매하는 것도 가능하다.

또 하나 생각해볼 것은 강좌와 모임 참여 인원을 인터넷 예약을 통해 모집하는 것이다. 대부분 책방은 매장에서 이를 홍보하거나 인스타, 블로그를 비롯한 SNS에서 알리고 모집한다. 그런데 다른 한편으로 생각해보면 신청하는 사람들이 일일이 방문하거나 전화로 예약하는 것은 관리하는 처지에서는 불편하고, 비효율적인 경우가 많다. 이를 스마트스토어나 혹은 네이버 예약을 통해 받는 것은 어떨까? 미용실만 인터넷으로 예약하는 것이 아니라 동네책방도 강좌나 모임을 인터넷 예약 시스템을 통해 받는 것도 생각해 봐야 한다. 물론 예약 시스템에 올렸다고 해서 자동으로 홍보되는 것은 아니다. 그러나 강좌와 모임의 일정을 일일이 소개할 필요 없이 원하는 사람들이 자연스럽게 예약 시스템을 이용해서 신청하게 한다면 좀 더 관리가 수월해질 것이다. 책방 중 일부는 예약제로 운영하는 경우가 있다. 책방 방문이 박물관 투어처럼 진행되는 경우도 있고, 시간제로 이용하는 경우도 있는데 이를 예약 시스템으로 운영하는 것도 충분히 고려할 수 있다.

자영업자로서 카페는 더욱더 많은 손님을 유치하기 위해 커피를 비롯한 음료의 세밀한 맛을 높이는데 노력할 뿐 아니라 카페라떼, 바닐라라떼, 녹차라떼, 아인슈페너 등 커피에서 파생된 다양한 음료를 개발하고, 객단가를 높이기 위해 케이크나 머핀, 마카롱 등 디저트를 개발하고 차별화하는 노력을 기울이고 있다. '배달의 민족', '요기요', '쿠팡이츠' 등 배달 서비스 제공을 위해 배달에 적합한 메뉴 개발과 배송 시스템을 갖추기 위해 노력하고 있다.

책방도 자영업자로서 마찬가지이다. 단지 똑같은 책만 판매하는 것은 차별성도 없고, 경쟁을 할 수 없다. 책은 대신 수십만 종의 다양한 책이 있기 때문에 같은 책이라도 큐레이션에 따라 소비자의 선택을 만들 수도 있지만, 독립출판물의 인터넷 판매와 같이 틈새시장을 활용하는 방법도 있다. 배송뿐 아니라 예약 시스템을 구비하고, 같은 책이라도 그 책방만의 특색을 줄 방법(그 책방만의 포장, 책방 도장 찍기 등)을 연구하는 것이 필요하다.

스마트스토어에서 판매하기

네이버에 스마트스토어 판매자 등록 시 두 가지 유형으로 구분된다. 개인으로 등록하거나 사업자로 등록하는 것이다. 아직 사업자를 내기 전이라면 개인으로 먼저 등록 후 운영하다가 사업자로 변경할 수도 있다. 네이버 스마트스토어에 사업자로 판매자 등록하기 위해서는 '통신판매신고서'를 등록해야 한다. '통신판매신고서'는 구청 혹은 정부24를 통해 신청이 가능한데 통신판매신고서를 작성하기에 앞서 〈인터넷 도메인 주소〉와 〈에스크로 구매안전확인증〉을 먼저 갖추고 있어야 한다. 〈인터넷 도메인 주소〉는 네이버 스마트스토어를 등록해야 나오는데 네이버 등록을 완료하려면 민원 서식 통신판매업신고증이 있어야 한다. 서로의 등록을 완료하려면 서로 필요하다는 모순이 발생하는데 그래서 다음과 같이 진행해야 한다. 먼저 네이버 스마트스토어 등록신청 진행 시 '통신판매신고증' 제출을 제외하고 신청하더라도 〈인터넷 도메인 주소〉를 생성할 수 있다. 네이버 스마트스토어 등록을 작성하는 중에 중간 저장을 통해서 도메인 주소가 나오는 것이다. 도메인 주소를 받으면 민원서식 신청에서 '통신판매신고서' 작성을 완료하면 된다. '통신판매신고서'가 완료된 후에 네이버 스마트스토어에 신고증을 제출 후 신청 절차를 마무리하면 된다.

〈구매안전서비스 이용 확인증〉과 관련하여 먼저 에스크로(escrow) 서비스를 이해해야 한다. 상거래 특히 전자상거래 시 신뢰할 수 없는 거래에서

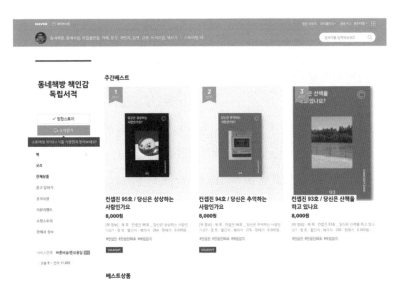

〈사진 _ 네이버 스마트스토어 화면〉

구매자의 결제대금을 제 3자에게 예치하고 배송이 정상적으로 완료되면 판매자에게 지급하는 거래 안전장치다. 〈구매안전서비스 이용 확인증〉는 에스크로 서비스에 가입된 것을 확인해 주는 서류가 된다. 에스크로 서비스는 은행에서 가입해야 하는데 모든 은행에서 가능하지는 않다. 농협, 우리, 국민, 기업 은행 등에서 신청 가능한데, 나는 책방에서 가까운 기업은행에서 서비스를 신청했다. 서비스 신청을 위해서는 사업자로 가입한 통장을 개설해야 하는데 통신판매로 판매한 대금이 일정한 절차(구매 확정) 이후에 입금된다.

　〈구매안전서비스 이용 확인증〉은 통신판매신고업에 등록된 도메인은 관리하는 네이버에서 발행하게 된다. 스마트스토어를 통해 판매된 대금이 에스크로 서비스가 가입된 사업자 통장으로 지급되는 것이다.

이렇게 두 가지 증빙 〈인터넷 도메인 주소〉와 〈구매안전서비스 이용 확인증〉을 준비해서 '통신판매신고증' 발급을 완료할 수 있다. 이렇게 발급된 '통신판매신고증'을 스마트스토어 등록에서 첨부하면 판매자 등록을 완료할 수 있다.

스마트스토어 수수료는 결제대행수수료와 네이버쇼핑 매출 연동 수수료로 나눌 수 있다. 결제대행수수료는 매장에서 쓰는 카드 수수료처럼 카드, 계좌이체, 무통장입금(가상계좌), 휴대폰 결제, 보조 결제로 나뉘는데 최저 1%에서 최대 3.85%이다. 일반적인 카드수수료 0.8%에 비해 스마트스토어 카드결제수수료는 3.74%로 비싸지만, 이는 다른 결제대행 서비스도 마찬가지이다. 네이버쇼핑 매출 연동 수수료는 결제 방법에 상관없이 2%이다. 처음 스토어를 개설할 때 비용은 발생하지 않고, 판매 시에만 2%의 연동 수수료를 내고 있으니, 백화점이나 홈쇼핑에서 받는 높은 수수료에 비하면 비교적 저렴하게 이용할 수 있는 플랫폼이다. 네이버 스마트스토어를 네이버에서 제공하는 Modoo 홈페이지 플랫폼과 연결하여 사용하면 상품 소개나 홈페이지 관리를 더 세련되게 할 수 있다.

스마트스토어를 이용하여 상품 정보와 소개, AS 연락처 등을 등록하기 위해서는 준비를 해야 한다. 독립서적의 경우 책 정보에 대한 표지나, 내지, 샘플 페이지 등을 그림으로 갖고 있거나 사진을 찍거나 소개 자료를 만들어야 한다. 상품등록 시 재고 수량에 대한 관리도 정확하게 해야 한다. 일반 단행본은 재고가 부족해도 도매상을 통해 혹은 다른 유통망을 통해 재고를 빨리 구할 수 있으나, 독립서적은 재고 부족이 배송지연이라는 문제를 일으킬 수 있기 때문이다.

또 하나 고려할 사항은 책은 면세품으로 등록하여 판매하지만, 문구나, 굿즈는 과세상품이라는 것이다. 내가 굿즈 등을 공급받을 때 현금으로 거래하고 계산서 발행이 없었다고 해도 일반사업자라면 부가세를 부과하여 판매해야 하기 때문이다. 즉 판매가격을 산정 시 과세를 고려한 판매가로 결정해야 한다는 것이다.

네이버 스마트스토어는 배송에 있어 발송은 판매자가 지정한 업체를 통해 배송한다. 그래서 판매자는 별도로 택배 발송 계약을 맺어야 한다. 개인적으로 보내는 택배야 우체국이나, 편의점 택배를 이용할 수도 있으나, 인터넷 환경에서 가격경쟁을 해야 하는 만큼 택배도 계약을 통해 저렴하게 이용하는 것이 필요하다.

스마트스토어에 첫 상품을 등록하는 것도 중요하다. 판매자 등록을 해놓고 일정 기간 상품 등록이 없으면 판매자 등록이 취소된다. 책을 등록할 때 고려해야 하는 것도 있다. 정식 출간물이면 도서정가제 적용을 해야 하고, 독립출판물로 등록 시 도서정가제 적용은 받지 않지만, 등록 시 기본정보로 저자, 출판사, 출간일 뿐 아니라 책 표지 이미지부터 목차, 내지 샘플, 기획 의도, 추천 글 등을 작성해야 한다. 또한 재고 관리부터 포장, 배송 관리도 중요하다. 자칫 재고 수량이 맞지 않아서 곤란할 경우도 있고, 배송 시 책이나 굿즈의 손상을 막기 위한 포장도 고려해야 한다. 택배나 우편으로 보내든지 발송 후에는 배송 방법과 송장 번호도 등록해야 한다. 배송 진행 상태를 조회할 수 있을 뿐 아니라 배송이 완료되면 구매 확정을 통해 판매 대금이 입금되기 때문이다. 독립출판물을 비롯한 인터넷 판매는 동네책방 모두가 취급하지 않기 때문에 내가 좀 더 수고하면 판매 기회를 늘릴 기회가 된다.

또 하나 고려할 것은 판매는 홍보와 프로모션이 있어야 더 잘 팔리게 된다. 인스타나 블로그에 책 소개 글을 올리더라도 스마트스토어에 연결된 URL을 첨부하는 것도 방법이고, 스마트스토어에서 제공하는 프로모션 타겟팅으로 첫구매/재구매/스토어찜 고객을 대상으로 할인쿠폰(제품/배송비)을 제공하거나, 포인트를 제공하는 활동을 하는 것도 필요하다.

홍보마케팅에 정답은 없지만 내 스토어에서 판매가 늘어날 방법을 고민해야 한다.

동네책방 운영의 모든 것 TIP

1. 전자상거래 등록 절차

- 전자상거래 등록을 위해서는 민원으로 〈통신판매신고〉를 해야 한다.
- 통신판매업 신고 시 인터넷 도메인이 있어야 한다. 네이버 스마트스토어 등록을 할 때 도메인을 할당받고 신청하면, 〈통신판매신고〉 미비로 신청이 완료되지 않는다.
- 통신판매 신고 시를 먼저 완료하는데 은행에서 〈에스크로: 구매 안정 확인증〉를 발급 받고, 〈통신판매신고〉를 완료한다.
- 네이버 스마트스토어 신청에서 〈통신판매신고증〉을 첨부하여 신청 절차를 완료한다.

2. 전자상거래(네이버 스마트스토어) 운영 시

- 상품 등록 시 카테고리 선정이 중요하다.
- 상품을 하나씩 등록하니 시간이 많이 소요된다. 책 소개 자료를 제작자에게 미리 받아놓자.
- 등록 시 면세(책) 상품과 과세(굿즈, 문구류) 상품 등록을 구분한다.
- 스마트스토어 재고를 실시간으로 관리할 필요가 있다.
- 스마트스토어 판매를 늘리려면 프로모션이나 홍보마케팅이 필요하다.

책방에서 할 수 있는 다양한 사업? 책인감의 미래?

나는 책인감이 지속할 수 있는 수익을 내기 위해 다양한 시도를 해왔다. 4년의 세월이 흐른 지금, 책인감 어떤 모습일까?

2018년 1월 책인감을 오픈하고, 1년의 세월이 흐른 2019년 3월 첫 책이 나온 시점에서는 책방 수익 구조를 다음과 같이 예상했다. 오프라인 매출로 책 판매와 카페 매출이 수익의 3분의 1, 책방 내외에서 강좌와 모임 그리고 외부 강연을 통해 3분의 1, 책 및 기고 등 글을 쓰는 활동을 통해 나머지 3분의 1 수익을 내려고 했었다.

책방을 오픈한지 약 4년이 흐른 지금도 전반적인 수익을 내는 데 어려움이 많다. 특히 경춘선숲길공원 주변으로 많은 카페가 생기면서 2층에 있고, 안이 잘 보이지 않는 책방&카페에서 차를 마시는 사람들은 점점 줄어들고 있다. 그렇다고 책을 사는 사람이 늘어나는 것도 아니고, 매출을 늘리기 어려웠다. 2019년은 지원사업을 본격적으로 시작한 해이기도 했는데 그 중〈작가와 함께하는 작은 서점 지원사업〉에서 거점문학서점 대관료 및 프로그램 기획비로 월 70만 원 x 7개월 지원을 받았고, 〈꿈다락 토요문화학교_일상의 작가〉 프로그램 대관을 통해 20회 동안 300만 원의 대관료를 지원받을 수 있었다.

또한 첫 책 〈책방 운영을 중심으로 1인 가게 운영의 모든 것〉을 비롯해서 두 권의 책을 직접 출간하고, 출판사로서 출판 의뢰 작업을 진행하는 등의 수익 활동을 했다. 독서 모임을 비롯한 〈책 쓰기 강좌〉, 〈책방 운영 실무 강좌〉, 〈엑셀 강좌〉 등을 통해 수익을 내기도 했다. 외부 강좌의 경우 2018년부터 2020년까지는 연 2~4회 정도 강의를 했다. 납품도 2019년 100만 원 정도의 작은 도서관 수의계약 납품 한 건에 불과했다.

2021년은 어땠을까?

온/오프라인 책 판매와 카페 매출은 여전히 혹은 더 줄어들고 있다. 출판사로서 내 책의 판매도 저조하지만 그나마 팔리던 〈1인 가게 운영의 모든 것〉은 소진되어 절판되니 책 유통을 위해 쓰는 창고 사용 및 시스템 사용 비용으로 인한 손실이 생기고 있다.

그러나 2021년 책인감은 지원 사업과 외부 강의에서 유의미한 증가가 있었다. 지원사업의 경우 2020년에는 책방 수익에 많은 도움이 되는 것은 없었지만, 2021년에는 비교적 큰 지원사업에 선정되어 도움이 되었다. '작가와 함께하는 작은 서점 지원사업' 등 책방에 지원하는 지원사업 8개뿐 아니라 지역에서 문화공간에 대관료를 지원하는 사업도 2개 있었고, 책을 낸 저자이자 문화기획자로서 예술인 지원사업에도 2개 선정되어 도움을 받을 수 있었다. 또한 외부 강의도 18건이나 있어서 적잖이 도움이 되었다.

2021년을 기준으로 하면 수익에 기여하는(순익이 아닌) 바는 오프라인 매출이 20%, 지원 사업에서 40%, 내외부 강의, 모임을 통해 30% 정도를 기여하고 있다. 나머지 10%는 출판 관련 위탁 등이 있다.

특히 2020년, 2021년의 코로나로 인한 외부 환경으로 인해 정상적인 운영이 아니었다. 방문고객이 줄어든 것은 자영업 모두에 적용된 것이지만, 코로나 거리 두기가 끝나더라도 책방을 찾는 손님이 늘어나리라는 기대는 쉽지 않다. 인원 제한이나 영업시간 제한은 책방에 미치는 요소가 적었기 때문이다. 책인감이 카페도 함께 운영하고 있지만, 카페 위주가 아니기 때문에 마찬가지다. 다만 재난지원금 지급에서는 책방만 운영하는 곳 대비 수도권 영업 제한 업종(카페)으로 인해 지원금 혜택을 더 받을 수 있었다.

2022년 책인감의 지속가능한 수익을 위해 계획하고 있는 것은?

먼저 지원사업에 있어 2021년 수준까지 운영하기가 쉽지 않더라도 책, 책방, 문학, 예술 등 다양한 분야로 확대해서 도전할 것이다. 이는 지원사업에만 의존하려는 것은 아니다. 책방도 결국 사업자이기 때문에 수익을 낼 방법을 고민해야 하고, 역량과 효율도 고려해야 하기 때문이다. 나의 기획력 강점을 살리고, 책만이 아닌 책에서 파생된 다양한 영역에서 도전하려 한다.

강좌와 모임을 확대하기 위한 노력도 더욱 높여갈 예정이다. 책방 내에서 진행하는 자체 강좌도 지금처럼 다양하게 유지하고, 외부 강연을 확대하기 위해 더 노력할 예정이다. 내가 비록 책방 운영의 실무와 세무 등에 강점을 가지고 있지만 대체로 이와 관련한 강연은 단발성 강좌로 일 년에 4~8회 정도만 가능하다. 2021년에는 한국서점조합연합회, 경기서점학교, 한겨레 교육센터에서 총 5차례의 강의를 했고, 서울여자대학교에서 창업콘서트 강의 2회, 노원 50플러스에서 2회 강의를 진행했다. 외부 강연이 수익에 도움을 주지만 안정적인 수익까지는 지금 같은 강연으로는 한계가 있다. 2021년에 총 18회의 외부 강연을 진행했지만, 이는 월평균 1.5회 정도로 내가 목표로 하는 월 4회 이상까지는 아직 부족하다. 앞으로 지역 내 도서관, 복지관과 연계하여 지속적인 강의가 가능한 커리큘럼을 개발하는 것이 필요하다. 이를 위해 4~8주 정도 진행할 수 있는 '글쓰기', '책 만들기' 과정을 다듬을 필요가 있다. 현재 책인감에서 운영하는 '1인 출판 과정 배우기'는 출판을 배우는 과정으로 진행하고 있는데 글쓰기에 관련한 강의를 보완하여 커리큘럼을 다듬고자 한다. 특히 지역 주민들의 책 출간 열망을 충족시킬 수 있는 커리큘럼과 가볍게 만들 수 있는 책 출간 지원 부분을 다듬는 세밀함이 필요하다. 이를 도서관이나 복지관 등의 프로그램에 적용될 수 있도록 소개하는 것도 해야 한다.

책방 운영자가 꼭 이런 과정을 진행할 필요는 없지만, 독서 지도하기, 책 함께 읽기, 필사 등을 진행하는 것도 가능하다. 도서관이나, 복지관, 정보센터, 대학교에서도 다양한 프로그램을 진행하면서 지역 강사를 필요로 하며, 그중 책방지기가 가능한 프로그램이 있다.

출판사 혹은 작가로서 확대해야 할 일도 있다. 우선 지금 쓰고 있는 책방 운영 관련 개정판 실무 책뿐만 아니라, 이후에 〈퇴근 시간 앞당기는 엑셀의 유용한 팁〉, 〈1인 출판 배우기〉, 〈책방 세무와 지원사업 실무〉 책을 출간할 계획이다. 나는 책방을 운영하면서 강좌와 모임을 만들면서 책 출간까지 고려해서 하는 경우가 많다. 독서량이 줄어들고 있다지만 유용한 책을 찾는 사람들은 꾸준하게 있기 때문이다. 내가 쓰는 책들은 정보를 담은 실무형 책이다. 나는 사람들에게 필요한 정보를 알려주는 실무 관련 책을 만드는 데 강점이 있다. 그렇게 만들어진 책들이 판매가 잘 되면 책인감 운영에 많은 도움이 된다. 물론 책이 잘 팔려야 하는 전제가 있지만, 1인 출판사를 운영하는 저자이기 때문에 많은 판매가 아니어도 유의미한 수익이 가능하다.

또 하나 출판사이자 책 편집자로서 책 출간을 돕는 것을 확대하고자 한다. 함께 글을 쓰고, 출판을 배우는 과정에서 책 출간을 희망하는 사람들에게 출간지원을 늘려가고자 한다. 책을 쓰고 싶어 하는 이들이 늘어나고 있다. 그래서 유통이나 ISBN을 발행하는 정식 출간이 아니더라도 여행을 기록으로 남기거나 부모님 가족에 관한 이야기를 담거나 에세이나 시를 모아서 출간할 수도 있다. 이런 개인적인 출간을 돕는 출판지원은 어떨까?

그 밖에도 지역 전문가들과 함께 기획해서 만드는 프로젝트 책을 출간하는 것도 장기적인 목표이다. 카페 전문가, 디저트 전문가, 꽃 전문가, 호프 전문가 등의 사람들과 함께 만들려고 한다. 책 중에 '아무튼' 시리즈처럼 계속해서 시리즈로 책을 만들어보고 싶은 마음이 있다. 물론 이를 위해서는 출판 관련 업무도 더 많이 배워야 하고, 디자인, 교정, 교열 전문가의 도움도 필요하지만 하나씩 배워가며, 어느 정도까지는 내가 감당하고, 일정 부분 이상은 전문가나 협력사를 통해 도움을 얻고자 한다.

지속가능한 책방을 위해 '도서관 납품'도 고려하고 있다. 점점 책을 읽지 않는 시대라고 하나 공공 영역에 대한 지원의 확대는 작은도서관을 비롯한 공공도서관의 확대로 이어지고 있다. 독서량은 줄어들고 있지만, 도서관 장서는 늘어나고 있다. 책방의 역할이 독서생태계(출판사, 작가, 도서관, 유통점, 소매점, 독자 등)에서 독자에게 책을 소개하고, 전달하는 모세혈관의 역할을 하고 있다. 책방이 그 역할을 잘 해낼 수 있도록 공공도서관에서 구매할 때 대형 유통망이나 납품 전문점에서만 공급받는 것이 아니라 지역 내 책방에서 구매하는 것을 더욱 권장해야 한다. 지금도 자치단체 조례 등에서 이를 권고사항으로 하지만 현장에서는 충분하게 반영되고 있지 않다.

동네책방도 도서 납품에 관해 그 프로세스를 배우고, 나아가 다양한 독자들에게 좋은 책을 권할 수 있는 역할도 때로는 필요하다. 도서 납품 과정에 필요한 MARC(도서정보 입력) 작업, 바코드, 도서분류 스티커, RFID 칩 적용, 도서관 관인을 비롯한 도장을 찍는 방법 등을 이해하고, 도서관 담당자와 상담이 가능해야 한다. 프로세스를 이해하지 못하고 납품하기는 쉽지 않기 때문이다.

독서생태계의 환경 변화에 따라 도서관과 책방의 역할이 변화하고 있고, 동네책방이 자체적인 역량으로만 지속하기 어려워지고 있다. 문화공공재 '책'은 단지 영리의 수단으로서 상품이 아닌 문화적 측면에서 바라볼 수 있어야 하고, 공공영역에서의 지원과 협력이 필요한 품목이자 업종이다.

또한 책방지기로서 단지 책방에서 판매 관리만 할 것이 아니라 문화 프로그램을 기획, 진행할 수 있고, 작가나 혹은 강사로서 글을 쓰거나 글쓰기 강좌나 책 만들기 강좌를 진행할 수도 있고, 문화예술인으로서 활동하는 것도 가능하다. 판매에 있어도 책뿐 아니라 책에서 파생하여 카페나 북 스테이, 공방 등을 함께 운영하는 것도 할 수 있다. 책이 갖는 다양한 문화적 역량에 주목하는 것도 가능할 것이다. 물론 책 판매에 집중하고, 독서 모임이나 북 토크 등 책에 집중하면서 운영하는 것도 가능하다.

내가 아는 동네책방은 백이면 백 모두가 각자의 개성으로 운영하고 있다. 어느 곳이나 서로 다르게 운영되고 있다. 기존 서점이나 대형 프랜차이즈 서점의 경우 비슷하게 운영하는 곳이 많지만, 동네책방은 그 하나하나가

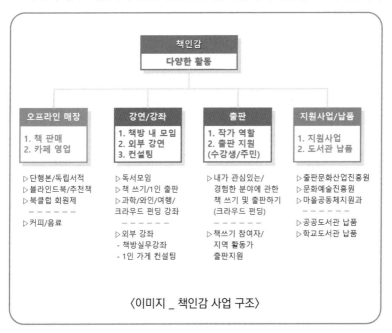

〈이미지 _ 책인감 사업 구조〉

각자의 특색과 능력에 맞춰 운영하고 있다. 어떤 책방은 큐레이션을 중심으로 하는데 그 큐레이션이 모두 다르고, 책방과 병행하는 곳으로 빵집이나 카페 혹은 북스테이가 주요 수입원인 경우도 있고, 강연이 많은 곳, 독서 모임이 많은 곳, 공익성이 강조된 곳, 힐링이나 치유를 테마로 운영하는 곳, 살롱 운영, 드로잉 수업, 그림책 수업 등 다양한 운영을 통해 서로 다르면서도 책을 중심으로 하고 있다.

그러나 모든 동네책방이 수익을 잘 내는 것은 아니다. 많은 동네책방이 수익보다는 하고 싶어서 혹은 해야 한다는 의무감으로 운영하는 곳도 있다. 앞으로 동네책방이 계속해서 생겨나고, 또 없어지겠지만 그중에서 오래 유지할 수 있는 동네책방은 일부에 불과할 것이다.

이는 동네책방 뿐 아니라 개인 카페나 공방 등 소상공인 모두가 겪는 문제이다. 무한경쟁 시대에서 나만 노력한다고 성공이 보장되는 것은 아니다. 공공기관이 아닌 이상 동네책방도 사업의 지속성을 위해 많은 것에 노력하고, 소비자 혹은 독자로부터 더 많은 선택을 받기 위해 노력해야 한다.

나는 그것을 위해 매일 책을 읽고, 독서 모임을 진행하고, 다양한 강좌를 준비하고, 지원사업 신청 서류와 정산서류를 작성하고, 포토샵과 일러스트를 배우고, 세무를 배우고, e나라도움 시스템을 배우고, 책방 업무를 비롯한 다양한 업무의 매뉴얼을 만들고 있다.

오늘 내가 기울이는 노력이 내일 당장 성과가 나지는 않더라도 나의 미래, 책인감의 장래를 밝게 만드는 기초가 될 것이다.

별첨 : 창업 준비 리스트 (책방&카페 겸업 기준)

1. 점포 계약

- 상권 분석과 입지 분석 '소상공인마당', '소상공인시장진흥공단' 홈페이지 제공 '상권정보' (https://sg.sbiz.or.kr)
- 권리금 계약 : 기존 임차인과 계약 (시설 및 영업 권리금)
- 임대차 계약 : 건물주(임대인)와 계약
  허가사항 및 법적 서류 점검

2. 인테리어 설계 및 공사

- 인테리어 공사업체 및 간판 업체 선정 (혹은 직접 시행)
- 점포 운영 컨셉 및 디자인 결정. 비교적 작은 규모의 공사 시 설계도면 작성은 하지 않아도, 서가 구성(기성품 혹은 제작), 조명 시설, 주방 운영에 대한 기본 안은 있어야 한다.
- 운영자는 내-외부 페인트 작업, 바닥 공사(에폭시 혹은 타일 등)와 천장, 외벽 냉/난방 공사, 내부공사, 전기공사, 상하수도 배관과 도시가스 여부도 고려해야 한다.
- 책장 디자인과 조명의 역할이 크다. 공사할 때 이를 고려해야 한다.

- 카페는 테이블과 의자가 중요하다(앉기 편한 의자, 테이블 높이). 카페 관련 설비의 전기 용량 확인은 필수이다(대형 커피 머신은 전기 사용량이 많으며, 제빙기, 냉난방, 온수 등을 함께 쓰는 경우 승압을 고려해야 하며, 장비도 효율과 전기 사용량을 꼼꼼히 따져야 한다).
- 전기 공사 : 전기 용량을 많이 사용하면 한국전력에 승압을 요청해야 한다(비용 발생). 조명이나, 설비 등을 위해 필요한 전기 공사도 해야 한다. 테이블마다 노트북, 스마트폰 사용자를 위한 콘센트도 필요.
- 인터넷 : POS 및 노트북 연결용, WiFi 사용을 위해 필요.
- 온수 : 도시가스 or 전기 시스템 중 선택

3. 영업신고증 신청

- 해당 지역 시청/군청/구청(보건소) 위생과에서 발급
- 신규 발급 시 준비서류 : 위생교육 수료증, 건축물 관리대장, 식품영업신고신청서, 가스(LPG)검사 필증, 소방시설완비 필증, 보건증(건강진단결과서), 신분증, 도장
- 소방법에 따라 소방시설완비 필증은 영업장 면적 기준에 따라 대상이 된다. 1층 300㎡ 이상, 지하 66㎡ 이상, 2층 이상 점포 100㎡ 이상 면적 시 필증을 받아야 한다.
- 위생교육은 영업 형태에 따라 교육받아야 하며, 인터넷으로 수강할 수 있다(6시간 교육)

1) 휴게음식점(한국휴게음식업중앙회 전국 각 지부에서 실시)

2) 일반음식점(한국외식업중앙회 전국 각 지부에서 실시)

- 기존 식당의 인수 시 영업신고증 승계 가능 : 위생교육 수료증, 영업신고 증 원본, 영업자 지위승계신고서, 양도양수계약서, 양도인 인감증명서, 보 건증(건강진단결과서), 본인 신분증과 도장

※ 기존 영업신고증을 인계하는 것이 비용이나 절차상 유리

- 술 판매 여부에 따라 휴게음식점(술 판매 금지:커피, 햄버거, 치킨, 피자, 김밥 등), 일반음식점(술 판매 허용:일반식당, 고깃집, 호프집 등).

- 보건증(건강진단결과서)은 보건소나, 보건증 발급이 가능한 일반병원에 서도 가능하다. 코로나 19로 인해 보건소의 업무가 바뀌어 현재는 일반 병원에서만 발급이 가능하다.

4. 사업자등록 신청

- 해당 지역 담당 세무서에서 발급한다. (일반음식점 주류판매번호포함)

- 서점은 업태에 소매, 종목에 책/서적, 카페는 일반음식점/커피, 맥주 등을 표기하여 등록한다.

- 준비서류 : 사업자등록증 신청서, 영업신고증 사본, 임대차 계약서 사본, 신분증, 도장

- 개업 전에 담당 세무사 선정하고 세무신고 대행(직원의 4대 보험업무도 가능)도 가능하다. 그러나 책방의 경우 1인 가게 혹은 가족 운영 시 직접

세무 신고하는 것도 방법이다.

- 부가세 신고 : 연 2회, 상/하반기(7월 25일, 1월 25일 한 신고 및 납부)

※ 책은 면세상품으로 부가세 신고가 면제되나 1월에 '사업장현황신고'를 해야 한다. 굿즈(문구 외), 카페, 북 스테이를 함께 운영하면 과세사업자로 신고해야 한다 (취급 품목에 면세품이 있는 혼합 사업자)

- 종합소득세 : 매년 5월 신고 및 납부(전년도 소득 기준)

- 부가세 신고 여부에 따라 사업자 구분

  1) 일반과세자 : 연 매출 8,000만 원 이상이 예상되는 점포 (호프집, 고깃집, 일반식당 등 대부분 해당), 부가세 신고, 세금계산서 발행 가능. 일반과세자 매출 규모에 따라 '간편장부대상자'와 '복식부기대상자'로 나눈다. '간편장부대상자'는 세무신고 절차가 비교적 간편하나, '복식부기대상자' 는 기장 업무도 해야 하므로 세무사를 통해 맡겨야 한다.

  2) 간이과세자 : 연 매출 8,000만 원 미만이 예상되는 소규모 점포, 부가세 신고 1년에 한 번, 전년 매출 기준에 따라 세금계산서 발행 유무(기준매출 4,800만 원 미만은 계산서만 발행할 수 있고, 기준매출 4,800만~8,000만 원은 세금계산서 발행 의무)

  3) 면세사업자 : 부가세가 면제되는 책, 화원, 1차 농수산물, 교육 등을 취급하는 경우 부가세신고가 면제됨(단, 사업장 현황신고를 등록해야 함)

5. 통장 개설

- 신용카드 판매 대금 입금 전용 통장과 수시 입출금용 통장을 구분하는 것이 좋다.
- 전자상거래업을 취급하면 은행에서 '에스크로' 신청해야 하고, 사업자용 통장을 별도로 개설해야 한다.
- 지원사업의 경우 사업 시 통장을 개설하거나 잔액 '0'인 통장이 있어야 한다. 은행에서 신규 통장 개설에 제약이 많으니 신규 개설에 필요한 서류 준비와 절차를 잘 따라야 한다.

6. 전화, 인터넷, CCTV 신청 및 보험 가입

- 전화, CCTV, 정수기, 가스, 인터넷, 화재보험 가입은 선택사항이지만 필요하면 가입하자.
- 팩스가 필요한 경우도 있다. 스마트폰 앱으로 제공하는 무료 팩스 서비스가 있다(모바일 팩스)
- 정수기 신청 (카페는 정수기 외에도 고온 전용 정수기가 필요하다. 일반 정수기의 온수는 80~85도로 제공되는 데 2잔 이상 연속 사용이 어렵다)

7. POS 혹은 단말기 설치

- 신용카드 대행 결제대행사(VAN) 선정 후 관리업체 통해 신청.

※ 개업 15일 전에 신용카드 사용 신청해야 한다. (신청 시 사업자등록증이 있어야 한다. 인수하는 경우 이전 사업자가 폐업 예정 신고하면 미리 사업자등록증을 신청/발급받을 수 있다)
- POS 혹은 카드 단말기 설치 시 인터넷 혹은 전화 라인이 있어야 한다.
- 이동식 결제 수단으로 스마트폰 연결 결제시스템(이지체크 외)이 있다.
- 간편 결제(QR) : 제로페이 카카오페이
- 전화 결제, 문화누리카드 사용처(책 판매만 구분할 수 있는 단말기 필요), 문화/도서상품권 거래처 등록도 신청 필요
- 문화소득 공제 : 책 판매만 구분할 수 있는 단말기 필요

8. 도서 공급 계약

- 일반 단행본은 서적 도매상(전국 배송은 4개소, 북센/출협/송인서적/북플러스)을 통해 공급받는 방법과 교보문고 도매 유통 서비스를 통해 공급받을 수 있다. 예스24나 알라딘 대량구매(기업구매)를 활용하는 방법도 있다.
- 일부 지역에서는 총판에서 도서를 공급하기도 하는데, 과거와 달리 일부 지역에 한하고, 일부는 도서납품 전문점에서 총판을 겸하기도 한다.
- 독립서적의 경우 제작자별로 거래해야 하는 만큼 급하게 준비하는 것보다 오픈 후 하나씩 검토하여 들여놓는 것이 좋다.
- 독립출판물 유통 플랫폼 인디펌 : 독립출판 거래 시 유용

- 서적도매상과 공급 계약 시 계약조건(배송방법 등)도 따져 봐야 하는 만큼 넉넉한 시간을 두고 진행하는 것이 좋다.
- 출판사와 직거래 : 선별적 거래 여부 판단
- 특히 초도물량으로 받을 책을 선택하는 것은 매우 중요하므로 미리 리스트를 작성해서 점검해야 한다.

9. 식자재 발주

- 식자재를 전문 취급하는 곳들이 있다. 하나로마트 식자재 코너, 진로식자재마트, 카페 전용사이트, 쿠팡 등
- 메뉴 확정 및 재료 준비 : 커피(원두, 에스프레소, 드립 등 미리 준비), 차와 음료 재료는 구매처를 정해서 미리 품목을 정해 놓는다(예 : 쿠팡, 코스트코, 카페 음식 도매상 등).
- 주류는 주류판매 허가가 있는 일반음식점 유형에서만 취급할 수 있고, 주류 매입은 주류 도매상에서만 구매할 수 있다. (가정용은 매장에 비치 및 판매 불가) 전국에 주류도매상 수백 곳 있다. 그중 하나와 거래하면 되는데 가능하면 다른 가게에서 추천받은 곳으로 계약하면 수급이 원활하다. (책방에서 술 재고 회전이 낮기 때문에 나만 거래한다면 배송이 원활하지 않을 수 있다)

10. 판촉물

- 명함 제작/판촉물 제작 : 구매고객에게 증정할 판촉물 제작. 책갈피, 연필, 봉투, 스티커 등 제작
- 홍보 전단 : 개업을 알리기 위한 홍보물 제작 및 배포 필요
- 가게 앞 홍보도 중요하기 때문에 배너나 현수막, 스탠드형 광고판 등 가게 앞을 알리는 것도 중요하다.

11. 개업식 및 영업 개시

- 처음으로 가게를 운영하면 가 개업(Pre-open) 후 정식 개업하는 방법도 가능하다. 가 개업 시에는 제공 서비스를 제한적으로 하고, 손님들이 양해를 받을 수도 있고, 내가 가게 운영을 세팅하는 동안에 미흡한 부분을 개선할 여유가 생긴다.
- 정식 오픈 시 광고와 홍보가 중요하다. 개업식 자체로도 새로운 가게가 들어온 것을 알릴 수 있다.
- 온라인 홍보에 있어 인스타, 페이스북, 블로그, 유튜브 등 다양한 채널을 고려하되 업종과 나에게 적합한 방법을 찾아야 한다.
- 동네책방은 문화공간이고, 공공재를 취급하는 특성으로 인해 마을공동체, 도서관, 문학관 등과 협업할 수 있는 영역이 많으니, 공공단체와 마을단체와의 교류가 필요하다.

12. 온라인 판매 시

- 네이버 스마트스토어 등 온라인 판매를 할 경우 사업자등록에 전자상거래업 등록을 한다. 이때 구청에서 전자거래업 신청을 해야하며, 네이버 스마트스토어 판매자 등록을 통해 판매 url을 받을 수 있다.
- 온라인 결제를 위해서는 은행에서 에스크로 서비스를 신청 한다.
- 인스타 혹은 페이스북에서는 판매 스토어 url 링크를 통해 연결하는 방법도 가능하다.

13. 세무 신고

- 세무 신고의 종류 : 부가세 신고, (종합) 소득세 신고, 원천세 신고
- 부가세 신고 : 면세사업자는 부가세 신고 제외이며 1월 사업장현황 신고를 제출해야 한다.
  과세사업자 중 일반과세자는 연 2회(1/7월), 법인과세자는 연 4회 (1/4/7/10월), 간이과세자 연 1회(1월) 신고한다.
- 간이과세자 기준 매출은 2021년 7월부터 연 매출 8,000만 원으로 조정됨(이전 기준 매출 4,800만 원)
- 부가세 신고는 사업장별 신고로 여러 사업자등록 보유 시 각각 신고

- 종합소득세 신고 : 매년 5월에 신고한다. 근로, 사업, 기타 소득 등을 모두 종합하여 개입별 신고하며, 한 사람이 여러 사업자를 갖고 있으면 합산하여 신고한다. 한 사업자에 여러 사람이 공동대표로 되어 있으면 각자 소득세를 신고한다.
- 원천세 신고 : 원천세는 간이근로소득원천세, 사업/기타 소득 원천세가 있으며, 매월 신고(다음 달 10일까지) 혹은 분기별 반기별 신고가 가능하다. 원천세 신고 후 지급명세서를 제출해야 한다. 간이근로소득세는 2회(1월, 7월) 신고하며, 기타 소득은 2월 말, 사업 소득은 3월 10일한 신고한다.

동네책방 운영의 모든 것

초판 1쇄 발행 | 2022년 03월 28일

표지디자인	이철재
글쓴 이	이철재
펴낸 이	이철재
펴낸 곳	책인감
주소	서울특별시 노원구 동일로182길 63-1, 2층
출판등록	제 25100 - 2018 - 000076호
이메일	lcj2020@naver.com

이 책의 폰트는 KoPubWord 바탕체, 돋움체를 사용했습니다.

SBN 979-11-966494-4-9 [13320]